SIGNETS
BELLES LETTRES

Collection dirigée
par
Laure de Chantal

CELEBRITI

Riches, célèbres et antiques

DANS LA MÊME COLLECTION

CELEBRITI

Riches, célèbres et antiques

Précédé

d'un entretien avec Frédéric Beigbeder

Textes réunis et présentés

par

Romain Brethes

et

Laure de Chantal

LES BELLES LETTRES

2010

© 2010, Société d'édition Les Belles Lettres
95, bd Raspail 75006 Paris

www.lesbelleslettres.com

ISBN: 978-2-251-03012-8
ISSN : 0003-181X

ENTRETIEN
AVEC FRÉDÉRIC BEIGBEDER

Romancier et journaliste, Frédéric Beigbeder a reçu le prix Renaudot 2009 pour Une vie française.

Laure de Chantal et Romain Brethes. – Comment avez-vous découvert que vous étiez devenu une célébrité ?

Frédéric Beigbeder. – Il y a quelque chose de très mystérieux dans le fait que les gens décident un jour de parler de vous, parce que ce n'est aucunement contrôlé. La célébrité est un accident, du moins dans mon cas. Je ne comprends toujours pas pourquoi *99 F* a eu un tel succès. Ce n'est pas mon meilleur livre et je le considère plutôt comme un témoignage que comme un roman. Je fais du journalisme littéraire depuis près de vingt-cinq ans et quand vous commencez à écrire des articles, les gens s'habituent à votre nom, surtout si vous avez un patronyme bizarre. Ensuite arrivent les photos dans les journaux, la télévision. Et puis un jour, vous êtes en train de déjeuner, et Daniel Auteuil vient vous dire bonjour, alors que vous ne le connaissez pas. Je ne le savais pas, mais toutes les célébrités se saluent entre elles, qu'elles se connaissent ou non. Et ne pas se saluer relève du manque de savoir-vivre d'après les codes en vigueur dans cette aristocratie. On peut parler de franc-maçonnerie de la notoriété.

La célébrité est généralement associée aux excès et aux dérives en tout genre, dans le sexe et les drogues. C'est une permanence depuis l'Antiquité.

Il ne faut pas croire que les fêtes de la *jet-set* ressemblent toutes aux orgies du *Satiricon*. Dans le film de Fellini, tout est sublime, les vêtements sont magnifiques, le cadre somptueux. Dans la réalité orgiaque, les gens sont répugnants, on ne voit que leurs défauts. Cette association entre célébrité et décadence relève beaucoup de l'ordre du fantasme, d'une vision onirique de Pétrone (comme le *Eyes Wide Shut* de Stanley Kubrick). Mais je n'y étais pas pour vérifier ! On sait que Proust s'est inspiré de Pétrone pour décrire ses snobinards dépravés. Je pense que Houellebecq aussi, quand il se moque des partouzes pathétiques des classes moyennes. Pour le sadomasochisme, c'est un peu la même chose. J'adore *Histoire d'O* de Pauline Réage, qui est un roman splendide, mais Sade n'a rien inventé : le « divin marquis » avait peut-être moins d'imagination que Tibère, Héliogabale, Sardanapale, Caligula ou Néron.

La célébrité et le glamour sont un véritable motif littéraire aux État-Unis, notamment avec des auteurs comme Tom Wolfe, Jay McInerney ou Bret Easton Ellis. En France, on a l'impression que ce n'est pas un sujet suffisamment noble.

Le roman français s'est bizarrement éloigné du réalisme bourgeois dans les années 1940 et 1950 (« existentialisme » puis « nouveau roman »). J'essaye à ma manière d'évoquer ce que l'on pourrait appeler la *upper class*, comme Scott Fitzgerald. Françoise Sagan aussi décrivait des cocktails dans des grands appartements parisiens, avec des femmes dépressives, amoureuses d'un homme qui ne les rappelle jamais. Je ne sais pas si cela correspond à votre idée du glamour. Les Américains sont un peu plus naïfs que nous : la célébrité les fascine comme au premier jour. Il y a des magazines comme *Vanity Fair* dont le fonds de commerce est la vie des gens riches et connus, mais d'un point de vue littéraire. Ici, les mêmes personnes sont reléguées à la presse *people*. *Voici*, où je tiens une chronique, est peut-être un cas à part puisque plusieurs écrivains y écrivent des textes, souvent drôles et irrévérencieux, sous pseudonyme. C'est exactement ce que faisaient des chroniqueurs mondains comme Tite-Live ou Procope. Ce serait amusant de savoir si Bret Easton Ellis les a lus.

On a l'impression aujourd'hui d'une notoriété « au rabais », avec la promotion de people *à la petite semaine par le biais des émissions de télé-réalité par exemple.*

Je vois plutôt cela comme la formule de Marie-Antoinette qui répondait, alors qu'on lui disait que les Français avaient faim : « S'ils n'ont pas de pain, qu'ils mangent de la brioche. » Pour moi la télé-réalité est cette brioche que l'on donne aux téléspectateurs frustrés de s'imaginer une élite de trois cents personnes confisquer la célébrité à son profit. Parfois on leur prête un loft pour leur donner l'illusion que la célébrité est démocratique.

Peut-on être exclu du cercle des vedettes pour une raison ou une autre ?

Certes, j'ai vécu des échecs, une émission ou un livre qui n'ont pas marché. Mais la notoriété ne vous quitte pas véritablement, que vous soyez grillé ou non. Vous serez connu comme *has been*, mais vous ferez toujours partie du cercle. Il y a une solution radicale dans ce cas, c'est ce qu'a fait Salinger. Disparaître totalement, au sommet de sa gloire, afin de ne pas devenir un homme fini, mais une énigme, celle d'un auteur mystérieux autant que misanthrope. Comme l'exil d'Ovide, mais volontaire ! Je crois que c'est Jonathan Coe qui, dans un article sur Salinger, a affirmé qu'il était le plus grand publicitaire de notre temps. On peut donc penser qu'il s'agit autant d'une stratégie que d'une infirmité ou d'une fatigue. Le refus du Goncourt par Julien Gracq pose le même type de question. Gracq vivait en province, mais recevait volontiers beaucoup de visiteurs prestigieux. L'étymologie de « fameux » (*fama* signifiant aussi bien « rumeur » que

« réputation ») contient déjà l'idée que la célébrité est impure. David Bowie en a fait une chanson, *Fame*.

Comment devient-on un noctambule ? Pourquoi en fait-on un art de vivre ?

J'ai commencé à sortir de manière un peu précoce. Normalement, arrivé à un certain âge, on commence à se lasser. Là, j'ai 44 ans, et je continue à sortir. Je n'en tire aucune fierté, mais la réalité est que mon travail ne consiste plus à me rendre dans un bureau depuis dix ans. Je travaille chez moi, où j'écris mes articles, mes livres, où je prépare mes émissions. Lorsque la nuit tombe, je n'ai vu personne de la journée et je n'ai qu'une envie, c'est de sortir et voir du monde. Ce soir par exemple, je suis disc-jockey chez Régine. J'ai fait de cette manie un sujet, me semble-t-il, plus fertile et digne d'intérêt que mes journées, même si dans mes derniers romans, *Au secours pardon* ou *Un roman français*, j'évoque un peu plus le Beigbeder diurne. Je ne sais pas quelle en est la raison, mais, à mes yeux, comme dit Marie Billetdoux, les nuits sont plus brillantes que les jours. La nuit, je vois des jolies filles en état d'ébriété, des gens bien habillés qui sont spirituels, d'autres qui sont au bout du rouleau. Cela vient aussi peut-être de mon enfance, où j'ai des souvenirs de soirées que mon père organisait chez lui, alors que j'avais huit ans, avec de très belles femmes qui sentaient bon. La nuit a un aspect féerique, elle embellit les personnes, qui deviennent des personnages. J'aime aussi les romans de Fitzgerald parce que les personnages sont en smoking, et lorsque quelqu'un déclare que « le bonheur n'existe pas », cela me touche davantage s'il est en costume que s'il est en jeans. On peut consacrer toute son existence à traiter des mondanités. Proust l'a fait, et Gide ne voulait pas le publier parce qu'il le trouvait snob. Truman Capote s'est vu reprocher d'écrire sur Tiffany's, sous prétexte que cela n'aurait aucune chance d'intéresser des lecteurs habitant au Kansas. Il a répondu que « même un

Lapon isolé sur sa banquise doit comprendre l'importance d'une visite chez Tiffany's ». C'est une phrase qui me protège. Une soirée au Montana ou au Baron doit pouvoir intéresser un Lapon isolé sur sa banquise. En même temps, j'ai quelques doutes sur le nombre de mes lecteurs en Laponie.

Avez-vous des modèles de prédilection, littéraires ou non, sur le monde de la nuit ?

Alain Pacadis m'a beaucoup inspiré, notamment dans sa manière d'interviewer les célébrités. Je tente de l'imiter pour mes entretiens dans *GQ*. Il avait emprunté une façon d'interroger, faite de connivence et d'insolence, à Truman Capote dans son entretien avec Marilyn Monroe, par exemple alterner des flatteries et des familiarités, passer au tutoiement assez vite. Quand j'étais adolescent, dans les années 1980, je lisais des journaux gratuits comme *Palace Magazine*, qui relatait la vie de la boîte de nuit légendaire de ces années-là. Je crois que j'aimais me sentir exclu. Il ne faut pas sous-estimer l'importance de l'élitisme et de l'arrogance en littérature. Aujourd'hui, beaucoup ont tendance à croire qu'un écrivain doit être démagogue et plaire aux masses. Je ne crois pas que le rôle d'un écrivain soit d'être un individu normal, obligatoirement en proximité avec son lecteur.

Précisément, le monde de la nuit et des célébrités est généralement raillé ou considéré avec condescendance par les intellectuels.

C'est la faute aux satires de Juvénal ou aux portraits de Suétone ! Quelquefois l'université et les intellectuels ne voient pas ce qu'il y a de fascinant dans la nuit, il y a une attitude puritaine qui date de deux millénaires, comme si l'art avait quelque chose à voir avec la morale. Ni Vian, ni Blondin, ni Sagan ne sont reconnus par l'institution. Regardez Jean-Jacques Schuhl, qui est un écrivain dont on reconnaît le talent exceptionnel. Dans son dernier roman, il ne parle que du Mathis Bar, de margaritas, du détail d'une robe, d'un fauteuil. Il y a autant de poésie dans son univers que dans la description du monde rural. Lorsque j'ai découvert Antoine Blondin, cela a été une révélation pour moi : on avait enfin le droit de s'amuser, à Saint-Germain-des-Prés, de vivre une vie de patachon, tout en étant écrivain. Mais Blondin n'est pas très estimé, pas plus que Boris Vian, dans un autre style. Le problème tient en bonne partie au rapport du monde intellectuel avec l'argent. Même aux États-Unis, les romanciers que nous avons évoqués, comme Ellis ou McInerney, n'ont pas les faveurs de suppléments littéraires de référence comme la *New York Times Book Review*. Ce sont des auteurs qui ne sont pas encore pris au sérieux. On a encore le catéchisme que, pour être un bon écrivain, il faut soi-même souffrir, avoir une vie sinistre et faire aussi souffrir son lecteur, ce qu'explique très bien Philippe Sollers. Moi je vois quelque chose de sain dans le snobisme. Comprendre l'élite, en faire partie, la regarder évoluer, la décrire, cela constitue pour moi un moteur. Je crois que le snobisme qui consistait pour la jeunesse dorée d'Athènes à payer les sophistes non pas simplement parce qu'ils étaient les plus brillants, mais parce que c'était une tendance, a quelque chose de réconfortant. Il ne faut pas non plus oublier qu'il fut une époque où les intellectuels étaient de véritables figures populaires. Il y avait énormément de monde à l'enterrement de Jean-Paul Sartre, pour ne citer qu'un exemple. À celui tout récent de Robbe-Grillet, qui était une véritable star dans les années 1960, il y avait onze personnes.

Lorsque vous faites des chroniques dans des revues comme Voici, *comment choisissez-vous votre sujet ?*

Ce sont des sujets qui sont en phase avec l'actualité mais qui révèlent aussi un certain nombre de vérités sur notre époque. Par exemple, ma dernière chronique portait sur une soirée télévisée, où vous aviez sur Arte une émission consacrée à Jan Karski avec Claude Lanzmann et sur une autre chaîne une émission intitulée *Le Jeu de la mort*. Il était très cohérent finalement de diffuser l'entretien avec un témoin du ghetto de Varsovie, que personne n'a voulu croire sur le génocide des Juifs au moment où il tenta, en 1942, d'avertir le monde entier, en même temps qu'une sorte de fausse télé-réalité où des candidats sont encouragés à torturer de présumés cobayes. C'est la preuve d'une certaine manière que, jusqu'à aujourd'hui, Karski n'a pas été entendu. C'est la preuve aussi de l'avidité populaire pour les mises à morts en arènes, que ce soient celles de la télé ou celles du Colisée romain. La chronique nécessite une spontanéité, une réactivité, un peu comme les prédicateurs de Hyde Park, ou même comme Diogène, avec ce qu'il faut d'humour et de colère, en sachant que vous écrivez pour un support très populaire, sur un sujet qui doit être compréhensible par tous.

N'est-ce pas en contradiction avec cette aspiration à faire partie d'une élite ?

Je ne crois pas. Le mot d'ordre de Jean Vilar était « l'élitisme pour tous » au TNP, non ? J'ai soutenu le Parti communiste à une élection présidentielle au nom de cette contradiction : Antigone est riche et rebelle. Roger Vailland, romancier communiste, roulait en Jaguar. J'aime cette phrase de Jacques Rigaut, écrivain d'inspiration dadaïste qui disait : « Chaque Rolls-Royce que je croise prolonge ma vie d'un quart d'heure », ce qui ne l'a pas empêché de se donner la mort à 31 ans.

Mourir jeune, est-ce une autre forme d'accès à la célébrité, voire à l'immortalité ?

Je suis très attiré, curieusement, par nombre d'écrivains qui sont morts prématurément, quelles que soient les circonstances de leur décès. Vian a succombé très jeune à une maladie du cœur, Fitzgerald est mort à mon âge, à 44 ans. Mais je ne suis pas du tout comme Achille, et s'il faut mourir jeune pour passer à la postérité, j'y renonce le cœur léger.

Vous êtes vous-même connu pour vos excès.

Je crois que l'on prête beaucoup d'importance à ce qui ne le mérite pas. Pour moi, prendre de la drogue est assez anecdotique. Il y eut des époques où la drogue ne faisait guère parler, c'était quelque chose de très marginal, et c'est la prohibition, l'interdiction, qui lui donne un caractère sulfureux. Voyez ce qu'en dit Homère. Je sais fort bien que la drogue fait partie de la panoplie des privilégiés, mais il y a tout autant de drogués inconnus qu'il y a de célébrités qui ne se droguent pas. Globalement, comme la plupart des vedettes sont par ailleurs des gens qui travaillent beaucoup, par la force des choses, la drogue est assez incompatible avec leur mode de vie. Et puis la drogue pour faciliter la création, je n'y crois guère. Cela met dans un état où l'on devient paresseux, répétitif dans ce que l'on écrit ou ce que l'on dit, sans qui plus est s'en apercevoir. Lorsque vous écrivez après avoir pris de la drogue, vous dites des choses banales, et vous les répétez vingt fois. J'ai fait un recueil de nouvelles sur le sujet chez Gallimard en 1999, et la première nouvelle que j'ai écrite sous ecstasy est une suite de questions. Le MDMA est une molécule qui vous pousse à vous interroger, manifestement. Mais globalement, même chez les grands écrivains drogués, ce qui est écrit spécifiquement sous l'effet de la drogue n'est pas ce qu'ils font de meilleur, à l'image de Williams Burroughs lorsqu'il écrit sous héroïne. Pour moi la meilleure drogue pour écrire, c'est un verre de vin, car je considère que tout ce qui peut désinhiber pour écrire est souhaitable.

Comment fixez-vous vos limites ?

Je suis trop peureux pour être Alcibiade. Comme je l'ai dit, j'ai reçu une éducation très classique, catholique, culpabilisante. Et puis, à partir d'une certaine heure, le côté de la nuit étincelant et fascinant, comme dans les films de Wong Kar-Wai, finit par disparaître pour devenir glauque. On glorifie trop le *trash*. N'oublions pas que *trash*, en anglais, signifie « poubelle ». Qui a envie d'être une poubelle ? J'ai vu beaucoup de gens autour de moi sombrer, je dois donc disposer d'un instinct de survie plus prononcé... Sur cette question des excès, quand nous avons fondé le prix de Flore, ou alors quand des écrivains, qu'on a qualifiés à l'époque de néonaturalistes, comme Vincent Ravalec, Guillaume Dustan ou Virginie Despentes, se sont mis à écrire de manière très réaliste, très *trash*, nous n'imaginions pas, à la lumière de tous ces textes de l'Antiquité, que nous avions deux mille cinq cents ans de retard sur *Le Banquet* de Platon.

CARTES

La Méditerranée antique (1 cm = 280 km)

© Les Belles Lettres

Le monde grec (1 cm = 98 km)

© Les Belles Lettres

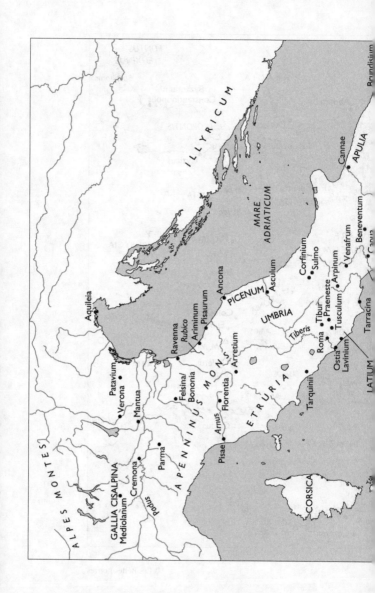

L'Italie antique (1 cm = 93 km)

© Les Belles Lettres

TARENTUM
LUCANIA
Croton
Thurii
Sybaris
BRUTTIUM
Poseidonia/
Paestum
Rhegium
M. Aetna
CAMPANIA
Neapolis
Misenum
Capreae
Messana
Syracusae
SICILIA
MARE
TYRRHENUM
Gela
Acragas/Agrigentum
SARDINIA
Utica
Carthago
AFRICA

I

À LA UNE

SCOOP

Dans l'Antiquité, ce sont les poètes-aèdes des temps archaïques grecs qui se sont chargés, avant la littérature même, de chanter les exploits des guerriers afin de leur assurer le *kleos*, la gloire indispensable à leur inscription dans les mémoires et dans l'Histoire des hommes. Mais Homère, par la grâce d'une héroïne comme Hélène, belle, provocatrice et énigmatique, avait également dressé le portrait de la femme la plus fameuse de son temps, qui allait inspirer tant d'auteurs, entre autres Gorgias, Euripide ou Isocrate. Car c'est bien la « renommée » d'Hélène qui fut à l'origine du choix de Pâris et donc de la guerre de Troie. Par la suite, d'autres figures issues de la mythologie offrent aux auteurs l'occasion de mettre en scène tout un panorama de conduites hybristiques, excessives ou délirantes, qui deviennent bientôt la marque de fabrique des authentiques célébrités, à l'image de Médée, la sorcière de Colchide. Son histoire recèle tous les ingrédients d'un soap à l'antique : familles royales, amour passionné, trahison, folie criminelle. Le genre tragique se prête alors merveilleusement à l'exposition cathartique, dans la peur et la pitié, des dérives de ces personnages. Le public antique les contemple, interdit et fasciné, car ce qu'il voit, c'est aussi une mise à distance du réel, un fantasme effrayant qui attire et repousse à la fois. Médée, s'écriant rageusement que l'enfantement est plus dur que toutes les batailles que pourront mener les hommes, est aussi l'affirmation d'une rébellion contre le régime des hommes. Et c'est un véritable scoop.

HOMÈRE
VIIIᵉ s. av. J.-C.

VIRGILE
Iᵉʳ s. àv. J.-C.

CLAUDIEN
Vᵉ s. ap. J.-C.

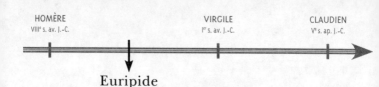

Euripide

Hélène passait pour la plus belle femme du monde de son temps ainsi que la plus dangereuse, malgré elle : enlevée par Pâris à son mari Ménélas, elle fut la cause de la guerre de Troie. Or, il se trouve que l'envoûtante vénéneuse faisait l'objet d'un culte dans sa cité d'origine, Sparte. Comment expliquer que ce fléau à fossettes fut honoré à l'égale d'une divinité ? Euripide a la réponse : la belle Hélène n'a jamais posé son pied menu sur le sol troyen. Révélations sur une des plus grandes mystifications de l'épopée grecque.

HÉLÈNE N'ÉTAIT PAS À TROIE

J'ai reçu le nom d'Hélène, et mes malheurs, je vais les dire. Trois déesses, un jour, pour la beauté rivales, vinrent trouver Pâris dans un val de l'Ida : c'étaient Héra, Cypris, la vierge issue de Zeus. Et chacune voulait qu'en sa faveur l'arbitre décidât leur querelle et lui donnât le prix. Ainsi que d'un appât usant de ma beauté – s'il faut nommer beauté ce qui fait mon malheur – et promettant mon lit au berger Alexandre[1], Aphrodite triomphe, et Pâris, désertant ses troupeaux de l'Ida, vient à Sparte, assuré de gagner mon amour. Héra, dans son dépit de ne point l'emporter sur les autres déesses, sut faire que Pâris, en croyant me saisir, n'embrassa que du vent. Ce qu'elle lui donna fut, au lieu de moi-même, une vivante image, et qu'à ma ressemblance elle avait su former d'un morceau de ciel. Et, au fils du roi Priam, il semble qu'il me possède, vaine semblance, quand il ne me possède pas. Par surcroît de malheur, le grand dessein de Zeus vint apporter la guerre à la terre hellénique comme aux infortunés Troyens, pour soulager d'un peuple trop

---

1. Autre nom de Pâris.

nombreux notre mère la terre et pour mettre à l'honneur le plus brave des Grecs.

Et, dans la guerre phrygienne, je fus proposée, non pas moi, mais mon nom, comme prix du combat pour les Grecs. Car Hermès m'avait prise dans les plis de l'éther, entourée d'un nuage – car Zeus eut de moi souci – et déposée dans ce palais du roi Protée, choisi pour sa vertu parmi tous les mortels, pour qu'à Ménélas je conserve intacte sa couche. Je suis donc en ces lieux tandis que mon époux, l'infortuné, ayant assemblé une armée, poursuit mon rapt jusque sous les murs d'Ilion. Or déjà, par ma faute, sur les bords du Scamandre ont péri bien des vies. Et moi, qui ai enduré tout cela, je suis maudite et passe pour avoir, trahissant mon époux, provoqué cette guerre, grande et fatale pour le peuple des Hellènes. Pourtant je vis encore. Pourquoi ?... Ah ! c'est que j'ai la parole d'un dieu, la parole d'Hermès, que je dois quelque jour revoir la plaine illustre de Sparte, y demeurer auprès de mon époux, quand il saura que je ne suis pas allée à Ilion, me gardant d'entrer dans la couche d'un autre. Or donc, aussi longtemps que Protée vit le jour, il me fit respecter. Mais depuis qu'il est enseveli dans l'ombre de la terre, son fils cherche à m'épouser de force. Et moi, toujours fidèle à mon premier époux, je supplie à genoux ce tombeau de Protée de veiller sur ma couche et de la conserver intacte à Ménélas, afin que si mon nom en Grèce est diffamé, ici du moins mon corps soit sauvé de la honte.

Hélène, 22-67

HOMÈRE
VIIIᵉ s. av. J.-C.

VIRGILE
Iᵉʳ s. av. J.-C.

CLAUDIEN
Vᵉ s. ap. J.-C.

Procope

Bélisaire, noble et sérieux général, n'a qu'un seul défaut, sa femme. En ces temps décadents, mieux vaut avoir les idées larges ; toutefois le digne militaire éprouve quelque difficulté à fermer les yeux sur les dernières turpitudes de madame.

INCESTE AU PALAIS

Il y avait dans la maison de Bélisaire un jeune homme originaire de Thrace du nom de Théodose, né de parents appartenant à la secte de ceux qu'on appelle Eunomiens. À celui-ci, Bélisaire, au moment où il allait s'embarquer pour la Libye, fit administrer le bain divin et, l'en ayant fait remonter de ses propres mains, en fit avec sa femme son fils adoptif, de la manière dont la loi permet aux chrétiens de le faire. De ce fait, comme il est naturel, Antonina aimait le jeune homme, devenu son enfant par la parole sacrée, et, prenant soin de lui le plus possible, elle le gardait sous sa surveillance. Mais ensuite, au cours de cette navigation, elle s'enflamma d'amour pour lui d'une manière extraordinaire ; rendue folle de passion, elle rejeta toute crainte et tout respect des choses divines et humaines. Au début elle couchait avec lui en secret, mais à la fin en présence même de ses serviteurs et de ses servantes. Devenue désormais captive de ce désir, manifestement saisie par l'amour, elle ne voyait plus aucun obstacle à sa conduite. Bélisaire, qui un jour, à Carthage, avait pris sur le fait leur commerce, se laissait volontairement abuser par sa femme. Les ayant trouvés tous les deux dans une petite chambre souterraine, il était entré dans une furieuse colère ; mais elle, sans témoigner de crainte ni essayer de dissimuler cette action, lui dit : « Je suis venue ici avec ce jeune homme pour cacher le plus précieux du butin, afin que l'empereur n'en ait pas connaissance. » Elle dit cela pour se justifier et lui se laissa

6

persuader, bien qu'il ait pu voir dénouée, sur Théodose, la ceinture de la culotte, qui couvrait son sexe. Subjugué par son amour pour sa femme, il acceptait de tenir pour complètement faux ce qu'il avait vu de ses propres yeux.

Histoire secrète, I, 1-5

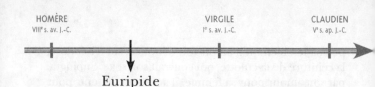

HOMÈRE
VIIIᵉ s. av. J.-C.

VIRGILE
Iᵉʳ s. av. J.-C.

CLAUDIEN
Vᵉ s. ap. J.-C.

Euripide

*La vengeance d'une femme amoureuse est impitoyable, sur-
tout lorsque l'amante délaissée est magicienne et d'ascendance
divine : Médée, exaspérée par la trahison de son amant Jason,
tue leurs deux enfants et prend la fuite grâce au chariot de son
grand-père, le Soleil.*

DOUBLE INFANTICIDE À CORINTHE

JASON. – (*Appelant à grands cris les gens de la maison.*)
Tirez les verrous au plus vite, serviteurs, desserrez la fer-
meture ; que je contemple mon double malheur, eux qui
sont morts, (*avec un geste furieux*) et elle que je châtierai.

*Personne ne répondant, il se jette sur la porte, qu'il tente
d'enfoncer. Alors, au-dessus de la maison, sur un char traîné
par des dragons ailés, Médée apparaît, ayant auprès d'elle les
deux cadavres.*

MÉDÉE. – Pourquoi ébranler et faire sauter ces portes ? Ce sont des cadavres que tu cherches et moi qui
ai tout fait ? Épargne-t'en la peine. Si c'est moi que tu
demandes, dis ce que tu veux ; mais jamais ta main ne
me touchera ; telle est la vertu du char que le père de
mon père, le Soleil, nous donne pour rempart contre un
bras ennemi.

JASON. – Monstre ! De toutes les femmes la plus haïe
des dieux, de moi, de tout le genre humain ! Sur tes
enfants tu as osé porter le glaive, après les avoir mis au
monde, et tu m'as frappé à mort en m'ôtant mes fils. Et
après ce forfait, tu contemples le soleil et la terre, quand
tu as osé l'action la plus impie ! Mort à toi ! Aujourd'hui
j'ai ma raison ; je l'avais perdue le jour où de ta demeure
et de ton pays barbare je t'emmenai à une maison grecque, redoutable fléau, traîtresse à ton père et au sol qui

t'avait nourrie. Le génie vengeur attaché à ta personne, c'est sur moi que l'ont lancé les dieux, car tu avais tué ton frère à ton foyer, quand tu montas sur la nef Argo à la belle proue. Tels furent tes débuts. Devenue la femme de celui qui te parle, et après m'avoir donné des enfants, à ton hymen et à ton lit tu les as immolés. Jamais il ne se fût trouvé de Grecque pour oser ce forfait, et c'est à elles que je t'ai préférée pour épouse ! Je me suis allié à une ennemie, pour ma perte, à une lionne, non à une femme, d'un naturel plus sauvage que la Tyrrhénienne Scylla. Mais sur toi mille injures ne sauraient mordre, telle est l'impudence de ta nature. Va-t'en à la malheure, infâme, abjecte infanticide ! Pour moi, sur mon destin je puis gémir : de mon nouvel hymen je ne jouirai pas, et les fils que j'avais engendrés et nourris, je ne les aurai plus vivants pour leur adresser la parole : je les ai perdus.

Médée. – J'en aurais long à répliquer à ces discours, si Zeus, père du monde, ne savait comment je t'ai traité et ce que tu m'as fait. Tu n'allais pas, après avoir outragé ma couche, passer agréablement ta vie en te riant de moi, non plus que la princesse ; et celui qui t'avait donné une épouse, Créon[1], ce n'est pas impunément qu'il devait me chasser du pays. Là-dessus, libre à toi de m'appeler lionne et Scylla, l'habitante du sol tyrrhénien. À ton cœur, comme il faut, j'ai rendu coup pour coup.

Jason. – Tu souffres, toi aussi, et partages mes maux.

Médée. – Oui. Mais ma douleur sert, si tu n'as pas à rire.

Jason. – Mes enfants, quelle mère indigne fut la vôtre !

Médée. – Mes fils, comme vous perdit la folie d'un père !

Jason. – Non, ce n'est pas mon bras qui les a fait mourir.

---

1. Arrivé à Corinthe, Jason a accepté d'épouser la fille du roi Créon et donc d'abandonner Médée, condamnée à l'exil.

MÉDÉE. – C'est ton outrage et c'est ton nouvel hyménée.

JASON. – À ton lit tu as cru bon de les immoler.

MÉDÉE. – Crois-tu donc ce malheur léger pour une femme ?

JASON. – Si elle est chaste, oui. Mais en toi tout est vice.

MÉDÉE. – (*Montrant les cadavres.*) Ceux-ci ne vivent plus ; là sera ton tourment.

JASON. – Ils vivent, durs vengeurs attachés à ta tête.

MÉDÉE. – Ils savent, les dieux, qui le premier fit le mal.

JASON. – Ils savent donc tes abominables pensées.

MÉDÉE. – Hé ! Je déteste ton odieux entretien.

JASON. – Et moi le tien. Mais il est aisé d'en finir.

MÉDÉE. – Comment donc ? Qu'ai-je à faire ? Moi aussi, c'est mon vœu.

JASON. – Laisse-moi enterrer ces morts et les pleurer.

MÉDÉE. – Non certes ; c'est moi qui de ma main les ensevelirai. Je les porterai au sanctuaire d'Héra, déesse du promontoire, pour que nul ennemi ne les outrage en renversant leurs tombes. Et à cette terre de Sisyphe nous affecterons une fête et des cérémonies solennelles, désormais, en expiation de ce meurtre impie. Pour moi, je vais sur la terre d'Érechthée partager la demeure d'Égée, fils de Pandion. Toi, comme il sied, tu mourras de malemort [frappé à la tête par un débris d'Argo], et tu auras vu l'amer dénouement de ton nouvel hymen.

JASON. – Ah ! puisse te faire périr l'Érinye de tes enfants, et la Justice vengeresse du meurtre !

MÉDÉE. – Qui donc t'écoute, dieu ou génie, toi, le parjure et l'hôte félon ?

JASON. – Las ! Las ! Infâme créature, infanticide !

MÉDÉE. – Va-t'en à ta maison ensevelir ta femme.

JASON. – J'y vais, privé de mes deux enfants.

MÉDÉE. – Tes pleurs ne sont rien encore. Attends la vieillesse.

JASON. – Enfants bien-aimés...

MÉDÉE. – De leur mère, non de toi.

JASON. – Et là-dessus tu les as tués ?

MÉDÉE. – Oui, pour faire ton malheur.

JASON. – Hélas ! Les lèvres chéries de mes fils, malheureux ! j'ai soif de les embrasser.

MÉDÉE. – Maintenant tu leur parles, maintenant tu leur fais fête ; alors tu les écartais de toi.

JASON. – Accorde-moi, par les dieux ! d'effleurer la tendre chair de mes enfants.

MÉDÉE. – Impossible. C'est parole jetée au vent.

Médée, 1317-fin

Jason est loin d'être sans reproche : le héros en a fait voir des vertes et des pas mûres à sa compagne. Sa nourrice raconte.

IL L'A BIEN MÉRITÉ

La scène est à Corinthe. Le décor représente la maison de Médée. Une vieille esclave en sort.

LA NOURRICE. – Plût au Ciel que la nef Argo, en son vol vers la terre de Colchide, n'eût point franchi les Symplégades de sombre azur, que dans les vallons du Pélion le pin ne fût jamais tombé sous la hache, et n'eût pas armé de rames les mains des preux qui firent pour Pélias la quête de la Toison d'or ! Ma maîtresse Médée n'eût pas cinglé vers les remparts du pays d'Iolcos, le cœur éperdu d'amour pour Jason ; et, pour avoir persuadé aux filles de Pélias le meurtre de leur père, elle n'habiterait pas ici la terre de Corinthe avec son mari et ses enfants. Elle cherchait à plaire aux citoyens du sol où elle s'est réfugiée, et, pour elle, à s'accorder en toutes choses avec Jason : et c'est là le salut le plus sûr, quand nul dissentiment ne sépare la femme de l'époux. Or au contraire tout lui est ennemi, et elle est atteinte en ses affections les plus chères. Traître à ses enfants et à ma

11

maîtresse, Jason est entré par l'hymen dans une couche royale, en épousant la fille de Créon, l'arbitre souverain du pays. Et Médée, l'infortunée ! sous le coup de l'outrage à grands cris invoque les serments, les mains échangées, gage suprême ; elle prend les dieux à témoin du retour dont la paie Jason. Elle gît sans nourriture, abandonnant son corps aux chagrins, consumant tous ses jours dans les pleurs, depuis qu'elle a senti l'injure de son époux, sans lever le regard, ni détacher du sol son visage ; pareille à un roc ou à la vague des mers, elle est sourde aux admonestations de ses amis. Parfois, cependant, détournant son col éclatant de blancheur, en elle-même elle pleure son père chéri, son pays, et sa maison qu'elle a trahie pour suivre l'homme qui aujourd'hui va la méprisant. Elle connaît, la malheureuse ! aux coups de l'infortune, ce qu'on gagne à ne pas quitter le sol de ses pères. Ses enfants lui font horreur, elle n'a plus de joie à les voir. Et je crains d'elle quelque résolution étrange : violente est son âme ; elle ne supportera pas d'être maltraitée ; je la connais et je tremble [qu'elle ne se plonge un glaive acéré à travers le foie, en entrant à la dérobée dans la chambre où est étendue sa couche, ou qu'elle n'aille jusqu'à tuer le souverain et son époux, et ne s'attire ensuite quelque pire disgrâce]. Car elle est terrible, et qui a encouru sa haine, malaisément remportera la palme de victoire.

Mais voici venir les enfants, qui ont fini de s'exercer à la course ; des malheurs de leur mère ils ne se soucient point : âme jeune n'a pas coutume de souffrir.

Médée, 1-50

BUZZ & FAMA

Aujourd'hui, on évoque volontiers le *buzz*, soit l'événement central appelé à faire toutes les unes. À la source de cette information, journalistes et chroniqueurs mondains, à l'affût de rumeurs plus ou moins vérifiables. C'est notamment dans le Hollywood des années 1940-1950 que sont apparus ces échotiers, vilipendés par James Ellroy dans *L.A. Confidential*, qui harcèlent les stars dans le but de vendre au plus offrant le dernier scandale qui détruira la réputation de l'une ou de l'autre. Quant aux paparazzis, il a fallu attendre la *Dolce Vita* de Fellini pour mettre enfin un nom sur ces faiseurs (ou défaiseurs) de notoriété d'un nouveau temps, celui des médias de masse triomphants. Pour les Anciens, c'est la *fama*, dont le double sens de « rumeur » perfide et de « réputation » résume toute l'ambiguïté, qui se chargeait de répandre les nouvelles aux oreilles du peuple. Avec toutes les limites que cela comporte, car l'ouïe était loin d'être considérée comme le sens le plus fiable pour accéder à la vérité dans l'Antiquité. Thucydide ou Lucien, par exemple, estiment que les oreilles sont bien moins dignes de foi que les yeux. Philostrate fait exception dans son *Héroïcos*, où il assure qu'Achille et Hélène, un couple de stars auquel Homère lui-même aurait rêvé, « les premiers, sans même s'être vus, puisque l'un était en Égypte et l'autre à Troie, commencèrent à s'aimer, après avoir trouvé dans leurs oreilles la source de leur désir ».

HOMÈRE
VIIIᵉ s. av. J.-C.

VIRGILE
Iᵉʳ s. av. J.-C.

CLAUDIEN
Vᵉ s. ap. J.-C.

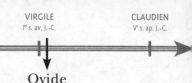

Ovide

Rilke définissait la renommée comme « cette somme de tous les malentendus qui s'accumulent autour d'un nom ». Les Anciens l'avait hissée au rang des dieux, habitant un lieu étrange, quoique propice à l'observation.

DIVINE RENOMMÉE

Entre la mer, la terre et les régions célestes,
Il est un lieu central aux confins des trois mondes
D'où l'on voit tout, partout, même aux pays lointains,
D'où toute voix toujours entre au creux d'une oreille,
La Renommée y loge. Ayant choisi un pic,
Elle y perça mille chemins, mille ouvertures,
Mais nulle porte à sa maison, qui, nuit et jour
Ouverte, bâtie toute en un bronze sonore,
Vibre toute, renvoie et répète les mots.
Nulle part en son sein ni repos ni silence,
Nul cri non plus, mais des murmures chuchotés
Bruissant comme la houle au lointain qu'on entend
Ou le dernier tonnerre, apaisés les orages
De Jupiter entrechoquant les noirs nuages.
C'est foule à l'atrium. On va, on vient, léger,
On mélange en tous sens le faux avec le vrai,
Circulant par milliers, les rumeurs se confondent,
Tel emplit de ragots les oreilles oisives,
Tel colporte un mensonge entendu et l'aggrave,
Garant par son ajout de sa véracité.
Là la Crédulité, là l'Erreur téméraire,
La prompte Sédition, les On-dit susurrés,
La Fausse Joie, la Peur panique ont leur séjour.
En personne observant l'univers tout entier,
La Renommée voit tout, au ciel, en mer, sur terre.

Les Métamorphoses, XII, 39-63

HOMÈRE
VIIIᵉ s. av. J.-C.

VIRGILE
Iᵉʳ s. av. J.-C.

CLAUDIEN
Vᵉ s. ap. J.-C.

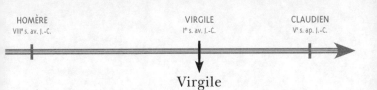

Virgile

Fama, *la divinité latine de la renommée est un laideron : sa seule qualité est sa rapidité.*

COMMENT RÉPANDRE UNE RUMEUR

Aussitôt la Renommée va par les grandes villes de la Libye, la Renommée, un mal plus que tout autre prompt, il prend vigueur par le mouvement et en allant acquiert des forces ; petite d'abord par crainte, bientôt elle s'élève dans les airs, ses pas foulent le sol, sa tête se cache dans les nues. La Terre, sa mère, irritée par le courroux des dieux, l'enfanta, dit-on, comme la dernière sœur de Céus et d'Encelade, forte de la rapidité de ses pieds, de ses ailes, monstre horrible, démesuré : autant il a de plumes sur le corps, autant d'yeux vigilants – ô prodige – sous chacune, et autant de langues, autant de bouches qui parlent, autant d'oreilles qui se dressent. La nuit, elle vole entre ciel et terre à travers l'ombre, stridente, et jamais à l'invite du doux sommeil n'incline ses yeux ; pendant le jour, elle se poste pour guetter ou sur le faîte d'un toit ou sur de hautes tours, elle sème l'effroi dans les grandes cités, aussi acharnée à tenir ce qu'elle imagine ou déforme que messagère de la vérité. Alors, des propos les plus divers elle emplissait complaisamment l'oreille des peuples, assurant avec une égale autorité le réel et le faux : Énée, un héros de troyenne ascendance, était venu, la belle Didon daignait s'unir à lui ; maintenant, pendant ce long hiver, ils s'occupaient l'un de l'autre, tout aux plaisirs, oublieux de leurs royaumes et captifs d'une honteuse passion. Telles sont les horreurs dont la déesse emplit partout la bouche des hommes. D'un trait elle dirige sa course vers le roi Iarbas ; par de tels propos elle enflamme son esprit, amasse en lui des colères.

Énéide, IV, 173-198

15

PAPARAZZIS

À la poétique des dramaturges ou des poètes épiques, s'opposent les témoignages des historiens ou chroniqueurs sur les frasques et les écarts de ceux qui font « l'actualité » : hommes politiques, empereurs, hommes d'affaires, nouveaux riches. Si Aristote estimait que l'histoire, en s'attachant au particulier, avait moins de portée que la poésie, qui était davantage tournée vers l'universel, l'*historia magistra* (l'histoire qui « enseigne ») s'était assigné une noble tâche en indiquant les exemples à ne pas suivre pour mener une vie vertueuse. Le très sérieux Tite-Live incite ainsi à « étudier avec toute l'ardeur et l'attention dont on est capable, la vie et les mœurs d'autrefois, les grands hommes qui ont créé et agrandi l'Empire ». S'il n'est rien de très sulfureux ici, le même Tite-Live doit concéder que son ouvrage comporte aussi « des actions honteuses tant par leurs causes que par leurs conséquences, et qu'il faut éviter ». Un mot d'ordre que Suétone, dans sa biographie d'empereurs rendus souvent paranoïaques et intempérants par les vertiges du pouvoir, s'est délecté à suivre.

HOMÈRE
VIIIᵉ s. av. J.-C.

VIRGILE
Iᵉʳ s. av. J.-C.

CLAUDIEN
Vᵉ s. ap. J.-C.

Procope

Si le mot fut immortalisé par Fellini, la réalité est vieille comme l'antique. À Rome comme à Athènes les paparazzis ne manquent pas. Après avoir pieusement recensé les hauts faits de l'empereur dont il était l'historiographe, Procope raconte les mille et un secrets qu'il n'a pu insérer dans l'histoire officielle. Le pamphlétaire serait-il l'ancêtre du paparazzi ?

CONCIERGE ANTIQUE

Tout ce qui est arrivé jusqu'à présent, dans les guerres, à la nation des Romains, je l'ai raconté, autant que j'ai pu le faire, en présentant tous les événements suivant les temps et les lieux. Ce qui suit, en revanche, ne sera plus exposé de la manière susdite, car y sera décrit tout ce qui est arrivé dans toutes les régions de l'Empire romain. La raison en est qu'il ne m'était pas possible, tant que les acteurs de cette histoire étaient encore en vie, d'en écrire de la manière qui convenait. Il n'était possible en effet, ni d'échapper à la multitude des espions, ni, si j'étais démasqué, de ne pas périr d'une mort cruelle ; même aux plus intimes de mes proches je ne pouvais faire confiance. Bien plus, dans les livres qui précèdent, force m'a été de taire les causes de bien des événements que je racontais. Il me faudra donc révéler à la fois ce qui est resté dissimulé jusqu'à présent et les causes des événements que j'ai racontés auparavant dans mon texte.

Au moment pourtant où je me mets à cette nouvelle besogne, ardue et incroyablement difficile – la vie de Justinien et de Théodora –, me voici à trembler et à hésiter au plus haut point en me rendant compte que ce que j'écrirai à présent ne paraîtra ni vrai, ni digne de foi à la postérité. Je crains en particulier, quand le long temps qui se sera écoulé aura fait de mon récit quelque chose d'un peu antique, de gagner la réputation d'un conteur d'histoires et d'être rangé parmi les poètes tragiques. Je ne reculerai pourtant pas devant l'ampleur de la tâche, ayant l'assurance que mes dires ne seront pas sans répondants. Les hommes d'aujourd'hui qui sont les plus sérieux témoins des faits seront des garants suffisants, pour le temps à venir, de la créance à leur accorder.

Autre chose encore, pourtant, m'a souvent et longtemps retenu quand j'aspirais ardemment à entreprendre ce récit : j'estimais en effet qu'il serait sans utilité pour la postérité. Car il vaudrait beaucoup mieux que les actions les pires restent inconnues des temps futurs plutôt que de devenir, lorsqu'elles parviennent aux oreilles des tyrans, des modèles à imiter. Pour la majorité des gouvernants, du fait de leur inexpérience, l'imitation des méfaits de leurs prédécesseurs est toujours bien facile, et ils se tournent toujours plus aisément et plus naturellement vers les fautes commises par les anciens. Ce qui pourtant, en un second temps, m'a poussé à faire l'histoire de ces actions, c'est qu'ainsi il sera manifeste, pour ceux qui gouverneront à l'avenir, avant tout qu'il n'est pas impossible qu'eux-mêmes reçoivent le châtiment de leurs fautes (ce que précisément il est arrivé à ces gens de souffrir), ensuite que leurs actions et leurs manières d'être seront aussi consignées par écrit pour toujours, et que peut-être, de ce fait, ils hésiteront à se mal conduire. Car lequel des hommes qui sont nés après eux connaîtrait la vie licencieuse de Sémiramis ou la folie de Sardanapale et de Néron si ces souvenirs n'avaient été laissés par ceux qui en écrivirent à ce moment-là ? Par ailleurs, pour ceux surtout qui risquent de subir des traitements semblables de la part des tyrans, ce récit ne sera pas sans utilité. Ceux qui sont éprouvés sont généralement consolés en sachant qu'ils ne sont pas les seuls à subir des malheurs.

Histoire secrète, I, 1-10

HOMÈRE
VIIIᵉ s. av. J.-C.

VIRGILE
Iᵉʳ s. av. J.-C.

CLAUDIEN
Vᵉ s. ap. J.-C.

Tacite

Connu pour la concision de son style, Tacite s'avère plus loquace lorsqu'il s'agit de médire sur ses collègues historiens.

FAUX HISTORIENS, VRAIS COURTISANS

Je commencerai mon ouvrage au second consulat de Servius Galba, qui eut pour collègue Titus Vinius. En voici la raison : les huit cent vingt années de l'époque antérieure depuis la fondation de Rome ont été relatées par de nombreux auteurs qui le firent, aussi longtemps qu'ils racontaient l'histoire du peuple romain, avec autant d'éloquence que d'indépendance ; mais quand on eut livré la bataille d'Actium et qu'il fallut, dans l'intérêt de la paix, concentrer tout le pouvoir sur un seul homme, ces grands génies du passé disparurent ; en même temps la vérité subit de multiples atteintes : d'abord par l'ignorance des affaires publiques où l'on n'avait pas de part, puis par l'esprit d'adulation ou, à l'inverse, par la haine contre les puissants ; ainsi ni les uns ni les autres ne se souciaient de la postérité, qu'ils fussent hostiles ou serviles. Mais un historien qui fait sa cour a vite fait de provoquer l'aversion, tandis que le dénigrement et l'envie trouvent des oreilles complaisantes : c'est qu'à l'adulation s'attache un honteux grief de servitude, à la malignité un faux air d'indépendance. Quant à moi, Galba, Othon, Vitellius ne me sont connus ni par la faveur ni par la disgrâce. Vespasien m'a ouvert la carrière des honneurs, Titus m'y a poussé, Domitien m'y a fait progresser plus loin encore, je ne saurais le nier, mais quand on a fait profession de loyauté incorruptible, on doit parler de chacun sans amour et sans haine.

Histoires, 1

Sénèque

S'il écrivit et mourut en sage, Sénèque vécut en courtisan, riche, hautain, toujours prêt à se moquer du pouvoir lorsqu'il n'en avait pas la faveur. L'empereur Claude, à peine enterré, et donc divinisé, en fait les frais.

J'AI VU CLAUDE MONTER AU CIEL !

Je veux transmettre à la postérité ce qui se passa dans le ciel le troisième jour avant les Ides d'octobre, en cette année unique, point de départ d'une ère d'immense félicité. Ni la rancune ni la reconnaissance ne dicteront mes paroles. Si l'on me demande d'où je tiens ces événements si véridiques, je commencerai par ne pas répondre si je n'en ai pas envie. Qui pourrait m'y obliger ? Ne sais-je pas que je suis un homme libre, depuis le jour où trépassa celui qui justifiait si bien le proverbe : « On naît roi ou imbécile. » Si je consens à répondre, je dirai ce qui me passera par la tête. Depuis quand exige-t-on de l'historien des garants assermentés ? S'il est cependant nécessaire que je fournisse un répondant, adressez-vous à l'homme qui vit Drusilla aller au ciel. Il vous dira qu'il a vu Claude faire le même voyage « d'un pas inégal ». Qu'il le veuille ou non, il voit forcément tout ce qui se passe au ciel : il est curateur de la voie Appienne, par où l'on sait que le Divin Auguste et Tibère César ont passé pour aller chez les dieux. Si vous le questionnez, il parlera tête à tête. En public, jamais il ne soufflera mot ; car, depuis qu'il a juré devant le Sénat qu'il avait vu Drusilla monter au ciel et que, pour le payer d'une si bonne nouvelle, personne ne l'a cru, il a pris le solennel engagement de ne plus jamais révéler ce qu'il aurait vu, même s'il voyait un homme assassiné en plein Forum.

L'Apocoloquintose du divin Claude, 1

21

Histoire auguste

*Les historiens latins ont une délicieuse tendance à être des langues de vipères. Parmi eux, ceux de l'*Histoire Auguste *en font une profession de foi, ou du moins un artifice littéraire.*

FAIRE FIEL DE TOUTES CHOSES

Je n'aurais jamais rédigé une biographie d'Héliogabale Antonin (qui s'appelait aussi Varius), afin que personne ne sût qu'il avait été l'empereur des Romains, si ce même empire n'avait eu auparavant des Caligula, des Néron et des Vitellius. Mais comme la même terre produit des poisons aussi bien que du blé et d'autres fruits bénéfiques, des serpents aussi bien que des espèces domestiques, le lecteur attentif s'offrira une compensation en lisant les vies d'Auguste, de Trajan, de Vespasien, d'Hadrien, d'Antonin le Pieux, de Titus et de Marc Aurèle, qui contrastent avec ces monstrueux tyrans. Il comprendra aussi le verdict des Romains en constatant que les seconds ont régné longtemps pour finir de mort naturelle, tandis que les premiers ont été tués, leurs cadavres traînés et qu'on a de surcroît désigné comme « tyrans » ces êtres dont on répugne même à prononcer les noms.

Vie d'Héliogabale, Préambule, I, 1

SATIRISTES ET PORTRAITISTES

« La satire est entièrement de notre fait », proclamait fièrement Quintilien, qui voyait là le premier (le seul ?) genre littéraire authentiquement latin. Ce qui est certain, c'est qu'avec des auteurs comme Juvénal ou Martial, la « célébrité » change véritablement de registre. N'ont plus seulement droit aux honneurs de la poésie ou de la prose les grands hommes de l'époque ; et pour cause, car il n'y a guère plus de grands hommes : tout au plus des affranchis méprisables et fortunés, des sénateurs corrompus et vicieux, des femmes aux mœurs ravagées. L'indignation s'est emparée de la création littéraire, et s'accompagne d'un humour grinçant, parfois désespéré. Ces pamphlétaires ressemblent beaucoup à ceux que l'on qualifie aujourd'hui de « néo-réactionnaires » et dont l'une des activités privilégiées est de souligner la vanité de notre temps, la disparition de la culture authentique et la vacuité du star-system. Avec plus de lucidité, François Hartog estime « l'homme illustre se profilait sur un horizon de perfection révolue : l'exemple venait du passé vers le présent [...] La star, elle, est emportée par le temps. Elle vient uniquement du présent et elle s'y consume, voire s'y abîme ».

HOMÈRE
VIII° s. av. J.-C.

VIRGILE
I° s. av. J.-C.

CLAUDIEN
V° s. ap. J.-C.

Juvénal

Les poètes ancien savaient avoir la dent dure : lorsque Juvénal décrit ses contemporains, foin de sentiments ou de rêverie : voici le billet d'humeur d'un chroniqueur misanthrope, et redouté.

PLUIES ACIDES SUR ROME

Il me prend envie de m'enfuir d'ici par-delà les Sarmates et l'Océan glacial, toutes les fois qu'ils osent un mot sur les mœurs, ceux qui jouent les Curius et dont la vie est une bacchanale. Gens ignorants d'abord, bien qu'on trouve partout chez eux le plâtre de Chrysippe : car, pour eux, la perfection, c'est d'acheter un portrait d'Aristote ou de Pittacos, c'est de faire garder à une étagère des Cléanthes originaux. Ne nous fions pas à la mine : quelle rue, en effet, ne regorge point de polissons à l'air austère ? Tu gourmandes l'immoralité, toi, l'égout le plus signalé entre les mignons socratiques ? À vrai dire, tes membres hérissés, les soies rudes semées sur tes bras annoncent une âme indomptable ; mais, de ton anus épilé, le médecin tranche, en riant, des fics gros comme des marisques. Ils ont la parole rare, une grande passion pour le silence, le cheveu plus court que le sourcil. Il y a donc plus de vérité, plus d'ingénuité chez un Péribomius : je rends les destins responsables quand je vois cet homme faire par son air et sa démarche l'aveu de son mal. Voilà des gens dont la franchise est digne de pitié, à qui leur égarement même mérite l'indulgence : ils valent moins, ceux qui, contre de tels vices, s'emportent avec des mots d'Hercule et qui, parlant de vertu, remuent le derrière : « Je te révérerais, Sextus, toi qui te tortilles ? dit l'infâme Varillus, en quoi suis-je pire que toi ? » Un homme bien planté peut railler un cagneux ; un Blanc, un Éthiopien : mais qui supporterait les Gracques déplorant une sédition ? qui ne mêlerait ciel et terre, mer et ciel, si un voleur n'était pas au gré de Verrès, ou un meurtrier, au gré de Milon ? si Clodius accusait les adultères, ou Catilina, Céthégus ? si les trois disciples de Sylla s'élevaient contre sa table de proscription ? Tel était naguère l'amant souillé d'un inceste de tragédie qui faisait revivre de rigoureuses lois, redoutables pour tous, et même pour Vénus et Mars, au moment où Julie délivrait de tant d'avortons sa matrice trop féconde et chassait des fœtus qui ressemblaient à son oncle. N'est-ce donc pas un droit bien établi, pour tous les vices, de mépriser nos soi-disant Scaurus et, blâmés par eux, de leur rendre morsure pour morsure ?

Satires, II, 1-35

HOMÈRE
VIIIe s. av. J.-C.

VIRGILE
Ier s. av. J.-C.

CLAUDIEN
Ve s. ap. J.-C.

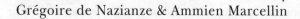

Grégoire de Nazianze & Ammien Marcellin

Si nos magazines people *regorgent de photos, flatteuses ou ridicules, l'art du portrait peut se révéler autrement plus féroce qu'un cliché pris sur le vif. Deux contemporains de l'empereur Julien manient avec autant d'insolence que de complaisance le poids et le choc des mots.*

JULIEN JEKYLL & HYDE

Grégoire, alors étudiant à Athènes, a croisé Julien lors de son séjour dans cette ville entre juillet et octobre 355. Dans son réquisitoire de chrétien contre l'empereur apostat, il souligne les aspects les plus négatifs.

[...] J'ai conscience de ne pas m'être trompé alors dans les précisions que je formai à son égard, bien que je ne figure pas au nombre de ceux qui sont doués pour ce genre de choses. Ce qui fit de moi un prophète, c'était l'inégalité de son caractère ainsi qu'un prodigieux abrutissement [...]. Je ne présageai rien de bon de ce cou branlant, de ces épaules remuantes et tressautantes, de ces yeux agités qui se dirigeaient partout, de ce regard exalté, de ces pieds chancelants qui ne tenaient pas en place, de cette narine qui respirait insolence et dédain, de ces grimaces ridicules qui manifestaient les mêmes sentiments, de ces éclats de rire sans mesure, convulsifs, de ces signes d'approbation ou de dénégation qui n'avaient ni rime ni raison, de cette parole hachée par la respiration dont le débit s'arrêtait brusquement, de ces questions incohérentes et inintelligibles, de ces réponses qui ne valaient pas mieux, qui se chevauchaient les unes les autres sans régularité en dépit des règles d'école.

Discours, V, 23

Autre contemporain de Julien, Ammien Marcellin l'accompagna jusqu'aux ultimes moments de la campagne de Perse. Il en donne une image bien différente de celle laissée par Grégoire.

Constance présente son nouveau César, Julien, aux soldats, comme un « adolescent à la force tranquille, dont il nous faut imiter plus que louer la conduite pleine de modération », mais « dont la physionomie tendue trahissait une pointe de tristesse ». Les soldats « contemplèrent longuement ses yeux terribles et charmants, son visage auquel l'animation donnait de la grâce ».

[...]

Son aspect et sa stature étaient les suivants : de taille moyenne, les cheveux aussi souples que s'il les avait peignés, le visage recouvert d'une barbe hérissée et terminée en pointe, de beaux yeux brillants et ardents qui exprimaient son inquiétude intérieure, les sourcils bien tracés, le nez tout droit, la bouche un peu grande, la lèvre inférieure pendante, la nuque épaisse et arrondie, les épaules fortes et larges, la silhouette rectiligne de la tête au bout des ongles, ce qui lui assurait force et vitesse à la course.

Histoires, 15 et 25

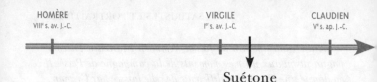

HOMÈRE
VIIIᵉ s. av. J.-C.

VIRGILE
Iᵉʳ s. av. J.-C.

CLAUDIEN
Vᵉ s. ap. J.-C.

Suétone

Les Vies des douze Césars *regorgent de portraits à charge. Pour Suétone, l'âme, particulièrement lorsqu'elle est corrompue, se porte sur le visage. Avec Caligula, incestueux, mégalomane et despotique, l'historien a un modèle de choix.*

EMPEREUR PATIBULAIRE

Caligula avait la taille haute, le teint livide, le corps mal proportionné, le cou et les jambes tout à fait grêles, les yeux enfoncés et les tempes creuses, le front large et mal conformé, les cheveux rares, le sommet de la tête chauve, le reste du corps velu ; aussi, lorsqu'il passait, était-ce un crime capital de regarder au loin et de haut ou simplement de prononcer le mot chèvre, pour quelque raison que ce fût. Quant à son visage, naturellement affreux et repoussant, il s'efforçait de le rendre plus horrible encore, en étudiant devant son miroir tous les jeux de physionomie capables d'inspirer la terreur et l'effroi.

Vies des douze Césars. Caligula, L, 1-3

HOMÈRE
VIIIᵉ s. av. J.-C.

VIRGILE
Iᵉʳ s. av. J.-C.

CLAUDIEN
Vᵉ s. ap. J.-C.

Martial

Martial était un proche de Juvénal, et cela se voit. Dans ses épigrammes, il fustige, toujours avec humour et une pointe de mauvaise foi, les prétentieux et les cuistres. Ici c'est un ancien esclave et nouveau riche en vue, Zoilus, qui fait les frais de la rancœur et de l'amertume de l'artiste obligé de vivre aux crochets de plus riche que lui.

PORTRAIT DU *FELLATOR* ZOILUS

Que tous ceux qui ont le courage d'accepter les invitations de Zoilus s'en aillent dîner parmi les prostituées du Summemmium et qu'ils boivent de sang-froid dans la tasse ébréchée de Léda ! J'affirme que c'est là peccadille plus légère et conduite plus décente. Il s'étale, vêtu de vert clair, sur un lit qu'il garnit à lui seul et, de ses coudes, il bouscule encore ses convives de droite et de gauche, vautré lui-même sur la pourpre et les coussins de soie. Un mignon se tient près de lui et présente à ses rots des plumes rouges et des épines de lentisque. Quand il a chaud, une concubine, étendue sur le dos, lui souffle une brise légère avec un éventail vert, et un jeune garçon écarte de lui les mouches avec un rameau de myrte. Une habile masseuse parcourt son corps d'une main agile et promène sa paume exercée sur tous ses membres. Il fait claquer les doigts : à ce signal familier, l'eunuque, inspecteur d'une urine exigeante, dirige la verge saoule de son maître occupé à boire. Mais lui-même, se courbant en arrière vers la foule des domestiques qui se tiennent à ses pieds, au milieu de ses chiennes en train de se gaver de boyaux d'oie, il distribue des glandes de sanglier à ses gymnastes et donne à son mignon un croupion de tourterelle ; et tandis qu'on nous sert le cru des rochers de la Ligurie ou le vin doux cuit dans les fumées de Marseille, il boit à la santé de ses bouffons un nectar

29

de l'année d'Opimius, dans des coupes de cristal et des vases murrhins. Arrosé lui-même de tous les parfums de Cosmus, il ne rougit pas de nous faire apporter, dans une coquille dorée, la pommade à cheveux d'une misérable prostituée. Ensuite, succombant à l'indigestion de tant de demi-setiers, il ronfle ; nous, nous restons à table, et invités à respecter ses ronflements par notre silence, nous nous portons mutuellement des santés par gestes. Telles sont les insolences que nous avons à endurer de ce dégoûtant Malchion, et nous ne pouvons, Rufus, en tirer vengeance : c'est un *fellator*.

Épigrammes, III, 58

II

TENDANCES

EN HAUSSE, EN BAISSE :
QUI EST *IN*, QUI EST *EX* ?

Comme l'écrit Jean-Pierre Vernant à propos d'Ulysse, le monde des Anciens est une civilisation de l'apparaître. Un homme de l'Antiquité ne peut être reconnu pour ce qu'il est que dans le regard d'autrui. C'est ce regard qui l'instaure, le conforte ou le restaure. L'appartenance identitaire à une nation n'est pas non plus un vain mot. La crainte de l'exil et de la relégation est considérée souvent comme pire que la mort pour les Grecs comme pour les Romains, au point d'être à l'origine d'un genre littéraire appelé à un certain succès. Andocide, ostracisé d'Athènes après l'affaire des Hermès et de la parodie des mystères d'Éleusis, écrit : « Loin de ma patrie, je ne voudrais pas de la vie la plus opulente. » Avec l'avènement de l'Empire, les intrigues de cour se multiplient et la disgrâce menace tous les favoris. Pour faire sa place, tout est permis : la flatterie est indispensable, voire recommandée. La leçon tirée par le duc de Saint-Simon dans ses *Mémoires* pourrait avoir valeur de maxime pour tous les empereurs romains : « La souplesse, la bassesse, l'air admirant, dépendant, rampant, plus que tout l'air de néant étaient les uniques voies de plaire. » Gare à la chute ! Car ce n'est pas simplement le ridicule, ni même le déclassement qui frappaient ceux qui avaient l'heur de déplaire au Prince. Lorsque Sénèque cesse de voir en Néron le sauveur de Rome, il abandonne les apparats du favori pour (re)devenir le philosophe stoïcien qu'il rêvait d'être : ce choix lui coûta la vie.

HOMÈRE
VIIIᵉ s. av. J.-C.

VIRGILE
Iᵉʳ s. av. J.-C.

CLAUDIEN
Vᵉ s. ap. J.-C.

Histoire auguste

Héliogabale ne régna sur Rome que peu de temps, de 218 à 222. Ces quatre années suffirent cependant à laisser une légende noire. À sa décharge, il faut noter que l'empereur n'a probablement pas plus de quinze ans lorsqu'il accède au trône. Parmi ses innombrables « erreurs de jeunesse », une fâcheuse tendance à la provocation et la volonté certaine de s'entourer de ses pairs, que d'aucuns qualifieraient de « sauvageons multirécidivistes ».

FAVEURS & DÉSHONNEUR

Il nomma des affranchis gouverneurs, légats, consuls, généraux. Il déshonora toutes les dignités par la bassesse d'individus tarés. Ayant invité aux vendanges des amis de condition noble, assis à côté des corbeilles, il se mit à interroger chacun de ceux qui avaient la mine la plus grave : « Es-tu prompt à faire l'amour ? » Quand les vieillards rougissaient, il s'écriait : « Il a rougi : tout va bien ! » (car il prenait le silence et la rougeur pour un assentiment). De surcroît, il précisait comment il procédait lui-même, sans le voile d'aucune vergogne.

[...]

À la préfecture du prétoire il nomma un danseur qui avait fait à Rome le métier d'histrion. Du cocher de cirque Cordius il fit un préfet des vigiles, du barbier Claudius un préfet de l'annone. Il promut aux autres charges des gens que lui recommandait l'énormité de leur membre viril. À la curatelle du vingtième des héritages il désigna un muletier ; il désigna aussi un coursier, un cuisinier, un serrurier. Chaque fois qu'il entrait soit dans le camp des prétoriens, soit au Sénat, il se faisait accompagner de sa grand-mère Varia dont j'ai parlé plus haut, afin que l'autorité de celle-ci lui assurât plus de considération, car par lui-même il n'en pouvait avoir aucune. Avant lui (nous l'avons déjà dit), aucune femme n'était entrée au Sénat pour y être invitée à rédiger le procès-verbal et à dire son avis. Dans les banquets, il plaçait de préférence à ses côtés des gens flétris par la débauche et se délectait singulièrement à les toucher, à les palper : personne plus souvent qu'eux ne lui offrait la coupe après y avoir bu.

Vie d'Héliogabale, XI, 1 et XII, 1

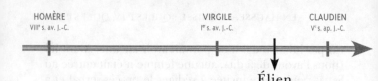

Élien

La plus grande qualité pour un courtisan est la persévé-
rance : le plus délicat n'est pas de devenir célèbre, mais de le
rester. L'attrait du neuf sans cesse pousse le premier arrivé vers
la sortie. Une jeune débutante, qui par la suite fut appelée à la
postérité, Aspasie, conquiert le cœur et la cour de Cyrus.

ASPASIE OU LE GOÛT DE LA NOUVEAUTÉ

Elle parvint un jour chez Cyrus, le fils de Darius et de
Parysatis, le frère d'Artaxerxès, non pas de plein gré, ni
envoyée de bon cœur par son père, mais contrainte, ce qui
n'est pas rare lorsque des villes sont prises ou lorsque des
tyrans ou des satrapes usent de violence. L'un des satrapes
l'amena à Cyrus avec d'autres jeunes filles. Elle fut bientôt
préférée aux autres concubines à cause de la simplicité de
ses mœurs et la réserve de ses manières, et parce qu'elle avait
une beauté naturelle. Son intelligence contribuait à augmenter l'amour passionné qu'on lui portait. Souvent Cyrus la prenait comme conseillère même dans les affaires importantes.
Il se laissait convaincre par elle et ne le regrettait pas.

Lorsque Aspasie vint pour la première fois chez Cyrus,
celui-ci avait terminé son repas et s'apprêtait à boire à la
manière perse. En effet, lorsque les Perses sont rassasiés de
nourriture, ils s'adonnent pleinement aux plaisirs de boire
le vin et de lever leur coupe ; ils s'y préparent comme s'ils
se préparaient à une lutte. Au milieu de la beuverie, quatre
jeunes filles grecques furent amenées à Cyrus, et parmi elles
Aspasie de Phocée. Elles étaient magnifiquement parées.
Les trois autres avaient été habillées par des femmes de leur
maison, qui se trouvaient les avoir accompagnées. Leurs
cheveux étaient tressés, leur visage fardé avec des pomma-
des et des onguents. Elles avaient été instruites par leurs
précepteurs sur la manière avec laquelle il fallait s'insinuer
auprès de Cyrus, comment le cajoler, comment ne pas se

détourner quand il s'approcherait, ne pas se fâcher de ses attouchements et supporter ses baisers. Une science, à vrai dire, de courtisanes, et un comportement de femmes qui utilisent la beauté dans des buts marchands. Elles rivalisaient pour l'emporter par la beauté. Mais Aspasie n'avait pas voulu revêtir de chiton coûteux, avait jugé qu'il ne valait pas la peine de s'envelopper d'un manteau brodé, et n'avait pas supporté de se laver ; elle hurlait et invoquait tous les dieux protecteurs à la fois de la Grèce et de la liberté, criait le nom de son père, le maudissait et se maudissait elle-même. Elle était persuadée qu'on l'astreignait à un esclavage manifeste en lui imposant cette mise qui lui était inhabituelle et cette parure frivole. On la battit, et, forcée, elle s'habilla et céda aux ordres. C'est avec beaucoup de souffrance qu'elle fut contrainte d'agir non en vierge mais en courtisane. Dès leur arrivée les autres jeunes filles regardaient Cyrus en face, souriaient et se montraient joyeuses, tandis qu'Aspasie gardait les yeux baissés, son visage avait pris une couleur rouge feu et ses yeux étaient pleins de larmes. De toute son allure se dégageait un sentiment de honte. Lorsque Cyrus ordonna aux jeunes filles de s'asseoir près de lui, les trois obéirent de manière très affable, tandis que la Phocéenne ne faisait aucun cas de l'ordre, jusqu'à ce que le satrape qui l'avait amenée la fît asseoir de force. Lorsque Cyrus les toucha et observa leurs yeux, leurs joues et leurs doigts, les trois autres l'acceptèrent de plein gré, mais Aspasie ne le supporta pas. Cyrus l'avait à peine effleurée du bout des doigts qu'elle commença à crier et dit qu'il aurait à regretter un tel acte. Cyrus fut très charmé de sa réaction. Comme elle s'était levée et cherchait à le fuir après qu'il lui eut touché les seins, le fils de Darius admira sa noblesse d'une manière qui n'était pas perse. Il regarda du côté du pourvoyeur et dit : « Celle-là seule, parmi les filles que tu as amenées, est libre et non corrompue. Les autres ont une apparence vénale et des manières qui le sont encore davantage. » À partir de ce moment, Cyrus l'apprécia plus que toutes les autres femmes qu'il avait fréquentées.

Histoire variée, XII, 1

HOMÈRE   VIRGILE   CLAUDIEN

VIIIe s. av. J.-C.   Ier s. av. J.-C.   Ve s. ap. J.-C.

Plutarque

Comment reconnaître un ami d'un flatteur ? Tel est le sujet de ce petit opuscule de Plutarque. La conclusion est sans appel : les grands de ce monde résistent rarement aux caresses de la flagornerie.

FLATTEZ,
IL EN RESTERA TOUJOURS QUELQUE CHOSE

S'il perce contre une courtisane ou une femme mariée dont on est épris quelque démangeaison née de la colère ou de la jalousie, la flatterie est là dans tout l'éclat de sa franchise pour ajouter le feu au feu, ouvrir le procès et accuser l'amoureux de bien des actes contraires à l'amour, cruels, criminels :

Ô cœur oublieux de tant de baisers.

C'est ainsi que les amis d'Antoine, alors qu'il était embrasé d'amour pour l'Égyptienne[1], le persuadèrent que c'était elle qui l'aimait et ils lui reprochaient ce qu'ils appelaient sa froideur, son dédain : « Voilà une femme qui a abandonné un si grand royaume et une existence heureuse, qui se mine à te suivre en campagne dans la position d'une concubine,

et toi tu abrites dans ton cœur des pensées inflexibles

et tu te moques de son chagrin. » Et lui se laissait volontiers convaincre de ses torts, prenait à ces accusations un plaisir que ne lui auraient même pas donné des louanges et, sans s'en apercevoir, se laissait pervertir en croyant se faire sermonner. Ce genre de franchise ressemble aux morsures des femmes de mauvaise vie : elle éveille et

---

1. Cléopâtre.

excite une sensation de plaisir par un moyen qui semble destiné à faire mal. Il en est comme du vin pur, qui d'ordinaire est un remède contre la ciguë, mais ajouté et mélangé à celle-ci donne au poison une efficacité absolument sans remède parce que, grâce à la chaleur qu'il dégage, il porte d'un coup celle-ci au cœur ; de même parce qu'ils savent que la franchise est un secours puissant contre la flatterie, les méchants se servent précisément d'elle pour flatter.

Œuvres morales.
Les moyens de distinguer le flatteur d'avec l'ami, 61a-b

HOMÈRE
VIII° s. av. J.-C.

VIRGILE
I° s. av. J.-C.

CLAUDIEN
V° s. ap. J.-C.

Procope

Bélisaire est le plus célèbre, et le plus valeureux, des géné-
raux de l'empereur Justinien. Pour lui, il mena campagne en
Perse, en Italie, en Espagne, contre les Goths, les Vandales et
les Wisigoths. Il fut sans doute aussi l'un des plus malheureux.
Après des années de bons et loyaux services, Bélisaire est mis au
ban de la société byzantine.

BÉLISAIRE BLACKLISTÉ

À beaucoup de ses amis et aux gens qui avaient été
auparavant à son service de quelque manière, il fut
interdit de fréquenter désormais Bélisaire. Et l'on vit ce
spectacle pitoyable, cette apparition incroyable, Bélisaire
allant dans Byzance comme un simple particulier, presque seul, toujours soucieux, triste et tremblant dans la
crainte de quelque complot mortel. L'impératrice, ayant
appris qu'il avait de grandes richesses en Orient, y envoya
un des eunuques du palais et les en fit toutes ramener.
Quant à Antonina, elle était brouillée avec son mari,
comme je l'ai dit, mais elle était très chère et très nécessaire à l'impératrice, surtout parce que, peu auparavant,
elle avait contribué à la chute de Jean de Cappadoce.

Aussi l'impératrice, voulant être agréable à Antonina,
faisait tout pour que la femme paraisse avoir obtenu la
grâce de son mari et l'avoir délivré de si grands malheurs.
Il devait en résulter non seulement qu'elle serait complètement réconciliée avec le malheureux, mais qu'elle
le traînerait derrière elle comme un prisonnier qu'elle
aurait sauvé. Cela se passa de cette façon. Bélisaire vint un
jour de bon matin au palais, comme il en avait l'habitude,
avec une suite misérable et peu nombreuse. Accueilli sans
bienveillance par l'empereur et l'impératrice, moqué, de
surcroît, en ce lieu, par des gens de condition basse et
commune, il rentrait chez lui, tard dans la soirée, en se

retournant fréquemment durant le trajet et en surveillant à la ronde, pour voir de quel côté surviendraient ceux qui allaient le tuer. Étant monté dans sa chambre dans ces sentiments de crainte, il était assis, seul, sur son lit, sans aucun courage, oubliant quel homme il avait été, constamment trempé de sueur, tout bouleversé, saisi d'un grand tremblement, tourmenté par des peurs d'esclave et des préoccupations tout à fait lâches pour sa vie. Quant à Antonina, comme si elle ignorait tout de ce qui s'était passé et ne se doutait pas de ce qui allait arriver, elle se promenait sans cesse dans les parages en feignant d'avoir des maux d'estomac, car ils avaient encore une attitude de suspicion mutuelle. Sur ces entrefaites, alors que le soleil était déjà couché, arrivait un homme du palais, nommé Quadratus. Ayant passé la porte de la cour, il se tint soudain devant celle de l'appartement des hommes, en disant qu'il était envoyé là par l'impératrice. Quand Bélisaire entendit cela, il étendit bras et jambes sur sa couche et y resta étendu, tout à fait prêt à ce qu'on le tue, tant l'avait abandonné tout courage viril. Alors Quadratus, entré là auprès de lui, lui montra une lettre de l'impératrice. La lettre s'exprimait en ces termes : « Ce que tu nous as fait, très cher, tu le sais. Mais moi, parce que j'ai beaucoup d'obligations envers ta femme, j'ai décidé de te pardonner tous ces griefs si tu fais don de ta vie à celle-ci. Désormais, tu peux avoir confiance pour ta vie et tes biens ; mais ce que tu seras envers elle, nous le saurons par ta conduite à venir. » Quand Bélisaire eut lu cela, à la fois transporté de joie et voulant à l'instant même donner une preuve de ses sentiments, il se leva aussitôt et tomba sur le visage aux pieds de sa femme.

Tout en tenant ses deux jambes de chaque main et en ne cessant de promener sa bouche sur les chevilles de sa femme, il l'appelait cause de sa vie et de son salut et assurait qu'à partir de ce moment, il ne serait plus son mari, mais son fidèle esclave.

Histoire secrète, IV, 15-30

HOMÈRE
VIIIe s. av. J.-C.

VIRGILE
Ier s. av. J.-C.

CLAUDIEN
Ve s. ap. J.-C.

Juvénal

Le temps suffirait-il à « remettre les pendules à l'heure » ?
Plus que toute autre la gloire usurpée serait-elle éphémère ?
Latéranus prend de plein fouet l'usure du temps.

BELLÂTRE HIER, VIEUX BEAU AUJOURD'HUI

Le long des cendres et des ossements de ses aïeux, un
char ailé emporte l'épais Latéranus, et lui-même, oui, lui-
même, consul muletier, il enraie la roue avec le frein. Sans
doute, c'est la nuit, mais la lune le voit, mais les astres sont
témoins et regardent. Quand le temps de sa charge sera
expiré, Latéranus prendra le fouet en plein jour ; jamais il
ne se troublera à la rencontre d'un ami déjà vieux, mais, de
son fouet, il le saluera le premier ; il déliera les bottes de foin
et versera l'orge à ses bêtes fatiguées. Cependant, tandis qu'il
immole des animaux à laine et un jeune taureau roux selon
le rituel de Numa, il ne jure, devant l'autel de Jupiter, que
par Épone et par les figures peintes dans son écurie puante.
Mais, lorsqu'il lui plaît d'aller, pour toute la nuit, retrouver
les tavernes, un Syrophénicien, toujours humide d'huile
parfumée, accourt au-devant de lui, un Syrophénicien, habitant de la porte Iduméenne, le salue, avec la cordialité d'un
hôte, des noms de maître et de roi, et, aussi, Cyané qui vient,
court-vêtue, lui vendre une bouteille. Un homme indulgent
me dira : « Nous en avons fait autant dans notre jeunesse. »
Soit, mais assurément tu ne le fais plus, tu n'as pas continué
à te complaire dans tes erreurs. Les dérèglements honteux
doivent être courts, il y a des fautes qu'on doit retrancher
avec la première barbe. Garde ton indulgence pour les petits
jeunes gens : mais Latéranus, dans les thermes, va droit aux
coupes et aux enseignes peintes sur toile alors qu'il est mûr
pour défendre militairement les fleuves d'Arménie et de
Syrie, et le Rhin et l'Hister.

Satires, VIII, 146-170

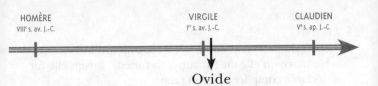

Ovide

En 8 après J.-C. le poète des Métamorphoses *fut chassé de Rome, condamné à passer la fin de ses jours à Tomes, dans l'actuelle Roumanie. Si les hypothèses sont multiples pour expliquer la décision de l'empereur Auguste, nulle n'a été avérée. Restent les plaintes du pauvre poète, hier courtisan adulé, aujourd'hui ermite perdu dans les brumes et les frimas du Pont-Euxin.*

EXIL

Si quelques défauts – et il y en aura – ont déparé mes livres, que les circonstances, lecteur, soient auprès de toi leur excuse. Je suis exilé et j'ai recherché non la gloire, mais un délassement, pour distraire mon esprit absorbé par des chagrins. Ainsi chante aussi l'esclave entravé qui bêche, quand il adoucit d'une mélodie rustique son pénible travail. Ainsi chante, courbé en avant et prenant appui sur le sable fangeux, celui qui hale à contre-courant le lent radeau ; et celui qui ramène également vers sa poitrine les rames qui ploient, et frappe les eaux du mouvement rythmé de ses bras. Quand le berger fatigué s'est appuyé sur son bâton ou assis sur une pierre, il charme ses brebis par le chant de sa flûte de roseau. Chantant et filant sa quenouille d'une même cadence, la servante trompe son labeur qu'elle oublie. Quand la fille de Lyrnessos lui fut ravie, la lyre hémonienne allégea, dit-on, la tristesse et les soucis d'Achille. Quand Orphée entraîna par ses chants les forêts et les durs rochers, il pleurait son épouse deux fois perdue.

Moi aussi, la Muse me console dans mon voyage vers le Pont, lieu qui m'est assigné ; elle est demeurée la seule compagne de mon exil ; elle seule est sans peur au milieu des embûches, et ne craint ni l'épée du soldat, ni la mer, ni les vents, ni la barbarie. Elle sait aussi quelle trompeuse méprise a causé ma perte et que mon acte fut coupable et

43

non criminel ; sans doute m'est-elle aujourd'hui secourable parce qu'elle me fut autrefois funeste, lorsqu'elle fut déclarée complice de mon crime.

[...]

C'est là que je me cache, nouvel habitant de ce séjour inquiet : ah ! cours trop lent de mon destin ! Et pourtant ma Muse, qui me visite en de si grands malheurs, trouve la force de revenir à ses rythmes et à son culte d'autrefois. Mais il n'est personne à qui lire mes vers, personne dont les oreilles puissent comprendre des mots latins. C'est pour moi – que taire en effet ? – que j'écris et que je lis, et mes œuvres ne craignent rien de leur juge. Pourtant j'ai dit souvent : « Pour qui maintenant cette peine et ce soin ? Les Sarmates et les Gètes liront-ils mes écrits ? » Souvent aussi j'ai pleuré en écrivant et mes lettres ont été mouillées de larmes ; mon cœur sent ses anciennes blessures comme si elles étaient toutes fraîches, et sur mon sein coule une pluie de pleurs affligés. Quand tour à tour je considère ce que je sais et ce que je fus, quand je songe où m'a jeté le sort et ce qu'il m'a fait quitter, souvent ma main devenue folle, furieuse contre sa passion et contre elle-même, a livré mes poèmes au bûcher pour les brûler. Puisque ainsi de beaucoup de vers il n'en reste pas beaucoup, qui que tu sois, lis-les avec indulgence ! Et toi aussi, ces vers qui ne sont pas meilleurs que mon sort, fais-leur bon accueil, Rome dont l'accès m'est interdit.

Tristes, IV, 1

LE DERNIER CHIC

Pour André Gide, « la vie d'un homme est son image ». Toutefois, si l'apparence a son importance dans la haute société de l'Antiquité, il est de bon ton de ne pas trop en faire. Attention à la « mollesse » qui guette l'homme trop attaché à son maintien. Comme le souligne Philippe Braunstein, le vêtement n'est pas uniquement fonctionnel : il inscrit son porteur dans un système de signes qui déterminent son identité dans l'espace civique. L'image d'Héraclès, concentré de virilité et modèle avoué des stoïciens, aux pieds d'Omphale, reine de Lydie, en train de filer le lin, en est le paradigme. Asclépios le raille ainsi dans les *Dialogues des dieux* de Lucien : « Moi, au moins, je n'ai pas été esclave comme tu l'as été, je n'ai pas cardé la laine en Lydie, vêtu de pourpre, recevant des coups de la sandale d'or d'Omphale. » Précisément, c'est d'Orient que vient le goût pour les vêtements élégants et coûteux. Avec les conquêtes d'Alexandre, ce sont des couleurs exubérantes qui font leur apparition en Grèce : safran, pourpre, or. Thierry Éloi et Florence Dupont ont étudié notamment la polarité entre le rouge, couleur vive qui signale l'efféminé, et le blanc, couleur de la *dignitas* et du noble citoyen. Les Lacédémoniens avaient pressenti le problème en habituant à la nudité tous les jeunes gens, garçons comme filles, pour les endurcir et affirmer la supériorité de leur civilisation. Le « tout nu », dernier chic de la mode ?

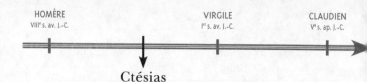

HOMÈRE
VIIIe s. av. J.-C.

VIRGILE
Ier s. av. J.-C.

CLAUDIEN
Ve s. ap. J.-C.

Ctésias

Reine légendaire de Babylone, Sémiramis serait née mi-femme mi-poisson. Est-ce dû à son origine ? L'élégante sait trouver les vêtements convenables à chaque occasion : en voyage, au front ou à la cour, la femme de Ninos est comme un poisson dans l'eau !

LES ATOURS DE SÉMIRAMIS

Un dur combat s'engagea, les Bactriens repoussèrent les Assyriens et les poursuivirent jusqu'aux montagnes qui dominaient la région ; ils en massacrèrent jusqu'à cent mille. Mais ensuite toutes les troupes de Ninos s'engagèrent dans le combat ; les Bactriens furent alors submergés, ils battirent en retraite dans leurs cités et chacun veilla à sauver sa propre famille. Les cités, Ninos s'en empara facilement, mais il ne put prendre la ville de Bactres : les remparts étaient trop hauts et les munitions trop nombreuses. Le siège durait depuis longtemps déjà et le mari de Sémiramis qui combattait dans l'armée du roi, toujours très amoureux, envoya chercher sa femme. Elle qui savait allier l'intelligence, l'audace et d'autres qualités éclatantes saisit là l'occasion de montrer son tempérament si particulier. Tout d'abord, sachant qu'elle allait faire un voyage de plusieurs jours, elle se fit un vêtement dans lequel il était impossible de savoir si on avait affaire à un homme ou à une femme. Il lui était bien utile pour la marche en plein soleil car il protégeait la blancheur de sa peau ; elle pouvait faire grâce à son ampleur tout ce qu'elle voulait, il était fluide et fait pour une jeune personne, et l'ensemble était si gracieux que par la suite les Mèdes l'adoptèrent lorsqu'ils furent maîtres de l'Asie, et après eux les Perses. Elle parvint en Bactriane et jaugea l'état du siège ; elle vit que les attaques se faisaient du côté de la plaine et des lieux faciles

d'accès, tandis que personne n'attaquait du côté de la
citadelle, à cause de sa hauteur. Elle vit aussi qu'à l'intérieur, les assiégés délaissaient ces postes de gardes pour
apporter leur aide à ceux qui risquaient leur vie près
des remparts plus bas. C'est pourquoi elle prit avec elle
des soldats habitués à l'escalade et avec eux elle gravit
une falaise escarpée, occupa une partie de la citadelle et
fit un signe à ceux qui assiégeaient la cité du côté de la
plaine. Les assiégés épouvantés de voir la citadelle prise
quittèrent leur rempart et perdirent tout espoir. C'est
ainsi que fut prise la cité ; le roi admira bien sûr le tempérament de la jeune femme.

Histoires de l'Orient, I-III, 6, 2-9

HOMÈRE — VIIIᵉ s. av. J.-C. VIRGILE — Iᵉʳ s. av. J.-C. CLAUDIEN — Vᵉ s. ap. J.-C.

Homère

Les princesses les mieux nées cultivent la simplicité. Le dernier chic à la cour du roi des Phéaciens, Alcinoos ? Laver son linge soi-même. Sur les conseils de la déesse Athéna, Nausicaa, la fille d'Alcinoos, donne l'exemple.

TENDANCE À L'EAU CLAIRE

La déesse aux yeux pers s'en fut droit à la chambre si bellement ornée, où reposait la fille du fier Alcinoos, cette Nausicaa, dont l'air et la beauté semblaient d'une Immortelle : aux deux montants, dormaient deux de ses chambrières qu'embellissaient les Grâces ; les portes, dont les bois reluisaient, étaient closes.

Comme un souffle de vent, la déesse glissa jusqu'au lit de la vierge et, debout au chevet, se mit à lui parler. Elle avait pris les traits d'une amie de son âge, tendrement aimée d'elle, la fille de Dymas, le célèbre armateur. Sous cette ressemblance, Athéna, la déesse aux yeux pers, lui disait :

ATHÉNA. – Tu dors, Nausicaa ! la fille sans souci que ta mère enfanta ! Tu laisses là, sans soin, tant de linge moiré ! Ton mariage approche ; il faut que tu sois belle et que soient beaux aussi les gens de ton cortège ! Voilà qui fait courir les belles renommées, pour le bonheur d'un père et d'une auguste mère ! Vite ! partons laver dès que l'aube poindra, car je m'offre à te suivre pour finir au plus vite ! Tu n'auras plus longtemps, je crois, à rester fille : les plus nobles d'ici, parmi nos Phéaciens dont ta race est parente, se disputent ta main… Sans attendre l'aurore, presse ton noble père de te faire apprêter la voiture et les mules pour emporter les voiles, draps moirés et ceintures. Toi-même, il te vaut mieux aller en char qu'à pied : tu sais que les lavoirs sont très loin de la ville.

48

À ces mots, l'Athéna aux yeux pers disparut, regagnant cet Olympe où l'on dit que les dieux, loin de toute secousse ont leur siège éternel : ni les vents ne le battent, ni les pluies ne l'inondent ; là-haut, jamais de neige ; mais en tout temps l'éther, déployé sans nuages, couronne le sommet d'une blanche clarté ; c'est là-haut que les dieux passent dans le bonheur et la joie tous leurs jours ; c'est là que retournait la déesse aux yeux pers, après avoir donné ses conseils à la vierge.

Mais l'Aurore, montant sur son trône, éveillait la vierge en ses beaux voiles : étonnée de son rêve, Nausicaa s'en fut, à travers le manoir, le dire à ses parents.

Elle trouva son père et sa mère au logis. Au rebord du foyer, sa mère était assise avec les chambrières, tournant sa quenouillée teinte en pourpre de mer. Son père allait sortir quand elle le croisa ; il allait retrouver les autres hôtes de marque : les nobles Phéaciens l'appelaient au conseil.

Debout à ses côtés, Nausicaa lui dit :

NAUSICAA. – Mon cher papa, ne veux-tu pas me faire armer la voiture à roues hautes ? Je voudrais emporter notre linge là-bas, pour le laver au fleuve : j'en ai tant de sali ! Toi d'abord, tu ne veux, pour aller au conseil avec les autres rois, que vêtements sans tache, et, près de toi, cinq fils vivent en ce manoir, deux qui sont mariés, et trois encore garçons, mais de belle venue ! sans linge frais lavé, jamais ils ne voudraient s'en aller à la danse. C'est moi qui dois avoir le soin de tout cela.

Elle ne parlait pas des fêtes de ses noces. Le seul mot l'aurait fait rougir devant son père.

Mais, ayant deviné, le roi dit en réponse :

ALCINOOS. – Ce n'est pas moi qui veux te refuser, ma fille, ni les mules ni rien. Pars ! nos gens vont t'armer la voiture à roues hautes et mettre les ridelles.

À ces mots, il donna les ordres à ses gens, qui sitôt, s'empressèrent ; on tira, on garnit la voiture légère ; les mules amenées, on les mit sous le joug et tandis que la vierge, apportant du cellier le linge aux clairs reflets, le déposait dans la voiture aux bois polis, sa mère, en un panier, ayant chargé les vivres, ajoutait d'autres mets et toutes les douceurs, puis remplissait de vin une outre en peau de chèvre.

Alors Nausicaa monta sur la voiture. Sa mère lui tendit, dans la fiole d'or, une huile bien fluide pour se frotter après le bain, elle et ses femmes. La vierge prit le fouet et les rênes luisantes. Un coup pour démarrer et, mules, s'ébrouant, de s'allonger à plein effort d'emporter le linge et la princesse ; à pied, sans la quitter, ses femmes la suivaient.

Odyssée, VI, 13 *sq.*

HOMÈRE
VIIIᵉ s. av. J.-C.

VIRGILE
Iᵉʳ s. av. J.-C.

CLAUDIEN
Vᵉ s. ap. J.-C.

Julien

Si Julien doit son surnom d'apostat à sa tentative de restaurer la religion païenne dans un empire désormais chrétien, il a aussi laissé un opuscule sur un sujet beaucoup moins sérieux, quoique fort spirituel : le Misopogon, *qui pourrait se traduire par « l'ennemi de la barbe ». Philosophe et barbu, l'empereur justifie un choix qui alors apparaissait comme une faute de goût.*

HAINE DE SOI ET HAINE DU POIL

De fait, à ce visage qui ne tient de la nature ni rare beauté, ni même régularité, ni même fraîcheur, mon fâcheux caractère et mon humeur morose m'ont fait ajouter cette barbe touffue, comme pour le punir, dirait-on, d'être dépourvu de beauté naturelle. Et voilà pourquoi j'endure que les poux se promènent là comme bêtes sauvages dans un hallier, que je m'interdis de manger à belles dents comme de boire à franc gosier : je dois veiller à ne pas engloutir à la fois, par distraction, poils et bouchées de pain. Quant à recevoir ou à donner des baisers, la chose ne m'affecte pas le moins du monde, Et pourtant, en cette matière comme pour le reste, la barbe doit être une gêne : elle interdit d'imprimer lèvres nettes sur lèvres lisses et par suite plus suaves, comme l'a déjà dit un de ceux qui, avec l'aide de Pan et de Calliope, ont composé des vers en l'honneur de Daphnis. Vous dites qu'il en faudrait tresser des câbles ? Je suis prêt à vous les fournir, si seulement cette barbe vous pouvez l'arracher et si sa rudesse ne met pas à mal « vos blanches mains débiles ». Qu'on ne croie pas pourtant que je sois fâché de ce brocard : c'est un fait que j'en fournis moi-même le prétexte avec ce menton de bouc, que je pourrais, je pense, rendre lisse et net, comme l'ont les jolis garçons et toute la gent féminine dont c'est le propre d'être aimable. Vous, au contraire, même vieux, rivalisant avec

51

vos fils et vos filles, sacrifiant à ces manières délicates et peut-être à cette morale inconsistante, vous mettez tous vos soins à vous épiler, vous ne laissez paraître, vous ne laissez percer votre qualité d'homme que, par le front et non, comme je fais, sur les mâchoires. Encore ne m'a-t-il pas suffi d'avoir cette touffe au menton : de la tête je suis aussi malpropre ; il est rare que je me fasse coiffer ou que je donne mes ongles à tailler, et mes doigts, à force de tenir la plume, sont le plus souvent noirs. Vous faut-il encore une particularité intime ? Mon poitrail est velu, hirsute comme celui des lions, ces rois des animaux : je ne l'ai jamais épilé tant je suis d'humeur fâcheuse et d'esprit étroit. Aucun autre endroit de ma personne n'a été poncé ni massé. Je vous le dirais, bien sûr, si, comme Cicéron, j'avais aussi une verrue.

Misopogon, 3

III

SCANDALES
&
JEUNESSE DORÉE

ANTIGONE ET ALCIBIADE,
ICÔNES DE LA JEUNESSE REBELLE

Comme l'explique Che Guevara, modèle indépassable de la jeunesse de tous les pays, à Jean-Paul Sartre, lors de sa visite à Cuba en 1959, la vocation de la rébellion est de « reculer les limites du possible ». Le philosophe à la pipe lui répond indirectement quelques années plus tard par un ouvrage au titre évocateur *On a raison de se révolter*. La jeunesse des années 1960-1970 est celle qui a peut-être revendiqué cette rébellion avec le plus de poésie, tournée contre l'autorité représentée par toute forme de pouvoir, politique, familial ou éducatif (« Professeurs, vous êtes aussi vieux que votre culture »). On sait aussi les reproches qui furent adressés à cette jeunesse, supposée dorée et privilégiée, et qualifiée avec mépris ou dédain de « petite-bourgeoise ». Les deux figures emblématiques que sont Antigone ou Alcibiade, aussi différentes soient-elles, incarnent au mieux, dans deux espaces distincts (mythique et historique), la rébellion face à des normes établies. Si Antigone oppose, comme le dit Jean-Pierre Vernant, « une religion familiale, purement privée, des *philoi*[1] » à « une religion publique où les dieux tutélaires de la cité tendent à se confondre avec les valeurs suprêmes de l'État » symbolisé par Créon, elle est aussi l'affirmation d'un individualisme transgressif, à la fois des valeurs civiques et de son statut de femme. Quant à Alcibiade, peu de personnages auront été l'objet de commentaires aussi tranchés et contradictoires.

1. La communauté des proches en grec.

D'une beauté folle, d'un brio intellectuel sans pareil, il était guidé par un goût de la provocation qui a naturellement conduit à voir en lui le responsable de la mutilation des Hermès et de la parodie des mystères d'Éleusis, sorte de geste à mi-chemin de la plaisanterie potache et de la performance punk. Il brilla aussi par son ambiguïté et sa complexité qui en firent successivement un général athénien et un conseiller auprès de Sparte. Dans les *Grenouilles* d'Aristophane, le poète tragique Eschyle, qui est appelé par Dionysos à donner son avis sur le jeune homme, affirme gravement qu'il vaut mieux « ne pas nourrir un lion dans une cité, car si on le nourrit, il faut se soumettre à ses caprices ».

HOMÈRE
VIIIᵉ s. av. J.-C.

VIRGILE
Iᵉʳ s. av. J.-C.

CLAUDIEN
Vᵉ s. ap. J.-C.

Sophocle

Contre la loi édictée par Créon, Antigone a choisi d'enterrer son frère Polynice, condamné à pourrir au soleil de Thèbes pour avoir tenté de renverser la royauté de son frère Étéocle. Intransigeante, rebelle et passablement désespérée, la jeune fille, qui encourt la mort, tient tête à son beau-père : no future.

LA RÉVOLTÉE

ANTIGONE. – Pouvais-je cependant gagner plus noble gloire que celle d'avoir mis mon frère au tombeau ? Et c'est bien ce à quoi tous ceux que tu vois là applaudiraient aussi, si la peur ne devait leur fermer la bouche. Mais c'est – entre beaucoup d'autres – l'avantage de la tyrannie qu'elle a le droit de dire et faire absolument ce qu'elle veut.

CRÉON. – Toi seule penses ainsi parmi ces Cadméens.

ANTIGONE. – Ils pensent comme moi, mais ils tiennent leur langue.

CRÉON. – Et toi, tu n'as pas honte à te distinguer d'eux ?

ANTIGONE. – Je ne vois pas de honte à honorer un frère.

CRÉON. – C'était ton frère aussi, celui qui lui tint tête.

ANTIGONE. – Certes, frère de père et de mère à la fois.

CRÉON. – Pourquoi donc ces honneurs, à son égard impies ?

ANTIGONE. – Qu'on en appelle au mort : il dira autrement.

CRÉON. – C'est le mettre pourtant sur le rang d'un impie.

ANTIGONE. – Mais l'autre était son frère, et non pas son esclave.

CRÉON. – Il ravageait sa terre : lui, se battait pour elle.

ANTIGONE. – Hadès n'en veut pas moins voir appliquer ces rites.

CRÉON. – Le bon ne se met pas sur le rang du méchant.

ANTIGONE. – Qui sait, si sous la terre, la vraie piété est là ?

CRÉON. – L'ennemi même mort n'est jamais un ami.

ANTIGONE. – Je suis de ceux qui aiment, non de ceux qui haïssent.

CRÉON. – Eh bien donc, s'il te faut aimer, va-t'en sous terre aimer les morts ! Moi, tant que je vivrai, ce n'est pas une femme qui me fera la loi.

Antigone, 502-525

HOMÈRE
VIIIe s. av. J.-C.

VIRGILE
Ier s. av. J.-C.

CLAUDIEN
Ve s. ap. J.-C.

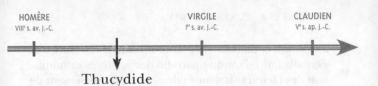

Thucydide

Qui a châtré les Hermès ? En 415 avant J.-C., en pleine guerre du Péloponnèse, la ville d'Athènes est agitée par un curieux scandale : en une nuit, les hermiai, *des statues votives du dieu Hermès, ont toutes été mutilées, à un endroit douteux qui plus est. Blague de potaches ou complot politique, plusieurs versions circulent : Thucydide propose la sienne.*

ALCIBIADE ET LA PARODIE DES MYSTÈRES

Il arriva que les Hermès de marbre qui se trouvaient dans la ville d'Athènes – on connaît ces blocs taillés quadrangulaires que l'usage du pays a répandus aussi bien devant les demeures particulières que devant les sanctuaires – furent pour la plupart, une nuit, mutilés au visage. Nul ne connaissait les coupables, mais, par de fortes primes à la délation, l'État les faisait rechercher, et l'on décréta, en outre, que quiconque aurait connaissance de quelque autre acte sacrilège devrait le dénoncer, sans crainte pour sa personne, qu'il fût citoyen, étranger ou esclave. L'affaire prenait dans l'opinion une grosse importance : elle paraissait constituer un présage pour l'expédition, en même temps qu'appuyer un complot visant à faire une révolution et à renverser la démocratie. Là-dessus, une dénonciation, venue de métèques et de gens de service, sans rien révéler au sujet des Hermès, apprend qu'il y avait eu précédemment d'autres mutilations de statues, du fait de jeunes gens qui s'amusaient et avaient bu, et que, de plus, dans quelques demeures privées, on parodiait outrageusement les mystères. Ces accusations atteignaient, entre autres, Alcibiade. Aussi trouvaient-elles l'oreille des gens à qui ce même Alcibiade portait particulièrement ombrage en les empêchant de prendre eux-mêmes solidement la direction du peuple. Persuadés que, s'ils réussissaient à le chasser, ils seraient

59

les premiers dans la cité, ils grossissaient les choses et s'en allaient criant que parodie des mystères et mutilation des Hermès visaient également au renversement de la démocratie, et qu'il n'y avait rien de tout cela à quoi il n'eût été mêlé. Comme dernier argument, ils alléguaient le mépris de la loi, qui marquait, de façon peu démocratique, toute sa conduite.

La Guerre du Péloponnèse, VI, 27-28

HOMÈRE
VIIIᵉ s. av. J.-C.

VIRGILE
Iᵉʳ s. av. J.-C.

CLAUDIEN
Vᵉ s. ap. J.-C.

Plutarque

En amour comme en affaire, Alcibiade est tout aussi loyal.
Sa seule loi : toujours prendre, ne jamais donner.

MÉLI-MÉLO DE MARLOUS

Cet Anytos se trouvait être épris d'Alcibiade, et un
jour qu'il recevait des hôtes, il invita aussi Alcibiade à
dîner. Celui-ci déclina l'invitation ; mais, après s'être enivré chez lui, il vint en cortège bachique avec ses camara-
des à la maison d'Anytos, s'arrêta à la porte de la salle à
manger, et, voyant les tables couvertes de coupes d'or et
d'argent, il ordonna à ses esclaves d'en prendra la moitié et de les emporter chez lui. Il ne daigna pas entrer
et s'en retourna après cet exploit. Les convives indignés
se récrièrent sur l'insolence et l'arrogance avec lesquelles Alcibiade avait traité Anytos. « Dites plutôt, répli-
qua celui-ci, qu'il m'a traité avec ménagement et avec
bonté, car, libre de tout prendre, il nous en a laissé une
partie. »

Il en usait de même avec ses autres poursuivants. Il
fit pourtant, dit-on, une exception pour un métèque qui
n'était pas riche, mais qui vendit tout ce qu'il possédait
et en apporta le produit, cent statères, à Alcibiade, en le
priant de les accepter. Alcibiade se mit à rire et, amusé,
l'invita à dîner.

Vies. Alcibiade, IV, 5-V, 2

Entre Athènes et le plus beau de ses généraux, c'est une longue histoire d'amour et de haine. D'abord élu stratège en 420, puis prié de déguerpir en 415 pour être enfin rappelé en 407, Alcibiade fut tour à tour appelé héros, traître et sauveur : il ne laissa jamais la cité indifférente. Le versatile Alcibiade possède au moins un talent – le seul nécessaire à la célébrité ? –, celui de faire parler de lui.

JE T'AIME MOI NON PLUS

Avec cette activité politique et oratoire qui montrait la grandeur de ses vues et de son habileté, faisaient contraste le profond relâchement de ses mœurs, ses excès de boisson, ses impudentes débauches. Il portait, comme une femme, des robes de pourpre qu'il laissait traîner sur l'agora, déployait un faste insolent, faisait entailler le pont des trières, pour y dormir plus confortablement en mettant son lit sur des sangles, au lieu de le poser sur les planches. Il s'était fait faire un bouclier doré, qui ne portait aucun emblème traditionnel, mais un Amour porte-foudre. Les notables voyaient ces excès avec dégoût et indignation ; ils redoutaient sa désinvolture et son mépris des lois, comme dénotant un esprit bizarre et tyrannique. Quant aux dispositions du peuple à son égard, Aristophane ne les a pas mal décrites quand il a dit :

Il l'aime, il le déteste et pourtant veut l'avoir.

Il est plus sévère encore dans cette allusion :

Surtout, ne pas nourrir un lion dans la ville,
Mais, si on le nourrit, se prêter à ses mœurs.

À la vérité, ses dons à l'État, ses chorégies, sa munificence sans égale envers la cité, la gloire de ses aïeux, le pouvoir de son éloquence, sa beauté, sa vigueur physique, son expérience de la guerre et sa bravoure faisaient que les Athéniens passaient sur tout le reste et supportaient sans trop de peine ses incartades, auxquelles ils donnaient toujours les noms les plus doux, n'y voyant qu'enfantillage et désir de se faire remarquer. On lui pardonnait par exemple quand il séquestra le peintre Agatharchos jusqu'à ce qu'il eût décoré sa maison, après quoi il le paya et le renvoya ; quand, dans sa passion d'obtenir la victoire, il souffleta Tauréas, qui était chorège en même temps que lui et lui disputait le prix ; quand il prit une femme de Mélos parmi les prisonniers, en fit sa maîtresse et éleva l'enfant qu'il eut d'elle. C'est là un exemple de ce qu'on appelait son humanité ; et cependant il fut le principal responsable du massacre des Méliens en âge de porter les armes ; car il parla en faveur du décret de mort. Aristophon ayant peint Néméa tenant Alcibiade assis entre ses bras, tout le monde accourut pour voir ce tableau, qui eut un grand succès. Mais les plus vieux des Athéniens s'indignaient de tout cela, et disaient que ces façons sentaient la tyrannie et le mépris des lois, et l'on trouvait qu'Archestratos n'avait pas parlé hors de propos en disant que la Grèce n'aurait pu supporter deux Alcibiades.

Timon le Misanthrope vit un jour Alcibiade, qui venait d'être applaudi et qui sortait de l'assemblée avec une brillante compagnie qui lui faisait escorte. Au lieu de passer son chemin et de l'éviter, comme il avait coutume de faire pour tout le monde, il alla à sa rencontre, le salua et lui dit : « Tu fais bien de grandir, mon enfant, car ta grandeur sera la ruine de tous ces gens-là. » Les uns ne firent que rire ; d'autres injurièrent Timon ; mais le mot fit une profonde impression sur quelques-uns. C'est ainsi que l'opinion était divisée sur Alcibiade, à cause des contrastes de sa nature.

Vies. Alcibiade, 16

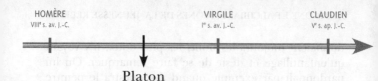

HOMÈRE
VIIIe s. av. J.-C.

VIRGILE
Ier s. av. J.-C.

CLAUDIEN
Ve s. ap. J.-C.

Platon

La soirée se passe bien chez Agathon : le vin coule avec raison, les convives, de prestige, s'amusent sans être ivres, échangeant bons mots et traits d'esprit, chacun tour à tour philosophant sur la nature de l'amour. Le banquet reste bon chic bon genre jusqu'à ce qu'Alcibiade frappe à la porte.

ALCIBIADE ROI DE LA *PARTY*

Ainsi parla Socrate. Chacun le félicitait, et Aristophane essayait de placer un mot parce que Socrate en parlant avait fait allusion à un passage de son discours, quand soudain la porte de la cour fut heurtée à grand bruit : ce devaient être des fêtards, et l'on entendait la voix d'une joueuse de flûte. « Petits, dit Agathon, allez vite voir. Si c'est un de mes amis, invitez-le. Sinon, dites que nous ne sommes pas en train de boire, et qu'à présent nous commençons à dormir. »

Un instant plus tard on entendit dans la cour la voix d'Alcibiade, complètement ivre et qui criait à tue-tête. Il demandait où était Agathon, il voulait être conduit auprès d'Agathon. On le conduit donc près des convives, soutenu par la joueuse de flûte et quelques-uns de ses compagnons ; il s'arrête sur le seuil, portant une sorte de couronne touffue de lierre et de violettes, et la tête couverte d'un tas de bandelettes : « Messieurs, dit-il, bonsoir ! Accepterez-vous un homme complètement ivre, pour boire avec vous ? ou devrons-nous partir en nous bornant à couronner Agathon, pour qui nous sommes venus tout exprès ? Hier, en effet, dit-il, je n'ai pu être présent. J'arrive maintenant avec ces bandelettes sur la tête, pour les faire passer de ma tête à moi sur la tête de l'homme le plus savant et le plus beau – si cette expression m'est permise – et l'en couronner. Allez-vous rire de moi parce que je suis ivre ? Riez si vous voulez, moi je sais en tout cas que je dis la vérité. Répondez-moi tout de suite. Je vous ai dit mes conditions : dois-je entrer, oui ou non ? Voulez-vous, oui ou non, boire avec moi ? » Tout le monde l'acclame, on lui dit d'entrer et de prendre place.

Agathon l'appelle ; il se dirige vers lui, conduit par ses compagnons, et se met à ôter de son front les bandelettes pour en couronner Agathon. Comme il les a devant les yeux, il n'aperçoit pas Socrate, et va s'asseoir à côté d'Agathon, entre Socrate et celui-ci, car Socrate s'est écarté pour faire asseoir Alcibiade. Il s'assied donc près d'eux, embrasse Agathon et lui met la couronne sur la tête. « Petits, dit Agathon, déchaussez Alcibiade, pour qu'il soit le troisième à cette table.

– Je veux bien, dit Alcibiade. Mais qui est ce troisième convive près de vous ? Ce disant, il se retourne, et voit Socrate. À cette vue, il fait un bond en arrière : Par Héraclès, dit-il, qu'est-ce qui arrive ? Socrate, ici ? Encore un piège que tu me tends, couché à cette place ! C'est bien dans ta manière d'apparaître soudain où je t'attendais le moins ! Aujourd'hui que viens-tu faire ici ? Pour quelle raison, aussi, occupes-tu cette place ? Car tu n'es pas à côté d'Aristophane ni d'un autre farceur qui veut faire rire. Tu as trouvé le moyen de te placer près du plus bel homme de la compagnie. »

Le Banquet, 212c-213b

FILS ET FILLES DE...

La filiation est l'un des piliers de la société antique. L'*oikos*, la maisonnée, est notamment l'unité sociale, politique et économique de la Grèce ancienne, comme le précise Aristote dans la *Politique*. Quant à la *gens* romaine, elle forme une structure large de membres qui peuvent se revendiquer d'un ancêtre mythique commun. Au sein de ces groupes, la question de la transmission est fondamentale : que lègue-t-on à ses enfants ? Pour Socrate, dans le *Protagoras*, il est établi, selon l'exemple de Périclès et de ses enfants, que « dans la vie privée, les plus habiles et les meilleurs des citoyens sont incapables de transmettre à d'autres la vertu qu'ils possèdent eux-mêmes ». Comme en témoignent les excès et frasques des enfants de parents célèbres, que ces derniers sont la plupart du temps obligés de couvrir à défaut de les cautionner, Socrate avait vu juste. À ceci près que les célébrités elles-mêmes ne sont que rarement des modèles de vertu. *Qualis pater, talis filius...*

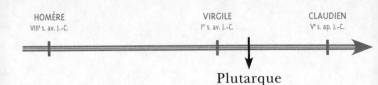

HOMÈRE
VIIIe s. av. J.-C.

VIRGILE
Ier s. av. J.-C.

CLAUDIEN
Ve s. ap. J.-C.

Plutarque

Alexandre avait de qui tenir : son père, Philippe de Macédoine, avait fait trembler la Grèce. Courageux, viveur et buveur invétéré, il fut surnommé par Démosthène « l'éponge ». Il était aussi passablement volage, trompant la mère d'Alexandre, Olympias, aussi souvent que possible, voire épousant d'autres femmes. Autant de motifs de haine pour le jeune Alexandre.

TYRAN DOMESTIQUE

La dispute la plus éclatante fut causée par Attale au mariage de Cléopâtre, une jeune fille que Philippe épousait, s'étant épris d'elle malgré la différence d'âge. Attale, qui était l'oncle de Cléopâtre, ayant trop bu après le festin, invita les Macédoniens à demander aux dieux qu'il naquît de Philippe et de Cléopâtre un héritier légitime du royaume. Là-dessus Alexandre en fureur s'écria : « Et moi, misérable, me prends-tu donc pour un bâtard ? », et il lui lança une coupe à la tête. Alors Philippe se leva, dégaina son épée et s'avança vers son fils. Par bonheur pour tous les deux, la colère et le vin le firent trébucher et choir. Sur quoi Alexandre l'insulta : « Voilà, mes amis, l'homme qui se préparait à passer d'Europe en Asie : en passant d'un lit à un autre, il est tombé à la renverse ! » Après cette scène d'ivresse, Alexandre emmena Olympias, l'établit en Épire et séjourna lui-même en Illyrie. Sur ces entrefaites le Corinthien Démarate, qui était un hôte de la maison et avait son franc-parler, arriva auprès de Philippe. Celui-ci, après les premières salutations et les compliments d'usage, lui demanda ce qu'il en était de la concorde entre les Grecs. « Vraiment, Philippe, répondit Démarate, il te sied bien de t'inquiéter de la Grèce, toi qui as rempli ta propre maison de telles dissensions et de tels malheurs ! » Alors Philippe, rentrant en lui-même, l'envoya chercher Alexandre, qui revint, persuadé par Démarate.

Vies. Alexandre, IX, 6-14

HOMÈRE
VIIIᵉ s. av. J.-C.

VIRGILE
Iᵉʳ s. av. J.-C.

CLAUDIEN
Vᵉ s. ap. J.-C.

Justin

Pendant que la Grèce réunit ses forces, Philippe célèbre le mariage de sa fille Cléopâtre et d'Alexandre, qu'il avait placé sur le trône d'Épire. La pompe de ces fêtes répondit à la grandeur du prince qui donnait sa fille, et de l'époux qui la recevait : des jeux magnifiques avaient été préparés, et Philippe se rendait au théâtre, sans gardes, marchant entre les deux Alexandre, son gendre et son fils, lorsque Pausanias, jeune seigneur macédonien, qui n'excitait aucun soupçon, le poignarda dans un passage obscur où il s'était posté, et changea en un jour de tristesse et de deuil ce jour d'allégresse publique. À qui profite le crime ? Si Justin livre plusieurs hypothèses, le doute ne plane guère sur celle qui remporte sa préférence.

TUER LE PÈRE

Pausanias, dans la fleur de sa jeunesse, avait été déshonoré par la violence d'Attale, qui, non content de ce premier outrage, l'avait enivré dans un festin, pour le sacrifier à sa brutalité et à celle de tous les convives.

Ce jeune homme, devenu le mépris et la risée de ses compagnons, ne put supporter cette infamie, et s'en plaignit souvent à Philippe ; mais, écarté sous de vains prétextes, raillé par le roi lui-même, et voyant son ennemi élevé au rang de général, il tourna son ressentiment contre le roi et assouvit dans le sang la vengeance qui ne pouvait atteindre son ennemi.

[...]

On croit aussi qu'il avait été incité par Olympias, mère d'Alexandre, et que ce jeune prince lui-même n'ignorait pas le complot formé contre la vie de son père : on disait que, si Pausanias était irrité de ses affronts, la reine n'avait pu pardonner à Philippe son divorce et son nouveau mariage ; qu'Alexandre avait craint aussi de trouver un rival dans un fils issu de cette union ; que déjà,

dans un repas, on l'avait vu insulter Attale, puis son père
lui-même, qui, le poursuivant l'épée à la main, avait à
peine accordé sa vie aux prières de ses amis ; que, réfugié avec sa mère en Épire, près de son oncle, et bientôt
en Illyrie, il avait longtemps refusé de céder à la voix de
son père, qui le rappelait, et aux pressantes sollicitations de sa famille ; qu'Olympias avait excité son frère,
le roi d'Épire, à faire la guerre à Philippe, et qu'elle l'y
eût déterminé si le roi ne l'eût prévenu en lui offrant la
main de sa fille ; enfin, la mère et le fils, indignés contre
Philippe, avaient, disait-on, engagé Pausanias, qu'irritait
l'impunité d'Attale, à commettre ce crime affreux. Du
moins est-il certain qu'Olympias fit préparer des chevaux
pour assurer la fuite de l'assassin.

À l'annonce de la mort du roi, elle accourut à l'instant, sous prétexte de remplir son devoir en célébrant
ses funérailles ; et la nuit même de son arrivée, elle
plaça une couronne d'or sur la tête de Pausanias, qu'elle
trouva attaché au gibet : elle seule pouvait montrer tant
d'audace, du vivant du fils de Philippe.

Peu de jours après, elle fit détacher le cadavre du
meurtrier, le brûla sur les cendres de son époux, lui
éleva un tombeau dans le même lieu, et força la multitude superstitieuse à l'honorer chaque année par des
sacrifices funèbres.

Cléopâtre, que Philippe avait épousée à sa place, vit
sa fille égorgée dans ses bras : elle-même fut réduite à
se pendre ; et sa rivale, contemplant son corps inanimé,
assouvit ses regards d'une vengeance achetée par le plus
affreux des crimes.

Enfin, elle consacra à Apollon, sous le nom de
Myrtale, qu'elle avait porté dans son enfance, le poignard qui avait frappé le roi, et sembla vouloir prouver
à tous, par la publicité de cette conduite, que le meurtre
de son époux était son ouvrage.

Histoire universelle, IX, 6-7

HOMÈRE
VIIIe s. av. J.-C.

VIRGILE
Ier s. av. J.-C.

CLAUDIEN
Ve s. ap. J.-C.

Suétone

La débauche n'est pas l'apanage des hommes. Pauvre Auguste ! Lui si soucieux de rétablir le mos majorum, *l'austérité morale des ancêtres, prônant une politique traditionaliste, se voit flanqué d'une fille, Julie, ne craignant ni l'adultère ni aucune forme de trahison ou de luxure, raisons pour lesquelles elle est exilée en 2 avant J.-C. Le gène de la perversité semble courir dans la famille impériale : Julie, la petite-fille d'Auguste, n'a rien à envier à son homonyme.*

LE VICE DANS LE SANG

Mais ni sa joie d'avoir une nombreuse lignée ni sa confiance dans la discipline de sa maison ne lui furent laissées par le destin. Les deux Julies, sa fille et sa petite-fille, se souillèrent de tous les opprobres et il les relégua. Gaius et Lucius lui furent enlevés l'un et l'autre, dans l'espace de dix-huit mois, Gaius étant mort en Lycie, Lucius, à Marseille. Il adopta au forum, en vertu de la loi curiate, son troisième petit-fils, Agrippa, et en même temps son beau-fils Tibère ; mais bientôt, vu la grossièreté et l'humeur brutale d'Agrippa, il le déclara déchu et le fit déporter à Sorrente. Cependant, il supporta la mort des siens beaucoup plus courageusement que leur déshonneur, car la perte de Gaius et de Lucius ne lui firent pas perdre tout ressort, mais, lorsqu'il s'agit de sa fille, il informa le Sénat, sans paraître lui-même, par une note que lut un questeur, puis la honte le retint longtemps à l'écart de toute société et il songea même à la faire périr. En tout cas, vers la même époque, l'une de ses complices, l'affranchie Phœbé, ayant mis fin à ses jours en se pendant, il déclara qu'il « aurait préféré être le père de Phœbé ». Ayant relégué sa fille, il lui interdit, avec l'usage du vin, toute sorte de luxe, et lui défendit de recevoir aucun homme, libre ou esclave, sans qu'on eût demandé son avis, en lui faisant connaître l'âge du visiteur, sa taille, son teint, et même les signes particuliers ou les cicatrices qu'il portait sur le corps. Il laissa passer cinq ans avant de la transférer de son île sur le continent et d'adoucir un peu ce régime. Mais aucune prière ne put le faire consentir à la rappeler auprès de lui et, comme le peuple romain, avec une insistance obstinée, implorait fréquemment sa grâce, il lui souhaita en pleine assemblée de telles filles et de telles épouses. Sa petite-fille Julie ayant eu un enfant après sa condamnation, il défendit de le reconnaître et de l'élever. Comme Agrippa, loin de devenir en aucune façon plus traitable, sombrait toujours davantage dans la folie, Auguste le fit transporter dans une île et de plus entourer d'une garde de soldats. Il prit même soin de le faire condamner par sénatus-consulte à une détention perpétuelle dans le même lieu. Chaque fois même qu'on mentionnait en sa présence soit les deux Julies, soit Agrippa, il s'écriait en gémissant :

Plût au ciel que je ne me fusse pas marié et que je fusse mort sans [descendance]

et il ne les appelait pas autrement que « ses trois abcès et ses trois chancres ».

Vies des douze Césars. Auguste, 65

ADOLESCENCE DIFFICILE

« Les jeunes gens sont bouillants, emportés, enclins à suivre leur impulsion. Ils sont confiants parce qu'ils n'ont pas encore été beaucoup trompés. Ils pêchent toujours par exagération et trop de véhémence contrairement au précepte de Chilon, car ils font tout avec excès : ils aiment à l'excès, ils haïssent à l'excès, et ainsi du reste. » C'est ainsi qu'Aristote décrit dans la *Rhétorique* le caractère impétueux et la fougue de la jeunesse, toujours prompte à s'emporter, loin du « rien de trop » si cher à la sagesse grecque. Pour le dire autrement, les jeunes ont le sang chaud. Élien mentionne notamment dans *La Personnalité des animaux* « les petits jeunes hommes de Ménandre, qui sont intempérants lors des fêtes nocturnes ». Par intempérance, il faut bien comprendre que les noctambules de l'Antiquité se livraient parfois, sous le coup de l'ivresse, à des assauts contre la vertu des malheureuses qu'ils venaient à croiser. Il convient de rappeler toutefois que, dans la cité grecque, l'aptitude à commettre un viol est aussi ce qui fait d'un jeune homme, qu'il appartienne à la classe d'âge du *meirakion* ou du *neos*[1], un homme, et un vrai. Lorsque ce trait physiologique, propre à une classe d'âge, est associé à une licence et une liberté quasiment sans limites, du fait d'un statut ou d'un rang particulier, comme c'est le cas des empereurs romains, le mélange peut s'avérer explosif.

---

1. Le *meirakion* est un adolescent, le *neos* désigne plutôt un jeune homme.

HOMÈRE
VIIIᵉ s. av. J.-C.

VIRGILE
Iᵉʳ s. av. J.-C.

CLAUDIEN
Vᵉ s. ap. J.-C.

Suétone

À Rome, la nuit tout est permis, surtout à l'héritier du trône impérial.

LES NUITS DE CALIGULA

Toutefois, même à cette époque, il ne pouvait contenir sa nature cruelle et vicieuse : il assistait avec le plus vif plaisir aux exécutions et aux supplices des condamnés, courait la nuit à la débauche et à l'adultère, coiffé d'une perruque et dissimulé sous un long manteau, et se passionnait pour les arts de la scène, la danse et le chant ; Tibère tolérait bien facilement cette conduite, dans l'espoir que de tels divertissements humaniseraient peut-être son caractère farouche, car le perspicace vieillard l'avait pénétré à fond et bien des fois il déclara hautement « que Gaius vivait pour sa propre perte et pour celle de tous, qu'il élevait une hydre pour le peuple romain, un Phaéton, pour l'univers ».

Vies des douze Césars. Caligula, 65

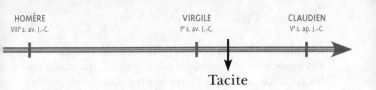

HOMÈRE
VIII° s. av. J.-C.

VIRGILE
I° s. av. J.-C.

CLAUDIEN
V° s. ap. J.-C.

Tacite

Néron est « de la tête aux pieds un homme tout mystère ».
Est-il fou ? Mal conseillé ? Toujours est-il que dès son adoles-
cence, il hante les bas-fonds romains.

NÉRON ET LES BLOUSONS NOIRS

Le consulat de Q. Volusius et de P. Scipio connut la
paix au dehors, de honteux désordres au dedans, car
Néron parcourait les rues de la Ville[1], les lupanars et les
tavernes, déguisé en esclave pour dissimuler son identité
et accompagné de gens chargés de piller les étalages et
de porter des blessures aux passants, si peu reconnaissa-
ble que lui-même reçut des coups et en porta la marque
au visage. Puis, quand on sut que c'était César qui menait
ces expéditions, comme les outrages se multipliaient
contre des hommes et des femmes de haut rang et que,
cette licence une fois tolérée, certains, se faisant passer
pour Néron, commettaient impunément les mêmes excès
avec leurs propres bandes, Rome offrait pendant la nuit
l'image d'une ville prise. Et Julius Montanus, qui appartenait à l'ordre sénatorial, mais n'avait pas encore abordé
la carrière des honneurs, se rencontra par hasard avec le
prince dans les ténèbres et, comme il avait repoussé vivement son attaque, puis, l'ayant reconnu, l'avait imploré,
on prit ses excuses pour des reproches et on le contrai-
gnit à mourir. Néron, cependant, rendu plus craintif,
s'entoura dès lors de soldats et de nombreux gladiateurs,
qui devaient, au début d'une rixe légère et pour ainsi
dire privée, laisser faire, mais qui, si les victimes réagis-
saient un peu vigoureusement, intervenaient en armes.
La licence aux jeux et les cabales en faveur des histrions

1. C'est-à-dire Rome.

tournèrent aussi en combats par suite de l'impunité et des récompenses accordées par le prince, qui lui-même les regardait sans être vu ou le plus souvent en public, jusqu'au moment où, devant les discordes populaires et la crainte d'un mouvement plus grave, on ne trouva d'autre remède que de chasser les histrions d'Italie et de poster à nouveau des soldats au théâtre.

Annales, XIII, 25

HOMÈRE
VIIIᵉ s. av. J.-C.

VIRGILE
Iᵉʳ s. av. J.-C.

CLAUDIEN
Vᵉ s. ap. J.-C.

Ménandre

La débauche n'est réservée ni à Rome ni aux empereurs.

LE VIOL COMME UNIQUE MODE DE SÉDUCTION DE LA JEUNESSE DORÉE ATHÉNIENNE

Donc, accouru de la campagne [...], je les trouvai rassemblées pour les Adonies, ici, chez nous, avec d'autres femmes. La festivité donnait grande matière à divertissement : comme de juste, ma présence m'en rendit, hélas ! spectateur ; leur vacarme, aussi bien, m'empêchait de fermer l'œil. Sur le toit, en effet, elles montaient des jardins d'Adonis, elles dansaient, elles célébraient la fête de nuit, dispersées de tous côtés. J'hésite à dire le reste ; sans doute en ai-je honte. Cela ne sert à rien, pourtant je suis honteux. La jeune fille est devenue enceinte. En indiquant cela, je dis du même coup l'action qui précéda.

La Samienne, 72-84

PARTIS TROP TÔT :
VIVRE ET SE LAISSER MOURIR, VITE

« *It's better to burn out than to fade away* » (« Il vaut mieux brûler d'un coup que disparaître lentement ») : c'est cette parole tirée d'une chanson de Neil Young que Kurt Cobain, le chanteur de Nirvana, a laissée avant de se donner la mort. Les exemples sont légion chez les célébrités. Quand ce n'est pas la vitesse (James Dean), ce sont les drogues, alcool et excès en tout genre qui ont laissé sur le carreau Brian Jones, Jim Morrison, ou Jimi Hendrix avant même trente ans. Cette philosophie de vie n'était-ce pas celle d'un Achille ? Déjà consciente de la mort qui attendait son fils, Thétis avait essayé de le soustraire à l'expédition troyenne en le dissimulant parmi les filles du roi Lycomède. Achille, dans sa quête du *kleos*, la gloire, savait toutefois qu'il ne pourrait échapper à son destin. Dans l'*Apologie de Socrate*, le philosophe se compare ainsi au héros préférant mourir en vengeant ses amis que vivre comme un lâche et dans le mépris. Et tant pis si, dans l'*Odyssée*, Achille confie à Ulysse descendu aux Enfers qu'il préférerait être au service d'un paysan sur terre que de régner parmi les ombres. À méditer.

HOMÈRE
VIIIe s. av. J.-C.

VIRGILE
Ier s. av. J.-C.

CLAUDIEN
Ve s. ap. J.-C.

Homère

Patrocle est l'ami d'Achille, le héros achéen. Celui-ci refusant de combattre, Patrocle a revêtu les armes de son amant, et s'en est allé au front troyen. Il y retrouve Hector, le plus valeureux soldat de Lacédémone[1].

PATROCLE SACRIFIÉ

Tant que le soleil, dans sa course, occupe le centre du ciel, les traits des deux côtés portent et les hommes tombent. Mais voici le soleil qui approche de l'heure où l'on délie les bœufs. À ce moment les Achéens remportent un avantage merveilleux : ils dérobent le héros Cébrion sous les traits, les menaces des Troyens ; ils lui détachent ses armes des épaules, tandis que Patrocle se jette férocement sur les Troyens. Trois fois il s'élance, émule de l'ardent Arès, en poussant des cris effroyables : trois fois il tue neuf hommes. Une quatrième fois encore, il bondit, pareil à un dieu. Mais, à ce moment, se lève pour toi, Patrocle, le terme même de ta vie. Phoibos[2] vient à toi, à travers la mêlée brutale. Il vient, terrible – et Patrocle ne le voit pas venir à travers le tumulte, car Apollon marche vers lui, couvert d'une épaisse vapeur. Il s'arrête derrière Patrocle ; il lui frappe le dos, les larges épaules, du plat de la main. Les yeux aussitôt lui chavirent. Phoibos Apollon fait choir alors son casque de sa tête. Le casque au long cimier, sous les pieds des chevaux, roule avec fracas ; le panache se souille de poussière et de sang. Eût-il été admis naguère que ce casque à crins de cheval fût jamais souillé de poussière ? C'était d'un héros divin, c'était d'Achille alors qu'il protégeait la tête et le front charmants. Mais aujourd'hui Zeus l'octroie à Hector,

1. Autre nom de Troie.
2. Autre nom d'Apollon.

afin qu'il le porte sur son propre front à l'heure où sa perte est proche.

[...]

Mais Hector aperçoit Patrocle magnanime reculant, blessé par le bronze aigu. Il s'approche à travers les rangs ; avec sa pique, il le frappe au bas-ventre et pousse le bronze à fond. Patrocle tombe avec fracas, pour le grand deuil de l'armée achéenne. On voit parfois un lion venir à bout en combattant d'un sanglier infatigable ; tous deux, pleins de superbe, à la cime d'un mont, sont là à batailler pour une mince source, où chacun prétend boire, et le lion finit par dompter sous sa force le sanglier haletant. Ainsi le vaillant fils de Ménœtios, après tant de guerriers par lui abattus, se voit à son tour enlever la vie par un coup à bout portant d'Hector, fils de Priam ; et Hector, triomphant, lui dit ces mots ailés :

« Ah ! Patrocle, tu croyais sans doute que tu allais emporter notre ville, ravir aux femmes troyennes le jour de la liberté et les emmener sur tes nefs aux rives de ta patrie. Pauvre sot ! pour les sauver, voici les chevaux rapides d'Hector qui allongent l'allure, afin qu'il puisse se battre. Moi aussi, j'excelle à la lance parmi les Troyens belliqueux, de qui je cherche à écarter le jour fatal. C'est toi qu'ici mangeront les vautours. Malheureux ! pour brave qu'il soit, Achille ne t'aura guère servi ; lui qui, sans doute, quand tu partais sans lui, instamment te recommandait : "Ne reviens pas, je te prie, aux nefs creuses, Patrocle, bon meneur de cavales, avant d'avoir autour de sa poitrine déchiré la cotte sanglante d'Hector meurtrier." Voilà ce qu'il te disait, et, toi, pauvre sot, tu l'as cru ! »

D'une voix défaillante, tu réponds, Patrocle, bon meneur de chars :

« Hector, il est trop tôt pour triompher si fort. Qui donc t'a donné la victoire ? Zeus le Cronide et Apollon. Ils m'ont dompté sans peine : ils ont eux-mêmes détaché mes armes de mes épaules. Eussé-je devant moi trouvé vingt hommes de ton genre, que tous eussent péri sur place, domptés par ma javeline. C'est le sort funeste, c'est le fils de Létô, qui m'ont abattu, et, parmi les hommes, Euphorbe. Tu n'es venu qu'en troisième, pour me dépouiller. Mais j'ai encore quelque chose à te dire ; mets-le-toi bien en tête. Tu ne vivras pas bien longtemps non plus. Déjà, à tes côtés, voici la mort et l'impérieux destin, qui veut te voir dompté sous le bras d'Achille, l'Éacide sans reproche. »

Il dit ; la mort, qui tout achève, déjà l'enveloppe. L'âme quitte ses membres et s'en va, en volant, chez Hadès, pleurant sur son destin, quittant la force et la jeunesse.

Iliade, 777-857

HOMÈRE
VIIIᵉ s. av. J.-C.

VIRGILE
Iᵉʳ s. av. J.-C.

CLAUDIEN
Vᵉ s. ap. J.-C.

Aurélius Victor & Histoire auguste

Immortalisée par Marguerite Yourcenar dans les Mémoires
d'Hadrien, *la liaison entre Antinoüs et l'empereur connut une
fin tragique.*

MORT D'ANTINOÜS

Ce fut là l'origine de méchants bruits : on disait qu'il[1]
avait déshonoré des jeunes gens, qu'il avait brûlé pour
Antinoüs d'une scandaleuse passion et que, pour cette seule
raison, il fonda une ville portant le nom de ce jeune homme
ou lui dressa des statues. D'autres veulent qu'il s'agisse là
d'un acte de reconnaissance et de piété ; en effet, Hadrien
désirait prolonger sa vie, et, comme les mages avaient exigé
qu'un volontaire mourût à sa place et que tout le monde se
récusait, Antinoüs, dit-on, s'offrit et ce fut là l'origine des
prévenances à son égard indiquées plus haut. Pour notre
part, nous laisserons la question en suspens, bien que nous
considérions comme suspecte en un tempérament nonchalant une association avec un être d'âge très différent.

Livre des Césars, XIV, 7-9

Tandis qu'il naviguait sur le Nil, il perdit son cher
Antinoüs et il le pleura comme une femme. À ce sujet, il
existe différentes rumeurs : on affirme tantôt que celui-là
s'offrit en sacrifice pour Hadrien, tantôt ce qu'indiquent
clairement à la fois sa beauté et le goût excessif du plaisir
chez Hadrien. En tout cas, les Grecs, avec l'assentiment
d'Hadrien, le divinisèrent, affirmant que par son intermédiaire étaient rendus des oracles qu'Hadrien, à ce qu'on
colporte, avait lui-même composés.

Vie d'Hadrien, XIV, 5-7

1. Hadrien.

HOMÈRE
VIIIe s. av. J.-C.

VIRGILE
Ier s. av. J.-C.

CLAUDIEN
Ve s. ap. J.-C.

Euripide

On ne défie pas impunément la divinité de l'amour, Aphrodite. Hippolyte a juré de ne jamais succomber à la passion. Pour se venger, la déesse le fait accuser d'une liaison incestueuse avec sa belle-mère, Phèdre. Contraint à la fuite, le jeune vierge est tué sur la côte de Trézène. Dans les bras de son père, Thésée, sous le regard d'Artémis, Hippolyte meurt d'amour, sans l'avoir jamais connu.

HIPPOLYTE MORT D'AMOUR

ARTÉMIS. – Laisse faire ; même dans les ténèbres souterraines, ce n'est pas impunément qu'à sa guise Cypris[1] aura fait tomber sur ton corps les coups de sa colère, pour ta piété et ta vertu. Moi-même, de ma main, j'en frapperai un autre, un des siens, celui qu'elle chérira entre tous les mortels ; mes traits inévitables me vengeront. Pour toi, infortuné, en retour de tes maux, les honneurs les plus grands dans la ville de Trézène, je te les octroierai : les jeunes vierges, avant leurs noces, couperont pour toi leur chevelure ; et, à travers les âges, tu recueilleras le plus large tribut de larmes douloureuses. Toujours ta pensée inspirera les chants des jeunes filles, et il ne tombera pas dans le silence de l'oubli, l'amour que Phèdre a eu pour toi.

Toi, fils du vieil Égée, prends ton fils dans tes bras, serre-le sur ton cœur. C'est malgré toi que tu l'as tué ; aux humains il est naturel de faillir, quand les dieux le permettent. Et toi, suis mon conseil, n'aie pas de haine pour ton père, Hippolyte ; tu connais maintenant le sort qui t'a perdu.

Adieu donc ! Il ne m'est pas permis de voir des morts, ni de souiller mon œil au souffle des mourants. Or je te vois déjà près de l'instant fatal. (*Elle disparaît.*)

---

1. Autre nom d'Aphrodite.

HIPPOLYTE. – Toi aussi, je salue ton départ, ô vierge bienheureuse ! Il est facile pour toi de quitter une longue amitié ! J'efface ma querelle avec mon père, sur ton désir car j'ai été jusqu'ici docile à ta parole.

Ah ! voici sur mes yeux descendre les ténèbres. Ô mon père, prends-moi, et redresse mon corps.

THÉSÉE. – (*Tenant son fils dans ses bras.*) Hélas, mon fils, que fais-tu donc de mon malheur ?

HIPPOLYTE. – Je suis mort et je vois les portes infernales.

THÉSÉE. – Laisseras-tu ma main avec une souillure ?

HIPPOLYTE. – Non, puisque je t'absous du crime de ma mort.

THÉSÉE. – Hé quoi ! Tu me renvoies absous du sang versé ?

HIPPOLYTE. – J'en atteste Artémis et son arc invincible.

THÉSÉE. – Bien-aimé, que tu es généreux pour ton père !

HIPPOLYTE. – À toi aussi adieu, adieu encore, mon père !

THÉSÉE. – Je pleure, hélas sur ta piété et ta vertu.

HIPPOLYTE. – Souhaite de trouver tels enfants légitimes.

THÉSÉE. – Ne m'abandonne pas, mon enfant ! Fais effort !

HIPPOLYTE. – Mes efforts sont finis ; je ne suis plus, mon père. Couvre-moi au plus vite la face de mon manteau. (*Il retombe mort.*)

THÉSÉE. – Illustres territoires d'Athènes et de Pallas, de quel homme serez-vous privés ! Malheureux que je suis ! De tes méfaits, Cypris, que de fois je me souviendrai ! (*Il rentre dans le palais, suivi des serviteurs qui portent le corps d'Hippolyte.*)

LE CORYPHÉE. – (*Tandis que le chœur se dirige vers la sortie de droite.*) La cité entière partage cette douleur, qui l'a frappée à l'improviste. À flots pressés tomberont bien des larmes ! Quand elles touchent aux grands hommes, les nouvelles de deuil exercent plus longtemps leur empire.

Hippolyte, 1417-1466

IV

AFFAIRES TRAGIQUES, SCANDALES PUBLICS

DALLAS ANTIQUE :
ATRIDES & LABDACIDES

« Un univers impitoyable glorifie la loi du plus fort » plus encore que celui de la famille Ewing : celui des mythes fondateurs de la civilisation grecque. Deux familles, les Atrides et les Labdacides, dont le destin funeste confine au sublime par la grâce du genre tragique, sont le symbole, indépassable aujourd'hui, de l'action atavique du sort, écrit par les Moires et qu'il serait vain de chercher à éviter. Au regard des destinées d'Œdipe ou d'Agamemnon, les petits et grands drames de la famille royale d'Angleterre ou même les intrigues sanguinaires des Tudor paraissent ternes. Sénèque se plaît ainsi à rappeler, avec beaucoup de réalisme, le crime originel et fondateur de Thyeste envers son frère Atrée, meurtre appelé à ensanglanter les générations suivantes. L'*Orestie* d'Eschyle raconte à la fois l'aboutissement de ce cycle infernal de la vengeance en même temps que sa rupture, en instaurant le droit comme solution unique. Le jugement d'Oreste devant l'Aréopage, le tribunal le plus ancien d'Athènes, consacre le triomphe de la justice. La question judiciaire est également au cœur du destin des Labdacides, cette famille d'où émerge celui qui est peut-être le personnage le plus connu de l'Antiquité, Œdipe de Thèbes. De Freud à Robbe-Grillet, en passant par bien des westerns hollywoodiens ou Pasolini, l'histoire d'Œdipe est devenue pour l'éternité une source d'inspiration qui en fait, plus qu'une star (malgré lui) de l'Antiquité, un élément fondateur de notre civilisation.

HOMÈRE
VIIIe s. av. J.-C.

VIRGILE
Ier s. av. J.-C.

CLAUDIEN
Ve s. ap. J.-C.

Sénèque

À l'origine de la plus tristement célèbre maison de Mycènes, se trouve la rivalité entre deux frères jumeaux, Thyeste et Atrée. Tandis qu'Atrée régnait sur la ville, son frère dérobe le bélier d'or symbole de la royauté, avec l'aide de l'épouse même du roi, Érope. Doublement abusé, Atrée fomente une vengeance appropriée.

GENÈSE D'UNE MALÉDICTION

Le Courtisan. – Aucun sentiment de piété ne t'inspire ?

Atrée. – Va-t'en, Piété, si jamais tu as été dans notre maison. Que viennent la sinistre cohorte des Furies, l'Érinye qui engendre la discorde et Mégère secouant deux torches[1] ; mon cœur ne brûle pas d'une fureur assez puissante ; mon plaisir est de le voir se remplir de plus grandes monstruosités.

Le Courtisan. – Quelle action inouïe ta rage construit-elle ?

Atrée. – Rien qui veuille accepter les limites d'une rancœur ordinaire ; je ne laisserai de côté aucun forfait et aucun n'est suffisant.

Le Courtisan. – Le fer ?

Atrée. – C'est trop peu.

Le Courtisan. – Et le feu ?

Atrée. – C'est encore trop peu.

Le Courtisan. – De quelle arme usera donc une si violente rancœur ?

Atrée. – De Thyeste lui-même.

Le Courtisan. – Un tel mal va au-delà de la rage.

1. Les déesses de la vengeance et du remords. À ce charmant cortège, il ne manque que Némésis, la vengeance personnifiée, mais celle-ci était peu en vogue chez les Romains.

90

ATRÉE. – Je le reconnais. Une agitation délirante secoue mon cœur et le bouleverse profondément ; je suis emporté et je ne sais où, mais je suis emporté. Le sol mugit depuis ses profondeurs, le ciel serein tonne, la maison a craqué, comme si toute sa toiture s'était fracassée ; les Lares ébranlés ont détourné leur visage. Que se produise, que se produise ce sacrilège dont vous avez peur, ô dieux.

LE COURTISAN. – Quel acte t'apprêtes-tu enfin à accomplir ?

ATRÉE. – Mon cœur se gonfle de je ne sais quelle vague, d'une puissance et d'une grandeur insolites, au-dessus des bornes de la nature humaine, et presse mes paresseuses mains – je ne sais ce que c'est, mais c'est quelque chose de gigantesque. Qu'il en soit ainsi. Mon cœur, prends l'initiative d'une telle action. Est bien digne de Thyeste et bien digne d'Atrée, ce forfait que l'un comme l'autre est capable d'accomplir. La maison thrace a vu un abominable festin – je l'avoue, c'est un crime énorme, mais on m'a devancé. Ah ! si ma rancœur pouvait concevoir un crime encore plus atroce. Mère et sœur de Daulis, inspirez mon cœur ; notre cause est semblable : assistez-moi et poussez ma main. Que leur père déchire avec avidité et avec joie ses enfants et dévore sa propre chair. C'est bien, cela suffit amplement : je décide pour le moment ce genre de châtiment. Où donc est-il ? Pourquoi Atrée demeure-t-il si longtemps sans faire de mal ? Maintenant le tableau du meurtre tout entier erre devant mes yeux, les enfants morts engloutis dans la bouche de leur père. – Mon cœur, pourquoi te remets-tu à craindre et faiblis-tu avant d'agir ? Il faut oser, passe à l'acte. Ce qui, avant tout, fait de ce crime un sacrilège, lui-même l'accomplira.

LE COURTISAN. – Mais quelles ruses réussiront à le prendre, à lui faire mettre le pied dans nos filets ? Il croit que tout lui est ennemi.

ATRÉE. – Il ne pourrait être pris, s'il ne voulait prendre. Il espère maintenant mon royaume : cet espoir le fera affronter les menaces d'un tourbillon d'eau en furie et entrer dans les flots périlleux des Syrtes de Libye, cet espoir le fera aller à la rencontre de Jupiter le menaçant de sa foudre, cet espoir le poussera à ce qu'il estime être le plus grand mal : voir son frère.

Thyeste, 248-286

Les querelles des familles se réglant le plus souvent lors de tablées dominicales, Thyeste ne trouve rien de mieux que de servir à son frère ses propres enfants en guise de repas. Pour accompagner ces tendres mets, un vin au goût de sang.

LA VENGEANCE EST UN PLAT QUI SE MANGE FROID

ATRÉE. – Célébrons, d'un commun accord, frère, ce jour de fête : c'est lui qui doit raffermir mon sceptre et nouer, par une entente franche et solide, les liens d'une paix sûre.

THYESTE. – Tu me rassasies d'un festin et d'une profusion égale de vin. Un surcroît de plaisir peut m'être encore donné, s'il m'est accordé de savourer mon bonheur en compagnie des miens.

ATRÉE. – Crois que tes enfants sont ici, sous les étreintes de leur père. Ils sont ici et y resteront ; aucune part de ta descendance ne te sera soustraite. Je te donnerai ces visages que tu désires ardemment et, à cette heure, je remplirai le père de tous ses petits. Tu seras rassasié, sois sans crainte ! Dans l'immédiat, mêlés aux miens, ils accomplissent les rites charmants d'un repas de jeunes ; mais on les appelle. Prends une coupe de famille, pleine de la liqueur de Bacchus.

THYESTE. – Je le prends, ce présent venu du festin que me donne mon frère. Faisons une libation de vin aux dieux de nos pères, puis vidons nos coupes. – Mais qu'est-ce ? Mes mains ne veulent pas obéir, le poids de cet objet s'accroît et épuise ma main droite ; la liqueur de Bacchus, quand je l'approche, s'enfuit sur le bord même de mes lèvres et, une fois qu'elle l'a trompée, elle coule tout autour de ma bouche ouverte et, de son propre chef, la table a bondi sur le sol tremblant. Le feu brille à peine ; qui plus est, le ciel lourd reste lui-même interdit de se voir abandonné, à mi-chemin du jour et de la nuit. Qu'est-ce ? La voûte du ciel, de plus en plus ébranlée, chancelle ; un brouillard se forme, plus compact que d'épaisses ténèbres et la nuit s'est cachée dans la nuit : tous les astres ont fui. Quel que soit ce prodige, je prie les dieux qu'il épargne mon frère et mes enfants ; que toute cette tempête se projette sur ma pauvre tête. Rends-moi tout de suite mes fils.

ATRÉE. – Je vais te les rendre et nul jour ne te les enlèvera.

THYESTE. – Quel est ce tumulte qui agite avec force mes entrailles ? Qu'est-ce qui a tremblé au-dedans de moi ? Je sens un fardeau que je ne peux supporter et ma poitrine gémit d'un gémissement qui ne vient pas de moi. Venez à moi, mes enfants, votre malheureux père vous appelle, venez à moi. À votre vue ma douleur s'enfuira – d'où lancent-ils des injures ?

ATRÉE. – Déploie tes étreintes, père. Ils sont là. Est-ce que tu reconnais tes fils ?

THYESTE. – Je reconnais mon frère. Tu endures de porter un si horrible sacrilège, Terre ? Tu ne te plonges pas dans l'infernal Styx avec nous et, en ouvrant une brèche immense, tu n'emportes pas dans le vide du chaos ce royaume avec son roi ? Tu ne renverses pas Mycènes, en sapant de fond en comble tous ces édifices ? L'un et l'autre nous devrions déjà être auprès de Tantale. En arrachant partout tes barrières, si quelque endroit existe au-dessous du Tartare, où sont nos aïeux, projette-nous vers l'immense abîme de ton gouffre, enfouis-nous, couvre-nous sous la masse entière de l'Achéron. Que les âmes coupables errent au-dessus de nos têtes et que le Phlégéthon de feu poussant tous ses sables de ses flots brûlants coule impétueusement au-dessus de notre lieu d'exil. Immobile, terre, tu gis comme une masse inerte ? Les dieux ont fui.

ATRÉE. – Pour l'heure, accueille plutôt avec joie ces êtres longtemps désirés : ton frère ne veut pas te retarder ; jouis d'eux, couvre-les de baisers, répartis tes étreintes entre tous les trois.

THYESTE. – C'est là notre pacte ? C'est là l'amitié, c'est là la parole d'un frère ? C'est ainsi que tu renonces à tes haines ? Je n'aspire pas, moi leur père, à avoir en ma possession mes enfants vivants ; en frère, je demande à un frère ce qu'il peut me donner, sans entamer son crime et sa haine : le droit de les ensevelir. Rends ce que tu vas voir être consumé aussitôt ; ce que je te demande, moi le père, ce n'est pas pour le posséder, c'est pour le perdre.

ATRÉE. – Tout ce qui subsiste de tes enfants, tu l'as, tout ce qui n'en subsiste pas, tu l'as.

THYESTE. – Gisent-ils, livrés en pâture aux oiseaux sauvages, sont-ils réservés pour des monstres ou nourrissent-ils les fauves ?

ATRÉE. – Tu t'es toi-même repu de tes enfants, en un festin impie.

Thyeste, 970-1024

HOMÈRE
VIIIe s. av. J.-C.

VIRGILE
Ier s. av. J.-C.

CLAUDIEN
Ve s. ap. J.-C.

Euripide

Atrée eut deux fils, Agamemnon et Ménélas. Ménélas se vit donner en mariage la plus belle femme du monde et cause de la guerre de Troie, Agamemnon Clytemnestre dont il tua l'époux, Tantale, qui n'était autre que le fils de Thyeste. Un malheur ne venant jamais seul, Agamemnon fut aussi contraint de sacrifier sa propre fille. Après les crimes viennent les châtiments : Agamemnon de retour de Troie est assassiné par son épouse. De génération en génération, les meurtres s'accumulent, jusqu'à Oreste.

LA CHUTE DE LA MAISON ATRIDE

ÉLECTRE. – Il n'est rien de si terrible à exprimer par la parole, il n'est point de souffrance ni de calamité divine, dont la nature humaine n'ait à porter le faix. C'est ainsi que le bienheureux Tantale – je le dis sans vouloir insulter à ses maux – Tantale, né, dit-on, de Zeus, voit avec épouvante un rocher surplomber sa tête, tandis qu'il reste suspendu dans les airs. Et il subit ce châtiment, – du moins le dit-on, – parce qu'admis à l'honneur de partage, lui mortel, la table des dieux en égal, il ne sut contenir sa langue, infirmité honteuse entre toutes ! Ce fut lui le père de Pélops, dont naquit Atrée, à qui la déesse qui tissa la trame de ses jours, fila pour destin la discorde qui le mit en guerre avec Thyeste son frère. À quoi bon rappeler ce qui ne se peut dire ? Toujours est-il qu'Atrée lui servit à sa table ses enfants tués de sa main. Et Atrée à son tour – je tais les événements intermédiaires – eut pour fils le glorieux Agamemnon – si l'on peut dire glorieux – et Ménélas, nés d'une mère crétoise Aéropé. Pour épouse l'un, Ménélas, prit celle qu'abhorrent les dieux, Hélène, et le lit de Clytemnestre, fameux dans l'Hellade, fut possédé par l'autre, le prince Agamemnon. Trois filles lui naquirent du même sein, Chrysothémis, Iphigénie et

95

moi Électre, et un enfant mâle Oreste, issus d'une mère abominable qui fit périr son époux dans le filet d'un vêtement sans issue. Pour quelles raisons, il ne sied pas à une vierge de le dire : c'est un point que je laisse à décider, sans l'éclaircir. Quant à Phoibos, à quoi bon l'accuser d'injustice ? Mais il a persuadé Oreste de tuer la mère qui lui donna le jour – un acte qui n'est pas glorieux pour tout le monde. Il la tua pourtant pour obéir au dieu ; et moi dans la mesure où le peut une femme, je pris part au meurtre, avec Pylade qui nous prêta son aide.

De là vient le mal cruel qui consume le pauvre Oreste : le voici étendu et gisant sur sa couche ; – c'est le sang maternel qui l'agite d'un tourbillon de folie, car je n'ose nommer les Déesses bienveillantes dont l'épouvante le pourchasse. Voici le sixième jour que le cadavre de sa mère égorgée a été purifié par le feu du bûcher sans que son gosier ait pris aucune nourriture, sans qu'il ait baigné son corps ; enfoui sous ses couvertures, tantôt quand son mal s'apaise, il revient à lui pour pleurer, et tantôt hors de sa couche il bondit en courant, comme un coursier échappé du joug.

Un décret de cet Argos où nous sommes interdit à qui que ce soit de nous accueillir sous son toit, de nous admettre au partage du feu, et d'adresser la parole à des parricides ; et voici le jour fixé où le verdict de la cité argienne décidera si nous devons l'un et l'autre mourir lapidés [ou nous frapper au cou d'un glaive affilé].

Oreste, 1-52

HOMÈRE
VIIIe s. av. J.-C.

VIRGILE
Ier s. av. J.-C.

CLAUDIEN
Ve s. ap. J.-C.

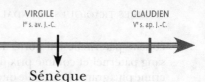

Sénèque

Le plus célèbre des rois maudits de l'Antiquité est sans doute Œdipe. Sénèque le met en scène à la fin de sa vie, vieillard infirme persuadé que seule la mort pourra le délivrer de ses crimes. Il s'adresse à sa fille, Antigone.

ŒDIPE ET LES SIENS

Alors même que j'étais nouveau-né, on a décidé ma mort. Qui a jamais eu en partage de si sombres destins ? Je n'avais pas encore vu le jour, je n'avais pas ouvert la barrière du ventre où j'étais enclos, et déjà j'étais craint. Certains êtres, la nuit s'est emparée d'eux dès leur naissance et les a enlevés à la lumière nouvelle : la mort m'a devancé ; tel être a subi dans les entrailles mêmes de sa mère une mort que lui fixait prématurément le destin. Mais aurait-il été en outre coupable ? Alors que j'étais caché, bien loin des regards, que mon existence était encore douteuse, un dieu m'a accusé d'un crime abominable ; sur son témoignage, mon père m'a condamné et avec un fer chaud a percé mes pieds de petit enfant, il m'a envoyé dans les bois profonds comme pâture pour les fauves et les oiseaux cruels que nourrit le funeste Cithéron et qui, maintes fois, s'imbibèrent du sang royal. Mais l'être qu'un dieu a condamné, que son père a rejeté, la mort, elle aussi, l'a fui. J'ai donné du crédit à Delphes : j'ai assailli mon père et l'ai abattu par un meurtre impie. Ce forfait, un autre acte de piété filiale le rachètera : j'ai tué mon père, mais j'ai aimé ma mère. J'ai honte de parler à haute voix de cet hyménée, de nos torches nuptiales ? Ce châtiment aussi, contrains-toi à le subir malgré ta répugnance : parle d'un forfait inconnu, bestial, hors de toute norme, au bruit duquel les peuples trembleraient d'effroi, que toutes les époques nieraient avoir commis, dont un parricide aurait honte : dans la couche paternelle j'ai porté des mains éclaboussées du sang paternel et comme prix de mon crime j'ai reçu un crime plus grand. Peccadille que le forfait perpétré contre mon père ! Dans mon lit nuptial ma mère a été conduite et, pour que le crime eût toute sa dimension, elle a été féconde : la nature ne peut produire de crime plus grand que celui-ci. S'il en est toutefois encore un, nous avons donné le jour à des êtres capables de le commettre. J'ai rejeté le sceptre, prix du meurtre de mon père, et il a armé à nouveau d'autres mains ; moi-même je connais fort bien le destin de mon royaume : nul n'enlèvera ce sceptre sans verser un sang porteur de malédiction.

Les Phéniciennes, 241-288

HOMÈRE
VIIIᵉ s. av. J.-C.

VIRGILE
Iᵉʳ s. av. J.-C.

CLAUDIEN
Vᵉ s. ap. J.-C.

Sophocle

Filles d'Œdipe et de Jocaste, Ismène et Antigone vivent sous la tutelle de Créon, le frère de Jocaste qui gouverne la cité depuis que les deux héritiers, Étéocle et Polynice, sont morts lors de la guerre les opposant pour le trône. Le crime, dans la mythologie, ne demeure jamais impuni.

MALHEURS DES FAMILLES RECOMPOSÉES

ANTIGONE. – Tu es mon sang, ma sœur ! Ismène ma chérie. Tu sais tous les malheurs qu'Œdipe a légués aux siens. Mais en sais-tu un seul que Zeus ne tienne pas à consommer ici de notre vivant même ? Il n'est pas de chagrin – voire de désastre –, il n'est pas de honte, il n'est pas d'affront que je ne voie ainsi porté à notre compte, à nous deux, toi et moi. Aujourd'hui même, qu'est-ce encore que cette défense que le Chef a tout à l'heure proclamée au pays en armes ? En sais-tu quelque chose ? en as-tu perçu un écho ? Ou vraiment ignores-tu que le malheur est en marche, et que ceux qui nous haïssent visent ceux que nous aimons ?

ISMÈNE. – Mais non ! de ceux que nous aimons je n'ai, moi, rien entendu dire, Antigone, rien qui apaise ni avive ma peine, depuis l'heure où, toutes deux, nous avons perdu nos deux frères, morts en un seul jour sous un double coup. L'armée d'Argos est partie cette nuit ; je ne sais rien de plus, et rien n'est venu ajouter pour moi ni à ce succès ni à ce désastre.

ANTIGONE. – J'en étais sûre, et c'est bien pourquoi je t'ai emmenée au delà des portes de cette maison : tu dois être seule à m'entendre.

ISMÈNE. – De quoi s'agit-il donc ? Quelque propos te tourmente, c'est clair.

ANTIGONE. – Certes ! juges-en. Créon, pour leurs funérailles, distingue entre nos deux frères : à l'un il accorde

99

l'honneur d'une tombe, à l'autre il inflige l'affront d'un refus ! Pour Étéocle, me dit-on, il juge bon de le traiter suivant l'équité et le rite, et il l'a fait ensevelir d'une manière qui lui vaille le respect des ombres sous terre. Mais, pour l'autre, Polynice, le pauvre mort, défense est faite, paraît-il, aux citoyens de donner à son cadavre ni tombeau ni lamentation : on le laissera là, sans larmes ni sépulture, proie magnifique offerte aux oiseaux affamés en quête d'un gibier ! Et voilà, m'assure-t-on, ce que le noble Créon nous aurait ainsi défendu, à toi comme à moi – à moi ! Il viendrait même en personne proclamer ici expressément sa défense, pour ceux qui l'ignorent encore. Ah ! c'est qu'il ne prend pas la chose à la légère : au rebelle il promet la mort, la lapidation dans la cité ! Tu connais les faits : tu vas, je pense, nous montrer sans retard si tu es digne de ton sang, ou si, fille de braves, tu n'as qu'un cœur de lâche.

ISMÈNE. – Mais, malheureuse, si l'affaire en est là, que puis-je, moi ? J'aurai beau faire, je n'y gagnerai rien.

ANTIGONE. – Vois si tu veux lutter et agir avec moi.

Antigone, 1-41

HOMÈRE
VIII° s. av. J.-C.

VIRGILE
I° s. av. J.-C.

CLAUDIEN
V° s. ap. J.-C.

Plutarque

Les pires crimes de sang ne sont pas tous mythiques. Cette famille perse n'a rien à envier aux Atrides ou aux Labdacides.

UNE MÈRE DANGEREUSE

Donc Parysatis, chez qui la haine et la jalousie contre Stateira couvaient depuis longtemps, voyait que son influence ne venait que du respect et de l'estime du roi, tandis que celle de Stateira était solidement fondée sur l'amour et la confiance ; ce fut pour ce motif, le plus important à ses yeux, qu'elle se risqua à cet attentat. Elle avait une servante dévouée, nommée Gigis, qui jouissait auprès d'elle du plus grand crédit ; selon Deinon, Gigis prit part à l'empoisonnement, mais Ctésias dit qu'elle fut seulement dans le secret et malgré elle ; il appelle Bélitaras celui qui donna le poison, tandis que Deinon le nomme Mélantas. Les deux reines, après leurs soupçons et leurs précédents conflits, avaient recommencé à se fréquenter et à prendre ensemble leurs repas ; cependant comme elles avaient peur et se méfiaient l'une de l'autre, elles ne mangeaient que des mêmes mets servis par les mêmes mains. Il existe en Perse un petit oiseau que l'on n'a point à vider et dont l'intérieur est tout rempli de graisse, ce qui fait croire que cet animal ne se nourrit que de vent et de rosée ; on l'appelle rhyntacès. Suivant Ctésias, Parysatis coupa en deux un de ces oiseaux avec un petit couteau enduit de poison d'un seul côté, tandis que sur l'autre côté elle avait essuyé et enlevé le poison ; elle porta à sa bouche et mangea la moitié saine et inoffensive, et donna à Stateira la moitié empoisonnée. Cependant, au dire de Deinon, ce ne fut pas Parysatis, mais Mélantas, qui coupa le mets avec le couteau et qui servit le morceau empoisonné à Stateira. Celle-ci, en mourant au milieu de grandes souffrances et convulsions, se douta elle-même

101

d'où venait le mal et amena le roi à soupçonner sa mère, dont il connaissait le caractère implacable et sauvage. Aussi se livra-t-il aussitôt à une enquête, faisant arrêter et mettre à la torture les serviteurs de sa mère et ceux qui prenaient soin de sa table. Parysatis tint longtemps Gigis enfermée auprès d'elle en refusant de la livrer au roi qui la réclamait ; enfin, Gigis l'ayant priée de la laisser aller de nuit à sa propre maison, le roi, averti, organisa secrètement un guet-apens, la fit saisir et la condamna à mort. Voici de quelle manière les Perses ont coutume de faire mourir les empoisonneurs : on prend une grande pierre plate sur laquelle on place leur tête, que l'on frappe et écrase avec une autre pierre jusqu'à ce que le visage et la tête soient broyés. Tel fut le supplice de Gigis. Quant à Parysatis, le roi ne lui dit ni ne lui fit rien de mal, mais il la relégua, consentante, à Babylone, en disant que tant qu'elle vivrait, lui-même ne reverrait pas Babylone. Voilà ce qui se passait au palais d'Artaxerxès.

Vies. Artaxerxès, 19

SCANDALES FINANCIERS

À l'image de l'affaire Elf, les scandales politico-financiers sont parmi les plus spectaculaires de notre temps. Tout d'abord parce qu'ils peuvent mettre en jeu des sommes colossales et des secrets d'État, mais aussi parce qu'ils mettent en scène des individus déjà célèbres ou appelés à le devenir. Politiciens véreux, aventuriers, intrigants, courtisanes, femmes fatales, tous les acteurs de ces drames tragi-comiques sont déjà présents dans l'Antiquité. Or la démocratie athénienne, le régime lacédémonien ou la république romaine avaient fondé en grande partie leur légitimité sur l'intégrité absolue de leurs dirigeants. À Athènes, tous les magistrats étaient soumis à l'issue de leur charge à une reddition de comptes, l'*euthyna*, extrêmement rigoureuse, où était examiné dans le détail l'état des finances avant et après leur entrée en fonction. La raison en était simple : les magistrats étaient très faiblement rémunérés, malgré quelques avantages en nature, et les risques de corruption étaient grands. La reddition des comptes pouvait donc constituer une redoutable arme politique, comme en témoigne l'attaque de Cimon par Périclès en 463 avant J.-C., arme qui finit d'ailleurs par se retourner contre Périclès lui-même. À Rome, les exemples fameux de détournements de fonds, notamment à l'occasion de séjours prolongés dans des pays ou régions riches en ressources de toutes sortes (l'exemple de Verrès en Sicile étant le plus fameux) ne débouchaient que rarement sur des condamnations édifiantes. Juvénal, encore lui, se lamente de ce que Marius Priscus, proconsul d'Afrique en 98-99, s'il fut condamné pour ses exactions et sa corruption avérée lors de sa charge, ne vit pas sa fortune confisquée : « Ô province, tu as gagné ta cause et c'est toi qui gémis ! »

HOMÈRE
VIIIe s. av. J.-C.

VIRGILE
Ier s. av. J.-C.

CLAUDIEN
Ve s. ap. J.-C.

Procope

Comment renflouer les caisses de l'État vidées par les guerres et les débauches ? L'empereur Justinien a la solution : mettre à contribution les contribuables, particulièrement les plus fortunés. Les sénateurs de Byzance en font les frais.

DU BON USAGE DES TESTAMENTS

Il y avait à Byzance un certain Zénon, petit-fils de cet Anthémius qui, dans le passé, avait obtenu la dignité impériale en Occident. Ayant nommé cet homme, dans un dessein malveillant, gouverneur d'Égypte, ils[1] l'y envoyaient. Celui-ci, après avoir chargé son bateau de ses richesses les plus précieuses, prépara tout pour son départ ; il possédait en effet une quantité incalculable d'argent et des objets d'or ornés de perles, d'émeraudes et d'autres pierres semblables. Ceux-ci subornèrent quelques-uns de ceux qui semblaient lui être le plus fidèles et firent emporter de là, en toute hâte, ces richesses, puis ils firent mettre le feu au bateau. Ils ordonnaient ensuite d'annoncer à Zénon que le feu avait pris spontanément dans son bateau et que ses biens avaient été détruits. Peu après, Zénon mourut subitement, et eux devinrent aussitôt les maîtres de sa fortune en tant qu'héritiers. Ils produisaient en effet un testament, mais le bruit courut qu'il n'était pas l'œuvre de celui-ci.

C'est de la même manière qu'ils se rendirent aussi héritiers de Tatianos, de Démosthène et de Hilara, qui étaient pourtant, et par la dignité, et sous tous les autres rapports, les premiers parmi les membres du Sénat. Pour certains, c'est en forgeant non des testaments, mais des lettres qu'ils se procurèrent leur fortune. Ils devinrent

---

1. Justinien et sa femme l'impératrice Théodora.

ainsi les héritiers de Dionysios, qui habitait le Liban, et de Jean, fils de Basile, qui avait été le plus en vue de tous les Édesséniens, mais qui avait été livré de force en otage aux Perses par Bélisaire, comme je l'ai raconté dans les livres précédents. Ce Jean, Chosroès ne voulait plus le relâcher, reprochant aux Romains d'avoir violé les accords aux termes desquels il lui avait été livré par Bélisaire, mais il consentait à le vendre comme s'il était prisonnier de guerre.

La grand-mère de cet homme – elle était encore vivante –, ayant fourni la rançon, pas moins de 2 000 livres d'argent, avait bon espoir de racheter son petit-fils. Mais lorsque cette rançon parvint à Dara, l'empereur, l'ayant appris, ne laissa pas se réaliser le contrat, pour que la richesse des Romains, disait-il, ne soit pas emmenée chez les Barbares. Peu après, il advint que Jean, qui était tombé malade, quitta ce monde, et celui qui était gouverneur de la ville, ayant forgé une lettre, déclara que peu auparavant Jean lui avait écrit comme à un ami qu'il voulait que sa fortune aille à l'empereur. Je ne pourrais pas énumérer les noms de tous les autres gens dont ils devinrent automatiquement les héritiers.

Histoire secrète, XII, 1-11

Cicéron

La mafia sicilienne existe depuis l'Antiquité : dans ce dis-
cours célébrissime, Cicéron dresse la liste des biens que Verrès,
l'ancien propréteur de Sicile accusé de corruption, a dérobés
durant son mandat. Ce morceau de bravoure valut à Verrès
l'exil, et à Cicéron la gloire.

VERRÈS ESTHÈTE CAMBRIOLEUR

Je déclare que dans toute l'étendue de la Sicile,
province si riche, depuis si longtemps conquise, com-
prenant tant de villes, tant de maisons si opulentes, il
n'est pas un vase d'argent, pas un vase de Corinthe ou
de Délos, pas une pierre précieuse ou une perle, pas
un objet d'or ou d'ivoire, pas une statue de bronze, de
marbre ou d'ivoire ; non, il n'est pas une peinture sur
bois, pas une tapisserie, qu'il n'ait recherchée, examinée
et, si elle lui a plu, dérobée. Grave, semble-t-il, est cette
affirmation. Remarquez encore comment je m'exprime.
Ce n'est pas pour enfler la voix ou grossir l'accusation
que je déclare ne faire aucune exception : en avançant
qu'aucune sorte d'œuvre d'art n'a été laissée par Verrès
dans la province tout entière, c'est à la lettre, sachez-le
bien, et non avec une exagération d'accusateur que je
m'exprime. Je dis même plus nettement : rien dans la
demeure de personne, pas même chez un hôte ; rien
dans les lieux publics, pas même dans les sanctuaires ;
rien chez un Sicilien, rien chez un citoyen romain, enfin
rien qui se soit présenté devant les yeux ou à la pensée
de cet homme, propriété d'un particulier ou de l'État,
objet profane ou sacré, dans toute l'étendue de la Sicile,
n'a été laissé.

Par où commencer plutôt que par la cité qui a été
entre toutes ta préférée et tes délices ? Par quel groupe
plutôt que par tes louangeurs mêmes ? Il sera plus aisé en

effet de discerner ta conduite avec ceux qui te haïssent, qui t'accusent, qui te poursuivent quand il sera découvert que de la façon la plus impudente tes chers Mamertins ont été par toi dépouillés.

Seconde action contre Verrès, IV, I

SCANDALES POLITIQUES

La tendance qui voit les hommes politiques faire la une de la presse *people* est plutôt récente en France, alors que c'est une pratique courante en Angleterre, où les tabloïds restent à l'affût du moindre écart – privé ou public – des membres du gouvernement ou des représentants du Parlement. Dans l'Antiquité, si l'on opère une distinction entre ce qui relève des pratiques de la vie publique et celles de la vie privée, elle tend à disparaître lorsque l'on revendique des fonctions élevées. Dans *Harry dans tous ses états*, alors que sa sœur, conservatrice et fort pieuse, l'accable de reproches – « Ta vie est nihilisme, cynisme, sarcasme et orgasme » –, Woody Allen, alias Harry, lui répond avec ingénuité : « En France, je serais élu sur un slogan pareil. » Dans l'Antiquité, au contraire, il eût été particulièrement difficile de faire campagne avec une vie privée désordonnée, car l'activité politique, effectuée dans le cadre de l'*otium*, le loisir, est l'activité désintéressée par excellence. C'est pour cette raison que les scandales politiques éclataient en particulier dans le cadre d'un procès, où les attaques *ad hominem* n'étaient pas seulement tolérées, mais vivement conseillées. C'est le cas d'Eschine, le redoutable ennemi de Démosthène, qui reproche à Timarque, un proche de Démosthène, de se livrer à la prostitution, non seulement alors qu'il est « un tout jeune homme », mais aussi alors qu'il se retrouve « hors d'âge ». Que l'on ne s'y trompe pas. Derrière ces stratégies oratoires se dévoilent toujours un objectif politique, qui vise à déstabiliser une candidature, un vote à venir, à conjurer le résultat d'une élection. Voire, dans le cas du procès de Socrate, à déterminer l'avenir d'une cité.

Cicéron

Issu d'une famille de nobles appauvris, Catilina est l'anti-homo novus, c'est-à-dire l'anti-Cicéron, qui le bat aux élections consulaires de 64 avant J.-C. De conspirations en procès, les deux hommes se détestent avec constance. Voici le portrait de Catilina en triste sire, brossé par Cicéron qui l'accuse de complot contre le Sénat.

CATILINA, ENNEMI PUBLIC NUMÉRO 1

Quel charme, Catilina, peut encore avoir pour toi cette ville, où, sauf tes conjurés, des hommes perdus, il n'est personne qui ne te craigne, personne qui ne te haïsse ? Quel scandale domestique ne marque ta vie comme au fer rouge ? Quelle honte, dans ta conduite privée, ne s'attache à ton nom ? A-t-il jamais manqué à tes yeux un spectacle lubrique, à tes mains un forfait, à tout ton corps une souillure ? Est-il un pauvre adolescent, pris au filet tentateur de ta dépravation, devant qui tu n'aies porté le poignard du crime ou le flambeau de la débauche ? Car enfin, naguère, après avoir, par la mort de ta première femme, fait place nette dans ta maison pour un nouveau mariage, n'as-tu pas couronné ton crime par un autre crime inimaginable ? Je le passe sous silence, j'admets volontiers qu'on le taise, afin qu'il n'apparaisse pas qu'un acte aussi atroce ait pu se commettre en notre cité, ou qu'il y soit resté impuni. Je ne parlerai pas de l'effondrement de tous tes biens, dont tu sentiras planer la menace aux Ides prochaines, et, laissant de côté le discrédit personnel où tu es tombé par tes vices, tes embarras domestiques, tes hontes, j'en viens à ce qui touche aux intérêts supérieurs de l'État, à notre vie à tous et à notre salut.

Première Catilinaire, 6-7

Catilina appartient au parti des populares, *s'engageant contre le conservatisme des* optimates *à défendre les intérêts des plus pauvres et des non-citoyens. Faut-il voir une pointe de calomnie dans la description que fait Cicéron des amis de Catilina ?*

MAUVAISES FRÉQUENTATIONS

Voulez-vous être à même de juger la diversité de ses aptitudes dans les genres les plus différents ? Il n'est pas, dans leurs écoles, un gladiateur un peu plus porté qu'un autre vers les mauvais coups qui ne se déclare l'ami intime de Catilina ; il n'est pas, dans le monde des théâtres, un histrion quelque peu libertin et dépravé, pour qui Catilina, à l'entendre, n'ait été presque un confrère. Et c'est ainsi encore que, par ce qu'il avait été, par la pratique de la débauche et du crime, entraîné à supporter le froid, la faim, la soif et la privation de sommeil, ils lui ont fait une réputation de courage, alors qu'il gaspillait dans l'orgie et dans les forfaits ses réserves d'activité et ses ressources d'énergie. Si tous ses complices l'avaient suivi, si les bandes éhontées de ces risque-tout avaient quitté Rome, ah ! quelle joie pour nous ! quel bonheur pour la république ! quel couronnement glorieux pour mon consulat ! Car la dépravation de ces gens-là ne connaît plus de mesure, car leurs audaces n'ont plus rien d'humain ni de tolérable ; ils n'aspirent qu'au meurtre, à l'incendie, au pillage. Leur patrimoine, ils l'ont gaspillé ; leurs biens, ils les ont hypothéqués : leur fortune est depuis longtemps dissipée, et leur crédit vient d'en faire autant : et, malgré tout, ils ont gardé intact l'appétit de jouissances qu'ils avaient dans la richesse. S'ils ne demandaient au vin et au jeu que leurs orgies du soir et que leurs prostituées, sans doute n'y aurait-il plus rien de bon à espérer d'eux, mais du moins les pourrait-on supporter ; mais qui tolérerait de voir des incapables comploter contre les citoyens les plus industrieux, des fous contre les plus sages, des ivrognes contre les gens les

plus sobres, des êtres assoupis contre des hommes bien
éveillés ? Ah ! je les vois : ils sont couchés autour de leurs
tables, tenant dans leurs bras des femmes sans pudeur,
alanguis de vin, gorgés de nourriture, la tête ceinte de
fleurs, le corps oint de parfums, vidés par la débauche, et
les paroles qu'ils vomissent sont pour menacer les honnêtes gens de mort et Rome de l'incendie !

Deuxième Catilinaire, V, 9-V, 11

HOMÈRE
VIIIᵉ s. av. J.-C.

VIRGILE
Iᵉʳ s. av. J.-C.

CLAUDIEN
Vᵉ s. ap. J.-C.

Histoire auguste

Héliogabale était loin d'être un parangon de vertus. Dépravé et dispendieux, il était surtout lâche et immature : son tort initial fut de laisser le pouvoir... à sa grand-mère. Lorsqu'il perd le soutien de l'armée, c'en est fini du règne éphémère de l'empereur adolescent : à dix-neuf ans, Héliogabale est assassiné de manière atroce : les vindictes populaires, et militaires, sont les plus sanglantes.

LYNCHAGE D'HÉLIOGABALE

Mais les soldats et notamment les prétoriens qui avaient ourdi de mauvais desseins contre Héliogabale, ou voyant la haine que leur vouait l'empereur [...] conspirèrent pour délivrer l'État. Ils infligèrent d'abord à ses complices différentes sortes de trépas arrachant aux uns les organes génitaux, perçant les autres au bas-ventre, afin de conformer leur mort à la vie qu'ils avaient menée.

Après quoi, on fonça contre l'empereur qui fut tué dans une latrine où il s'était réfugié. Ensuite, on traîna son corps sur la voie publique et, surcroît d'outrage au cadavre, les soldats le jetèrent à l'égout. Mais l'égout se trouvant n'être pas assez large, on le jeta du haut du pont Aemilius dans le Tibre, en y attachant un poids pour l'empêcher de flotter et d'être jamais enseveli en terre. Son cadavre fut traîné au long des pistes du cirque avant d'être précipité dans le Tibre. Son nom – celui d'Antonin – fut raclé sur l'ordre du Sénat et ne subsistèrent que ceux de Varius Héliogabale. Il avait eu la prétention de conserver le premier en voulant se faire passer pour le fils d'Antonin Caracalla. Après sa mort, on l'appela « Tiberinus », le « Traînassé », l'« Impur », et on lui donna beaucoup d'autres noms, quand il s'agissait de caractériser les actes apparents de son règne. Seul de tous les princes, il fut traîné, jeté à l'égout et précipité dans le Tibre. Il subit ce sort en raison de la haine que tous lui vouaient unanimement et que les empereurs doivent spécialement se garder d'encourir, car on ne saurait mériter même une sépulture, quand on ne mérite pas l'affection du Sénat, du peuple et des soldats.

Vie d'Héliogabale, XVI, 5-XVII, 1

HOMÈRE
VIIIᵉ s. av. J.-C.

VIRGILE
Iᵉʳ s. av. J.-C.

CLAUDIEN
Vᵉ s. ap. J.-C.

Suétone

*Jules César est assassiné aux Ides de mars 44 à la Curie :
si l'affaire est connue et la mort du grand homme racontée par
plus d'une dizaine d'auteurs de l'Antiquité, ce texte, parmi les
plus célèbres, est le seul à relater un détail appelé à la postérité, le fameux « Tu quoque mi fili », prononcé – attention !
scoop – en grec !*

Tandis qu'il s'asseyait, les conjurés l'entourèrent, sous
prétexte de lui rendre hommage, et tout de suite Tillius
Cimber, qui s'était chargé du premier rôle, s'approcha
davantage, comme pour lui demander une faveur ; mais
César faisant un signe de refus et le renvoyant du geste
à un autre moment, Tillius saisit sa toge aux deux épaules ; alors, comme César s'écriait : « Cette fois, c'est de
la violence ! » l'un des deux Casca le blessa par-derrière,
un peu au-dessous de la gorge. César, lui ayant saisi le
bras, le transperça de son poinçon, et essaya de s'élan-
cer en avant, mais il fut arrêté par une autre blessure.
S'apercevant alors que de toutes parts on l'attaquait, le
poignard à la main, il enroula sa toge autour de sa tête,
tandis que de sa main gauche il en faisait glisser les plis
jusqu'au bas de ses jambes, pour tomber avec plus de
décence, corps voilé jusqu'en bas. Il fut ainsi percé de
vingt-trois blessures, n'ayant poussé qu'un gémissement
au premier coup, sans une parole ; pourtant d'après certains, il aurait dit à Marcus Brutus qui se précipitait sur
lui : « Toi aussi, mon fils ! » Tous s'enfuyant en désor-
dre, assez longtemps il resta sur le sol, privé de vie, puis
on le déposa sur une civière, un bras pendant, et trois
esclaves le rapportèrent chez lui. Or, parmi tant de blessures, d'après le médecin Antistius, il ne s'en trouva pas
de mortelle, excepté celle qu'il avait reçue à la poitrine,
en second lieu. Les conjurés avaient formé le projet de
traîner au Tibre le cadavre de leur victime, de confisquer

ses biens, d'annuler ses actes, mais ils y renoncèrent par crainte du consul Marc Antoine et du maître de cavalerie Lépide.

Vies des douze Césars. César, 82

HOMÈRE
VIIIe s. av. J.-C.

VIRGILE
Ier s. av. J.-C.

CLAUDIEN
Ve s. ap. J.-C.

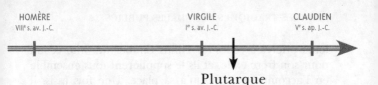

Plutarque

CÉSAR ASSASSINÉ : LA VERSION GRECQUE

Artémidoros, originaire de Cnide, qui enseignait les lettres grecques et qui par là avait suffisamment pénétré dans l'intimité de quelques-uns des complices de Brutus pour savoir en grande partie ce qui se tramait, vint apporter un billet contenant les révélations qu'il voulait faire ; mais, voyant que César remettait aux gens de sa maison tous les billets qu'il recevait, il s'approcha tout près de lui et lui dit : « Lis ceci, César, seul et tout de suite ; il s'agit d'affaires d'une extrême importance pour toi. » César prit le billet et essaya à plusieurs reprises de le lire, mais il en fut empêché par la foule des solliciteurs. C'est en tenant à la main ce billet, le seul qu'il eût gardé, qu'il entra au Sénat. [...]

Ce que j'ai rapporté jusqu'ici peut être l'effet du hasard ; mais la salle où eut lieu la scène du meurtre, celle où le Sénat se réunit ce jour-là, contenait une statue de Pompée, qui avait dédié cet édifice comme un ornement ajouté à son théâtre : cette circonstance prouve manifestement que l'action fut conduite par un dieu qui avait assigné et marqué ce lieu pour un tel événement. On dit aussi que Cassius avant l'assassinat tourna les yeux vers la statue de Pompée et l'invoqua en silence, bien qu'il fût attaché à la doctrine d'Épicure : l'imminence du drame répandait dans son âme, semble-t-il, un enthousiasme et une émotion qui chassaient ses anciennes opinions. Antoine, qui restait fidèle à César, et dont la force physique était grande, fut retenu au dehors par Brutus Albinus, qui engagea avec lui à dessein une longue conversation. Quand César entra, les sénateurs, par déférence, se levèrent. Aussitôt, tandis que certains des complices de Brutus se plaçaient en cercle derrière le siège de César, les autres allèrent au-devant de lui, comme pour joindre

117

leurs prières à celles de Tillius Cimber qui intercédait pour son frère exilé, et ils le supplièrent tous ensemble en l'accompagnant jusqu'à sa place. Une fois assis, il continue à repousser leurs sollicitations, et, comme ils insistaient plus vivement, il témoigna à chacun d'eux son mécontentement. Alors Tillius saisit sa toge à deux mains et la tira en bas du cou, ce qui était le signal de l'attaque. Casca, le premier, le frappe de son épée à la nuque, mais la blessure n'était pas mortelle ni profonde : sans doute fut-il troublé d'avoir à commencer une entreprise si grande et si hardie. César se retourne, saisit le glaive et le retient dans sa main. Ils s'écrient tous deux presque en même temps, le blessé, en latin : « Maudit Casca, que fais-tu ? », et l'agresseur, s'adressant en grec à son frère : « Frère, au secours ! » C'est ainsi que l'affaire débuta. Ceux qui n'étaient pas dans le complot furent saisis d'un frisson d'épouvante en voyant ce qui se passait, et n'osèrent ni fuir, ni défendre César, ni même proférer un son. Mais ceux qui s'étaient armés pour le meurtre tirèrent chacun leur épée nue. César, enveloppé de toutes parts, ne voit en face de lui, de quelque côté qu'il se tourne, que des glaives acharnés à le frapper au visage et aux yeux ; ballotté entre les mains de tous, il se débat comme un fauve. Tous doivent prendre part au sacrifice et goûter au meurtre ; aussi Brutus lui porte-t-il un coup dans l'aine. Certains disent que César se défendait contre les autres, en se jetant de tout côté et en criant, mais que, lorsqu'il vit Brutus lever son épée nue, il tira sa toge sur sa tête et se laissa tomber, poussé par le hasard ou par ses meurtriers, près du piédestal sur lequel se dressait la statue de Pompée. Ce piédestal fut couvert de son sang, en sorte qu'il semblait que Pompée présidait en personne à la vengeance que l'on tirait de son ennemi gisant à ses pieds et palpitant sous le grand nombre de ses blessures, car on dit qu'il en avait reçu vingt-trois.

Vies. César, 65-66

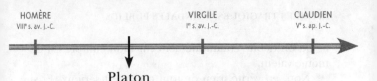

HOMÈRE
VIIIᵉ s. av. J.-C.

VIRGILE
Iᵉʳ s. av. J.-C.

CLAUDIEN
Vᵉ s. ap. J.-C.

Platon

En 399 avant J.-C., Socrate se voit intenter un procès qui lui coûta la vie. Trois chefs d'accusation ont été retenus contre le philosophe : ne pas respecter les dieux de la cité, introduire de nouvelles divinités et corrompre la jeunesse. Voici la réponse au « grand inquisiteur » Mélétos.

ACCUSATIONS CALOMNIEUSES CONTRE SOCRATE

Acte I. Impiété

Remontant donc à l'origine, examinons de quelle accusation au juste est issue cette calomnie dont Mélétos s'est autorisé pour m'intenter ce procès. Voyons, que disaient exactement ceux qui me calomniaient ? Procédons comme pour une accusation en règle, dont il nous faut lire le texte même : « Socrate est coupable : il recherche indiscrètement ce qui se passe sous la terre et dans le ciel, il fait prévaloir la mauvaise cause, il enseigne à d'autres à faire comme lui. » C'est cela, ou peu s'en faut. Voilà bien ce que vous avez vu de vos propres yeux dans la comédie d'Aristophane : un certain Socrate qu'on portait à travers la scène, déclarant qu'il se promenait dans les airs et débitant toutes sortes de sottises à propos de choses où je n'entends rien. Ce que j'en dis n'est pas du tout pour décrier cette science, si quelqu'un la possède. Ah ! que Mélétos au moins n'aille pas m'accuser d'une telle témérité ! Mais, en vérité, Athéniens, je n'ai pas la moindre notion de tout cela. J'en prends à témoin la plupart d'entre vous, je vous supplie de vous renseigner mutuellement et j'invite à parler tous ceux de vous qui m'ont entendu discourir ; beaucoup ici sont dans ce cas. Dites-vous les uns aux autres si jamais un seul d'entre vous m'a entendu disserter, si peu que ce soit, sur de tels sujets. Vous reconnaîtrez ainsi que tout

119

ce qu'on débite communément sur mon compte est de même valeur.

Non, en vérité, rien de tout ceci n'est sérieux. Et si quelqu'un vous a dit encore que je fais profession d'enseigner à prix d'argent, cela non plus n'est pas vrai. Non pas que je méconnaisse combien il est beau d'être capable d'instruire les autres, comme Gorgias le Léontin, comme Prodicos de Céos, comme Hippias d'Élis. Quels maîtres que ceux-là, juges, qui vont de ville en ville, et savent attirer maints jeunes gens, quand ceux-ci pourraient, sans rien payer, s'attacher à tel ou tel de leurs concitoyens qu'ils auraient choisi ! Et ils leur persuadent de négliger ces fréquentations, de venir à eux, de les rétribuer, sans préjudice de la reconnaissance qu'on leur doit en plus. Que dis-je ? Il y a, ici même, un autre savant encore, un citoyen de Paros, qui séjourne en ce moment parmi nous, comme je l'ai appris. J'étais allé par hasard chez un homme qui a payé, à lui tout seul, plus large tribut aux sophistes que tous les autres ensemble, Callias, fils d'Hipponicos. Je l'interrogeai, – vous savez qu'il a deux fils : – « Callias, lui dis-je, si, au lieu de deux fils, tu avais à élever deux poulains ou deux veaux, nous saurions fort bien à qui les confier et qui charger, moyennant salaire, de développer en eux tout ce que leur nature comporte. Nous choisirions quelque dresseur de chevaux ou quelque fermier. Mais ce sont des hommes. À qui donc as-tu dessein de les confier ? Qui est habile à développer les qualités propres à l'homme et au citoyen ? Je suppose que tu y as réfléchi, puisque tu as des fils. Dis-moi, celui qu'il nous faut existe-il, oui ou non ? – Oui, certes, répondit-il. – Qui est-ce donc ? demandai-je. De quel pays est-il ? Quel est le prix de ses leçons ? – Socrate, me dit-il, c'est Événos de Paros ; il prend cinq mines. » – Là-dessus, je pensai que cet Événos était un homme privilégié, si vraiment il possède cet art et l'enseigne avec tant de mesure. Quant à moi, je serais bien fier, bien content de moi-même, si je savais en faire autant. Mais, franchement, Athéniens, je ne le sais pas.

Acte II. Corrompre la jeunesse

Ajoutez ceci : les jeunes hommes qui s'attachent à moi spontanément, – et ce sont ceux qui ont le plus de loisir, les fils des familles riches, – ceux-là prennent plaisir à voir les gens soumis à cet examen. Souvent même, ils veulent m'imiter et, à leur tour, ils s'essayent à examiner d'autres personnes. Apparemment, ils en trouvent à foison qui croient savoir quelque chose, tout en ne sachant que peu ou rien du tout. Et alors, ceux qu'ils ont examinés s'en prennent, non à eux-mêmes, mais à moi ; et ils déclarent qu'il y a un certain Socrate, un misérable, qui corrompt les jeunes gens. Leur demande-t-on ce qu'il fait et enseigne pour les corrompre ? Ils ne savent que répondre, ils l'ignorent. Mais, pour ne pas paraître déconcertés, ils allèguent les griefs qui ont cours contre ceux qui font de la philosophie, à savoir qu'ils étudient ce qui se passe dans les airs et sous terre, qu'ils ne croient pas aux dieux ; qu'ils font prévaloir la mauvaise cause. La vérité, qu'ils ne voudraient avouer, je pense, à aucun prix, c'est qu'ils ont été convaincus de faire semblant de savoir, quand ils ne savaient rien. Or, comme ils sont sans doute avides de réputation, opiniâtres et nombreux, comme, en outre, en parlant de moi, ils font corps, ce qui les rend persuasifs, ils vous ont rempli la tête depuis longtemps de leurs calomnies acharnées.

Voilà comment Mélétos et Anytos et Lycon se sont jetés sur moi, Mélétos prenant à son compte la haine des poètes, Anytos celle des artisans et des hommes politiques, Lycon celle des orateurs. Aussi serais-je surpris, comme je le disais en commençant, si je parvenais à détruire chez vous en si peu de temps une calomnie qui s'est ainsi amassée.

Apologie de Socrate, 19b-20c et 23c-24b

SCANDALES SEXUELS

S'il est bien un domaine qui assure la popularité – ou l'impopularité – des célébrités antiques comme contemporaines, c'est celui des mœurs. « Les actes sexuels doivent être soumis à un régime extrêmement précautionneux », selon l'expression de Michel Foucault, car l'enjeu est lourd de conséquences. Une réputation politique ou publique pouvait être ruinée par des accusations non d'« immoralisme », ce qui n'avait pas grand sens dans l'Antiquité, mais d'intempérance, d'excès, de dépassement de la mesure. En un mot, tout ce qui relève de ce que Foucault nomme des techniques de soi, qui deviendront la norme dans le contrôle des plaisirs. C'est ainsi qu'apparaissent des injures que nous avons le plus grand mal à traduire à français, comme celles de *cinaedus* ou *kinaidos*, car elles renvoient à des conduites sexuelles différentes dans lesquelles les catégories d'homosexualité, d'hétérosexualité et de bisexualité ne sont pas vraiment opérationnelles. Le cas des dérives sexuelles des empereurs, qui ont donné lieu à une exploitation souvent caricaturale ou baroque, dont le film *Caligula* (1980) de Tinto Brass est un fastueux exemple, relève d'un champ qui n'est pas si éloigné de cette question. C'est précisément parce qu'il est un tyran que l'empereur dérangé se comporte comme tel. Comme l'expliquent Florence Dupont et Thierry Éloi, « la débauche sexuelle avec sa perversion *sadique* est un symptôme de la tyrannie et non la manifestation d'une personnalité perturbée par une enfance difficile ». Est-ce réellement rassurant ?

HOMÈRE
VIIIᵉ s. av. J.-C.

VIRGILE
Iᵉʳ s. av. J.-C.

CLAUDIEN
Vᵉ s. ap. J.-C.

Suétone

Consul et adversaire de César, Curion surnommait celui-ci « le mari de toutes les femmes, et la femme de tous les maris ». Suétone ne se fait pas prier pour donner abondance de détails sur la vie sexuelle du grand homme.

CÉSAR SODOMITE

Sa réputation de sodomite lui vint uniquement de son séjour chez Nicomède, mais cela suffit pour le déshonorer à tout jamais, et l'exposer aux outrages de tous. Je néglige les vers si connus de Licinius Calvus :

> *Tout ce que la Bithynie*
> *Et l'amant de César posséda jamais.*

Je passe sur les discours de Dolabella et de Curion le père, où le premier l'appelle « la rivale de la reine, le dossier de la litière royale », et le second, « l'étable de Nicomède » et « le mauvais lieu de Bithynie ». Je laisse même de côté les édits où Bibulus, sur les murs de Rome, appela son collègue : « la reine de Bithynie », en ajoutant : « Autrefois il était amoureux d'un roi, il l'est aujourd'hui de la royauté. » À la même époque, suivant Marcus Brutus, un certain Octavius, que le dérangement de son esprit autorisait à tout dire, ayant, devant une assemblée très nombreuse donné à Pompée le titre de « roi », salua même César du nom de « reine ». Mais C. Memmius va jusqu'à lui reprocher d'avoir, en compagnie d'autres mignons, servi d'échanson à ce Nicomède, dans un grand festin auquel prirent part quelques négociants romains, dont il cite les noms. Et Cicéron ne se borna pas à écrire dans certaines de ses lettres que des gardes le conduisirent dans la chambre du roi, qu'il s'y coucha dans un lit d'or, revêtu de pourpre, et qu'un descendant de Vénus souilla en Bithynie la fleur de sa jeunesse, mais encore, un jour, au Sénat, comme César plaidait la cause de Nysa, la fille de Nicomède, et rappelait les bienfaits qu'il devait au roi, il lui dit : « Passez làdessus, je vous prie, car personne n'ignore ce qu'il vous a donné et ce qu'il a reçu de vous. » Enfin, pendant le triomphe des Gaules, parmi les vers satiriques que ses soldats, suivant l'usage, chantèrent en escortant son char, on entendit même ce couplet devenu populaire :

César a soumis les Gaules, Nicomède a soumis César :
Vous voyez aujourd'hui triompher César qui a soumis les Gaules,
Mais non point Nicomède qui a soumis César.

Vies des douze Césars. César, 49

Tibère succède à Auguste en 14 après J.-C. En 27, il se retire à Capri, gouvernant tout l'Empire depuis sa retraite. Son départ ne manque pas de faire jaser : que peut bien faire cet empereur autoritaire, solitaire et paranoïaque dans sa grande demeure isolée ? La villa ensoleillée ne tarde pas à passer pour le château de Barbe-Bleue.

TIBÈRE PÉDOPHILE ?

Dans sa retraite de Capri, il imagina même d'installer un local garni de bancs pour les obscénités secrètes ; là, des troupes de jeunes filles et de jeunes débauchés rassemblés de toutes parts et ces inventeurs d'accouplements monstrueux, qu'il appelait « spintries », formant une triple chaîne, se prostituaient entre eux en sa présence, pour ranimer par ce spectacle ses désirs éteints. Il orna des chambres placées en différents endroits d'images et de statuettes reproduisant les tableaux et les sculptures les plus lascives, auxquelles il joignit les livres d'Éléphantis, pour que chaque figurant trouvât toujours le modèle des postures qu'il ordonnait de prendre. Il eut aussi l'idée de faire disposer çà et là dans les bois et les bosquets des retraites consacrées à Vénus et placer dans les cavernes et dans les grottes des jeunes gens de l'un et de l'autre sexe qui s'offraient au plaisir en costumes de sylvains et de nymphes ; aussi désormais tout le monde l'appelait-il ouvertement « Caprineus », par un jeu de mots sur le nom de l'île.

On lui prête des turpitudes encore plus infâmes, et telles qu'on ose à peine les décrire ou les entendre exposer, ni à plus forte raison y croire ; il aurait habitué des enfants de l'âge le plus tendre, qu'il appelait ses « petits poissons », à se tenir et à jouer entre ses cuisses, pendant qu'il nageait, pour l'exciter peu à peu de leur langue et de leurs morsures ; on dit même qu'en guise de sein il donnait à téter ses parties naturelles à des enfants déjà passablement vigoureux, mais non encore sevrés : c'était assurément à ce genre de jouissance que son goût et son âge le portaient le plus. Aussi, un tableau de Parrasius, où l'on voyait Atalante ayant pour Méléagre une honteuse complaisance, lui ayant été légué sous réserve qu'il recevrait en échange un million de sesterces, si le sujet lui paraissait choquant, non seulement il préféra le tableau, mais il le plaça dans sa chambre à coucher. On rapporte même qu'un jour, pendant qu'il sacrifiait, séduit par la beauté du servant qui lui présentait le coffret à encens, il ne put se maîtriser, et, sans presque attendre la fin de la cérémonie, l'entraîna aussitôt à l'écart, sur le lieu même, pour abuser de lui, ainsi que de son frère, joueur de flûte ; on ajoute que plus tard il leur fit briser les jambes à tous deux, parce qu'ils s'étaient mutuellement reproché leur déshonneur.

Il ne se gêna pas non plus pour jouer avec la vie des femmes, même de noble condition, comme on put s'en convaincre par la mort d'une certaine Mallonia, qu'il avait séduite, mais qui refusait obstinément de se prêter à ses honteux caprices : il lui suscita des délateurs et, même en pleine accusation, ne cessa pas de lui demander si elle éprouvait du repentir ; à la fin, quittant le tribunal, elle se sauva chez elle et se transperça d'un poignard, après avoir flétri à haute voix le vice infâme de ce vieillard ignoble et répugnant. Aussi, pour les jeux qui suivirent, applaudit-on avec enthousiasme, dans une atellane servant d'épilogue, ce trait qui fit fortune :

Le vieux bouc lèche les parties naturelles des chèvres.

Vies des douze Césars. Tibère, 43-44

HOMÈRE
VIIIᵉ s. av. J.-C.

VIRGILE
Iᵉʳ s. av. J.-C.

CLAUDIEN
Vᵉ s. ap. J.-C.

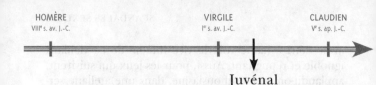

Juvénal

*Troisième femme de l'empereur Claude, qu'elle a été contrainte d'épouser très jeune, Messaline ne cesse de défrayer la chronique : multipliant les adultères, l'*augusta meretrix *(la putain impériale) ne dédaigne pas de se prostituer dans les bouges les plus sordides de Rome.*

SCANDALEUSE MESSALINE

Écoute ce que Claude a supporté. Dès que sa femme le voyait endormi, osant préférer un grabat à son lit du Palatin, l'auguste courtisane prenait deux capes de nuit et s'échappait avec une seule suivante. Ses cheveux noirs cachés sous une perruque blonde, elle entre dans la tiédeur du lupanar aux tapisseries usées ; une cellule vide lui est réservée, et là, sous l'inscription mensongère de « Lycisca », les seins maintenus par un réseau d'or, elle prostitue sa nudité et découvre ces flancs qui t'ont porté, ô généreux Britannicus. Elle accueille avec des cajoleries quiconque se présente, et réclame son salaire. Quand le tenancier congédie les filles, elle se retire à regret : tout ce qu'elle peut faire, c'est de clore la dernière sa cellule. Encore ardente du prurit de ses sens tout vibrants, elle s'en va, fatiguée de l'homme, mais non pas rassasiée. Hideuse avec ses joues plombées que souille la suie de la lampe, elle apporte au lit impérial les relents du lupanar.

Satires, VI, 114-132

HOMÈRE
VIIIe s. av. J.-C.

VIRGILE
Ier s. av. J.-C.

CLAUDIEN
Ve s. ap. J.-C.

Tacite

Pauvre Claude ! Il porte plus souvent des cornes que des lauriers ! Esclave de sa femme ou de sa lâcheté, il hésite à mener à bien l'exécution, qu'il a pourtant commanditée, de son épouse. La mort de celle-ci est tout aussi indigne que sa vie.

MORTE LA TÊTE DANS LE RUISSEAU

Cependant Messaline, revenue dans les jardins de Lucullus, cherchait à prolonger sa vie, à composer une supplique, non sans un reste d'espoir et avec des accès de colère : tant elle montrait d'orgueil en cette extrémité ! Et si Narcisse n'avait pas hâté son meurtre, le coup retombait sur l'accusateur. En effet, Claude, rentré chez lui et adouci par un festin prolongé, une fois échauffé par le vin, ordonne qu'on aille signifier à la malheureuse – ce fut, dit-on, le mot qu'il employa – de se présenter le lendemain pour plaider sa cause. À ces mots, on comprit que la colère faiblissait, que l'amour revenait et, si l'on temporisait, on redoutait la nuit prochaine et le souvenir du lit conjugal ; Narcisse bondit et enjoint aux centurions et au tribun de garde d'accomplir le meurtre : tel était l'ordre de l'empereur. Pour les surveiller et presser l'exécution, on leur adjoint l'affranchi Evodus. Celui-ci courut aux jardins en prenant les devants, et il trouva Messaline étendue à terre, ayant près d'elle sa mère Lepida, qui, brouillée avec sa fille en pleine prospérité, avait été, en ces moments suprêmes, réduite à la compassion et qui lui conseillait de ne pas attendre le meurtrier : c'en était fait de sa vie et il ne lui restait qu'à rendre sa mort honorable. Mais cette âme, corrompue par les débauches, n'avait plus rien de noble ; les larmes et les plaintes stériles se prolongeaient, quand les arrivants forcèrent la porte, et le tribun se dressa devant elle en silence, tandis que l'affranchi se répandait en injures, bien dignes d'un esclave.

Annales, XI, 37

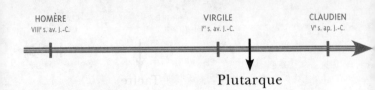

HOMÈRE
VIIIᵉ s. av. J.-C.

VIRGILE
Iᵉʳ s. av. J.-C.

CLAUDIEN
Vᵉ s. ap. J.-C.

Plutarque

Scandale : Publius Clodius s'est déguisé en joueuse de harpe pour séduire la femme de César… et ça s'est su !

HARPISTE DUVETEUSE

Cependant cette préture ne fut marquée par aucun trouble politique, mais un incident désagréable pour César se produisit dans sa maison. Publius Clodius était un homme de naissance patricienne, remarquable par sa fortune et par son éloquence, mais qui, pour l'audace et l'insolence ne le cédait à aucun des Romains décriés à cause de leur dépravation. Il aimait Pompeia, l'épouse de César, qui, elle-même, n'était pas insensible à sa passion. Seulement, le gynécée était rigoureusement gardé, et la mère de César, Aurelia, personne d'une grande sagesse, veillait sans cesse autour de la jeune femme, et rendait la rencontre des amants difficile et dangereuse pour eux. Les Romains ont une divinité qu'ils appellent la Bonne Déesse, et les Grecs, Gynaecéia ; les Phrygiens, qui la revendiquent pour eux, prétendent qu'elle était la mère du roi Midas ; les Romains voient en elle une nymphe des bois, épouse de Faunus ; les Grecs enfin, une des mères de Dionysos, celle qu'il est interdit de nommer. De là vient que les femmes qui célèbrent sa fête couvrent leurs tentes de sarments de vignes et qu'un serpent sacré est placé près de l'image de la déesse, conformément au mythe. Alors il n'est permis à aucun homme de participer à la célébration des mystères ni de se trouver dans la maison où elle a lieu ; les femmes, demeurées seules et entre elles, accomplissent, dit-on, dans leur service religieux beaucoup de rites analogues à ceux de l'orphisme. En conséquence, lorsqu'arrive la date de la fête, le consul ou le préteur sort de chez lui, ainsi que tous les mâles du logis ; sa femme prend possession de la maison et la dispose comme il convient. Les cérémonies les plus importantes se font de nuit, et cette fête nocturne est mêlée de divertissements, où la musique tient une large place.

Comme, cette année-là, la fête était célébrée par Pompeia, Clodius, qui était encore imberbe et qui espérait passer ainsi inaperçu, prit les vêtements et l'attirail d'une joueuse de harpe et vint à la maison sous l'apparence d'une jeune femme. Il trouva la porte ouverte et fut introduit en toute sécurité par une servante qui était complice et qui courut avertir Pompeia. Mais un certain temps s'écoula, pendant lequel Clodius, n'ayant pas la patience d'attendre à l'endroit où on l'avait laissé, se mit à errer dans la maison, qui était grande, en essayant d'éviter les lumières. Une suivante d'Aurelia le rencontra et, croyant s'adresser à une femme, elle l'invita à jouer un air. Comme il refusait, elle le tira au milieu de la pièce et lui demanda qui elle était et d'où elle venait. Clodius répondit qu'il attendait la servante favorite (*habra*) de Pompeia (Habra était justement son nom), mais sa voix le trahit, et la suivante s'élança aussitôt vers les lumières et vers l'assemblée en criant qu'elle avait surpris un homme. L'épouvante saisit les femmes ; Aurelia fit cesser la cérémonie et voiler les objets sacrés, puis elle ordonna de fermer les portes et parcourut la maison avec des flambeaux à la recherche de Clodius. On le trouva réfugié dans la chambre de la jeune servante qui l'avait introduit. Les femmes le reconnurent et le jetèrent à la porte. Puis aussitôt, alors qu'il faisait encore nuit, elles sortirent et allèrent conter l'affaire à leurs maris. Avec le jour, le bruit se répandit par la ville que Clodius avait commis un sacrilège et qu'il devait une satisfaction non seulement à ceux qu'il avait outragés, mais encore à la cité et aux dieux. En conséquence, un des tribuns de la plèbe le poursuivit pour impiété, tandis que les sénateurs les plus influents se groupaient contre lui et attestaient qu'entre autres abominations il s'était rendu coupable d'inceste avec sa sœur, qui était la femme de Lucullus. Mais leurs efforts se heurtèrent à l'opposition du peuple, qui défendit Clodius et lui fut d'un grand secours auprès des juges effrayés et redoutant la foule. César répudia aussitôt Pompeia, mais, appelé au procès comme témoin, il déclara qu'il ne savait rien des faits reprochés à Clodius. Cette déclaration parut étrange, et l'accusateur lui demanda : « Pourquoi donc as-tu répudié ta femme ? » « Parce que, répondit-il, j'ai estimé que la mienne ne devait pas même être soupçonnée. » Les uns prétendent qu'en parlant ainsi César était sincère ; les autres, qu'il voulait plaire au peuple, bien décidé à sauver Clodius. Quoi qu'il en soit, Clodius fut absous de l'accusation qui pesait sur lui, la plupart des juges ayant écrit leur verdict de façon illisible : ils voulaient ainsi éviter à la fois de s'exposer au danger devant la foule par une condamnation, et de perdre leur réputation auprès des nobles par un acquittement.

Vies. César, 9-10

HOMÈRE
VIII° s. av. J.-C.

VIRGILE
I° s. av. J.-C.

CLAUDIEN
V° s. ap. J.-C.

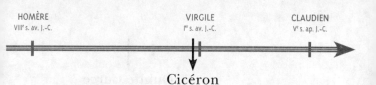

Cicéron

On peut reprocher à Cicéron de ne pas avoir toujours eu une lucidité de premier ordre sur le parti à prendre en temps de crise. Mais on ne peut lui dénier du courage lorsqu'il s'attaque aux mœurs de Marc Antoine dans un sommet d'invective politique. Ce dernier s'en souviendra, ce qui coûtera la vie à l'orateur.

MARC ANTOINE EN GRANDE FOLLE

Tu as pris la toge virile et aussitôt tu en as fait une toge féminine. D'abord prostituée offerte à tous ; prix fixé pour ton infamie et c'était bien payé. Mais bientôt survint Curion, qui t'enleva au métier de courtisane et qui, comme s'il t'avait donné la robe des matrones, t'a établi en un mariage stable et régulier. Jamais jeune esclave acheté pour le plaisir ne fut sous la puissance de son maître aussi complètement que toi sous celle de Curion. Combien de fois son père t'a-t-il chassé de sa maison ? Combien de fois a-t-il aposté des gardiens pour t'en interdire l'accès ? Et toi, cependant, avec la complicité de la nuit, stimulé par le plaisir, cédant à l'appât du gain, tu te laissais glisser par le toit.

Philippiques, II, 44-45

HOMÈRE
VIIIᵉ s. av. J.-C.

VIRGILE
Iᵉʳ s. av. J.-C.

CLAUDIEN
Vᵉ s. ap. J.-C.

Quinte Curce

Rien ne résiste au grand conquérant, pas même la reine des Amazones, ces femmes guerrières dont la légende voulait qu'elles se mutilent un sein pour porter leur carquois.

ALEXANDRE TOMBEUR D'AMAZONES

Il y avait, comme nous l'avons dit ci-dessus, à la frontière de l'Hyrcanie, la nation des Amazones ; elles occupaient, dans la région du Thermodon, les plaines de Thémiscyre. Elles avaient pour reine Thalestris, qui commandait à toute la contrée comprise entre le mont Caucase et le fleuve Phase. Brûlant du désir de voir le roi, Thalestris passa les frontières de son pays ; arrivée à proximité, elle dépêcha des gens pour annoncer à Alexandre la venue d'une reine qui souhaitait passionnément le rencontrer et le connaître. Admise immédiatement à le voir, elle laissa en arrière ses compagnes, sauf trois cents qui l'accompagnèrent, et elle s'avança ; aussitôt que le roi apparut à ses regards, elle sauta de son cheval, tenant deux lances à la main. Le vêtement des Amazones ne les couvre pas tout entières : car le côté gauche de la poitrine est nu, mais le reste, à partir de là, est voilé. Pourtant, les plis de leur robe, qu'elles retiennent par un nœud, ne tombent pas au-dessous du genou. Elles conservent un de leurs seins pour nourrir leurs enfants de sexe féminin : elles brûlent celui de droite pour tendre l'arc ou brandir les javelots avec plus de facilité. Sans trahir de frayeur, Thalestris regardait Alexandre, et ses yeux considéraient ce roi dont l'allure ne répondait nullement à la célébrité : car tous les Barbares respectent une taille majestueuse, et ils croient que, seuls, sont capables de grandes actions ceux qui doivent à un bienfait de la nature une prestance rare. Quand on l'interrogea pour savoir si elle avait quelque demande à formuler, elle reconnut, sans hésiter, qu'elle était venue pour avoir des enfants du roi : elle était digne de mettre au monde les héritiers de l'empire d'Alexandre ; elle conserverait la fille, rendrait le garçon au père. Alexandre lui demande si elle désirait s'allier à lui pour faire la guerre ; et elle, prétextant qu'elle avait abandonné son royaume sans personne pour le garder, elle insistait et lui demandait de ne pas la laisser partir déçue dans ses espérances. Les désirs amoureux de la femme étaient plus ardents que les siens ; et ils amenèrent le roi à s'arrêter quelque peu : treize jours furent consacrés à satisfaire la passion de la reine. Puis elle gagna son royaume, et Alexandre la Parthiène.

Histoires, VI, 5, 24-32

HOMÈRE
VIIIᵉ s. av. J.-C.

VIRGILE
Iᵉʳ s. av. J.-C.

CLAUDIEN
Vᵉ s. ap. J.-C.

Plutarque

Sardanapale, le nom grec d'Assurbanipal, régna sur l'Assyrie de 669 à 627 avant J.-C. Dans l'Antiquité, les mœurs « à l'orientale » sont un euphémisme pour désigner le goût du luxe et de la dépravation. Sardanapale ne fait pas mentir la rumeur.

SARDANAPALE FOLLE DU DÉSERT

Sémiramis et Sardanapale avaient au départ le même pouvoir, le même empire. Or Sémiramis – une femme ! – équipait des flottes, armait des phalanges, bâtissait des Babylones, faisait le tour de la mer Rouge en soumettant les Éthiopiens et les Arabes. Au contraire, Sardanapale, dont la Nature avait fait un homme, filait la pourpre au fond de son palais, vautré, les pieds en l'air, parmi ses concubines ; et à sa mort on lui éleva une statue en pierre qui le représentait en train de danser tout seul, à la mode des Barbares, faisant claquer ses doigts au-dessus de sa tête, et on y grava cette inscription :

Mange, bois et fornique : tout le reste est néant.

Cratès, à la vue d'une statue d'or de la courtisane Phryné, qui se dressait à Delphes, s'écria que « c'était un trophée élevé par les Grecs au prix de leur dévergondage » : eh bien ! quand on examine la vie de Sardanapale ou son tombeau – car je pense que c'est tout un –, on a envie de dire que c'est un trophée élevé au prix des faveurs que lui prodigua la Fortune.

Œuvres morales. Fortune d'Alexandre, II, 3, 336 c-d

V

SEXE, DROGUE
&
ROCK'N'ROLL

PARADIS SENSUELS

« *Sex, and sex, and sex and sex and look at me* » s'époumone Mick Jagger dans *Shattered*. Le sexe est une composante essentielle de l'*habitus* du *people*. Ce dernier se doit d'avoir un comportement insolite, excessif, condamnable, mais dans tous les cas exceptionnel. Si dans l'Antiquité les exemples de dérive sont innombrables, en particulier chez les empereurs romains, la sexualité est surtout affaire de maîtrise de soi et s'inscrit dans un cadre bien déterminé. La pédérastie grecque s'articule ainsi autour de nombreux codes de société, très complexes[1]. Comme le rappelle Henri-Irénée Marrou, « l'amour des garçons a été, comme la nudité athlétique avec laquelle il est en rapport étroit, comme l'ont bien senti les Juifs du temps des Macchabées et les vieux Romains, un des critères de l'hellénisme, une des coutumes l'opposant le plus nettement aux "barbares", donc, pour lui, un des privilèges fondant la noblesse du civilisé ».

---

1. Sur ce point voir, dans la même collection, Sandra Boehringer en collaboration avec Louis-Georges Tin, *Homosexualité. Aimer en Grèce et à Rome*, Paris, Les Belles Lettres, 2010.

HOMÈRE
VIIIe s. av. J.-C.

VIRGILE
Ier s. av. J.-C.

CLAUDIEN
Ve s. ap. J.-C.

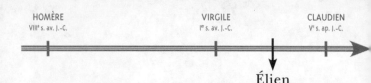

Élien

Ce rhéteur grec, grand amateur d'anecdotes, était connu pour son style délicat qui lui valut le qualificatif de « langue de miel » par Philostrate dans la Vie des sophistes. C'est donc en termes galants qu'il choisit de revenir sur des querelles d'amoureux, bien inoffensives.

CHERCHEUR DE NOISE

Le poète Agathon était aimé par Pausanias, celui du Céramique. C'est une rumeur répandue ; ce qui, en revanche, n'est pas connu de tous, je vais le raconter. Un jour, cet amant et son aimé arrivèrent chez Archélaos, qui n'était pas moins porté à l'amour qu'ami des Muses. Comme il voyait que Pausanias et Agathon se disputaient fréquemment, estimant que l'amant était traité avec dédain par son mignon, Archélaos demanda à Agathon ce qu'il cherchait en s'attaquant si souvent à celui qui l'aimait plus que tout autre. Il répondit : « Je te le dirai, roi : je ne suis pas querelleur à son égard ni n'agis ainsi par grossièreté. S'il est vrai que je m'y connais un peu en caractères pour toutes sortes de raisons mais surtout de par mon art poétique, j'ai découvert qu'il est très agréable pour ceux qui sont amoureux de se réconcilier avec leurs mignons après une dispute, et je suis même convaincu que rien ne leur arrive d'aussi plaisant. Je lui offre donc souvent ce bonheur, me disputant maintes fois avec lui : il se réjouit en effet lorsque je mets fin à la dispute, ce qui, à son égard, se produit chaque fois. Si en revanche j'évitais les divergences et restais dans la routine, il ne connaîtrait pas ce changement. » Archélaos loua ces propos, à ce que dit l'histoire.

Histoire variée, II, 21

HOMÈRE
VIIIe s. av. J.-C.

VIRGILE
Ier s. av. J.-C.

CLAUDIEN
Ve s. ap. J.-C.

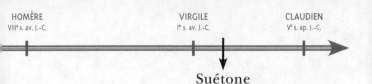

Suétone

Domitien eut le parcours trop classique d'un empereur d'abord modéré et éclairé, puis sombrant progressivement dans une paranoïa grandissante qui s'exerça en particulier contre les philosophes stoïciens. Pourtant, tout comme ces derniers, qui suivaient les préceptes de leur maître Musonius Rufus les exhortant à l'« askèsis » ou ascèse, soit « l'exercice par excellence de soi sur soi » selon Michel Foucault, Domitien ne rechigne pas à pratiquer une forme toute personnelle de sport.

GYMNASTIQUE AU LIT DE DOMITIEN
« ÉPILANT LUI-MÊME SES CONCUBINES »

Il avait trop de passion pour les plaisirs de l'amour, qu'il appelait « sa gymnastique de lit », les mettant au rang des exercices du corps. Il s'amusait, à ce qu'on prétend, à épiler lui-même ses concubines, et il se baignait avec les plus viles prostituées. Marié à Domitia, il refusa obstinément d'épouser la fille, encore vierge, de son frère ; et dès qu'elle fut l'épouse d'un autre, il la séduisit, du vivant même de Titus. Quand elle eut perdu son père et son époux, il montra pour elle une passion des plus violentes : il fut même cause de sa mort, en la contraignant de se faire avorter.

Vies des douze Césars. Domitien, 22

PARADIS ARTIFICIELS

L'intéressante série américaine *Rome*, aussi sérieusement documentée soit-elle, attribue à Cléopâtre une addiction qui, si elle n'est pas absolument invraisemblable, s'avère hautement improbable. On y voit la souveraine fumer lascivement de l'opium, alors que son usage, s'il était répandu en Égypte, se faisait exclusivement sous forme liquide, pour calmer notamment les maux dentaires. Cette destination thérapeutique est manifeste dans une lettre de Galien à l'empereur Marc Aurèle en 175. Ce dernier se voit réprimandé par son médecin, car il semble prendre goût à l'opium pour calmer ses maux de tête et insomnies. Quant à Ovide, dans les *Fastes*, il conseille de mêler du « pavot broyé à du miel et du lait », car c'est ainsi que Vénus tomba follement amoureuse de son mari. De ce point de vue, les philtres d'amour sont très bien connus et largement répandus dans l'Antiquité, comme l'a montré Christopher Faraone dans son ouvrage consacré au lien entre magie et amour. Toutefois, l'usage récréatif des drogues tel que nous le connaissons aujourd'hui demeure pour une grande part difficilement vérifiable chez les Anciens. Cléopâtre en reine-junkie est donc un rêve de scénariste hollywoodien. Est-ce bien une surprise ?

HOMÈRE
VIIIᵉ s. av. J.-C.

VIRGILE
Iᵉʳ s. av. J.-C.

CLAUDIEN
Vᵉ s. ap. J.-C.

Homère

C'est finalement chez Homère que l'on trouve le plus de référence à différentes drogues ou remèdes, le mot étant équivalent en grec, dont les vertus peuvent être variables. Alors qu'Ulysse entend porter secours à ses compagnons transformés en pourceaux par Circé, Hermès lui confie une étrange herbe de vie pour contrer les drogues néfastes de la magicienne.

UN BRIN DE MOLU

EURYLOQUE. – Ne me remmène pas, ô nourrisson de Zeus ! Je ne veux pas aller ! Je veux rester ici ! Je sais que, toi non plus, tu ne reviendras pas : tu ne nous rendras pas un seul de tous les autres ! Ah ! fuyons au plus vite avec ceux que voilà ; nous pourrions éviter encore le jour fatal.

À ces mots d'Euryloque, aussitôt je réponds :

ULYSSE. – Euryloque, tu peux ne pas bouger d'ici. Au flanc du noir vaisseau, reste à manger et boire. Moi, je pars : le devoir impérieux est là.

Et je quitte, à ces mots, le navire et la mer.

Je venais de passer par le vallon sacré et j'allais arriver à la grande demeure de Circé la drogueuse, quand, près de la maison, j'ai devant moi Hermès à la baguette d'or. Il avait pris les traits d'un de ces jeunes gens dont la grâce fleurit en la première barbe.

Il me saisit la main, me dit et me déclare :

HERMÈS. – Où vas-tu, malheureux, au long de ces coteaux, tout seul, et dans ces lieux que tu ne connais pas ? Chez Circé, où tes gens transformés en pourceaux sont maintenant captifs au fond des soues bien closes ? Tu viens les délivrer ? Tu n'en reviendras pas, crois-moi : tu resteras à partager leur sort… Mais je veux te tirer du péril, te sauver. Tiens ! c'est l'herbe de vie ! avec elle, tu peux entrer en ce manoir, car sa vertu t'évitera le mauvais jour. Et je vais t'expliquer les desseins de Circé et tous ses maléfices. Ayant fait

144

son mélange, elle aura beau jeter sa drogue dans ta coupe : le charme en tombera devant l'herbe de vie que je vais te donner. Mais suis bien mes conseils : aussitôt que, du bout de sa longue baguette, Circé t'aura frappé, toi, du long de ta cuisse, tire ton glaive à pointe et, lui sautant dessus, fais mine de l'occire ! Tremblante, elle voudra te mener à son lit ; ce n'est pas le moment de refuser sa couche ! songe qu'elle est déesse, que seule elle a pouvoir de délivrer tes gens et de te reconduire ! Mais fais-la te prêter le grand serment des dieux qu'elle n'a contre toi aucun autre dessein pour ton mal et ta perte, que, t'ayant là sans armes, elle ne fera rien pour te prendre ta force et ta virilité.

Ayant ainsi parlé, le dieu aux rayons clairs tirait du sol une herbe, qu'avant de me donner, il m'apprit à connaître : la racine en est noire, et la fleur, blanc de lait ; « molu » disent les dieux ; ce n'est pas sans effort que les mortels l'arrachent ; mais les dieux peuvent tout. Puis Hermès, regagnant les sommets de l'Olympe, disparut dans les bois.

Au manoir de Circé, j'entrais : que de pensées bouillonnaient dans mon cœur !

Odyssée, X, 280-319

Dans la série « La drogue, ce fléau qui nous concerne tous », la prévention pourrait peut-être s'enrichir de l'exemple des Lotophages, les « mangeurs de lotus », dont Ulysse lors de son périple fait la rencontre et qui lui offrent de partager leur oubli. La plante n'a pourtant aucune caractéristique propre aux narcotiques ni n'entraîne de perte de mémoire, même si elle est connue pour stimuler l'activité sexuelle. Même cela, les Lotophages semblent l'avoir oublié.

LES LOTOPHAGES

Le dixième nous met aux bords des Lotophages, chez ce peuple qui n'a, pour tout mets, qu'une fleur.

On arrive ; on débarque ; on va puiser de l'eau, et l'on prépare en hâte le repas que l'on prend sous le flanc des croiseurs. Quand on a satisfait la soif et l'appétit, j'envoie trois de mes gens reconnaître les lieux, – deux hommes de mon choix, auxquels j'avais adjoint en troisième un héraut. Mais, à peine en chemin, mes envoyés se lient avec des Lotophages qui, loin de méditer le meurtre de nos gens, leur servent du lotos. Or, sitôt que l'un d'eux goûte à ces fruits de miel, il ne veut plus rentrer ni donner de nouvelles.

Je dus les ramener de force, tout en pleurs, et les mettre à la chaîne, allongés sous les bancs, au fond de leurs vaisseaux. Puis je fis rembarquer mes gens restés fidèles : pas de retard ! à bord ! et voguent les navires ! J'avais peur qu'à manger de ces dattes, les autres n'oubliassent aussi la date du retour.

Mes gens sautent à bord et vont s'asseoir aux bancs, puis, chacun en sa place, la rame bat le flot qui blanchit sous les coups.

Odyssée, IX, 84-104

Voici quasiment le seul exemple attesté d'une drogue qui provoque le réconfort. Il s'agit du fameux pharmakon *d'Hélène, qualifié de « népenthès », soit « qui dissipe la douleur ». Alors que Télémaque se trouve à Sparte pour obtenir des nouvelles de son père, celle par qui le malheur est arrivé entend calmer les souffrances des Achéens, qui se rappellent tous leurs malheurs en pays troyen.*

DOUCEUR DE L'OUBLI

Mais la fille de Zeus, Hélène, eut son dessein. Soudain, elle jeta une drogue au cratère où l'on puisait à boire : cette drogue, calmant la douleur, la colère, dissolvait tous les maux ; une dose au orstère empêchait tout le jour quiconque en avait bu de verser une larme, quand bien même il aurait perdu ses père et mère, quand, de ses propres yeux, il aurait devant lui vu tomber sous le bronze un frère, un fils aimé !... remède ingénieux, dont la fille de Zeus avait eu le cadeau de la femme de Thon, Polydamna d'Égypte : la glèbe en ce pays produit avec le blé mille simples divers ; les uns sont des poisons, les autres, des remèdes ; pays de médecins, les plus savants du monde, tous du sang de Pæon.

Dès qu'Hélène eut jeté sa drogue dans le vin et fait emplir les coupes, elle prit à nouveau la parole et leur dit :

HÉLÈNE. – Ménélas, fils d'Atrée, le nourrisson de Zeus, et vous aussi, les fils de pères glorieux, c'est Zeus qui, pouvant tout, nous donne tour à tour le bonheur et les maux. Mais ce soir, laissez-vous aller en cette salle au plaisir des discours comme aux joies du festin. Écoutez mon récit : il est de circonstance.

Odyssée, IV, 219-239

147

HOMÈRE
VIIIᵉ s. av. J.-C.

VIRGILE
Iᵉʳ s. av. J.-C.

CLAUDIEN
Vᵉ s. ap. J.-C.

Plutarque

Comme le chante Théognis : « Vin, on ne peut sans réserve te haïr ou t'aimer. Il y a en toi du bon et du mauvais. Qui pourrait te condamner ? Mais quel est l'homme de bon sens qui pourrait faire ton éloge ? » Boire avec mesure est l'une des manifestations de la tempérance. Le goût pour le vin et l'incapacité à se maîtriser sous l'effet de l'ivresse est la marque de l'intempérant, qui « mène à l'insolence et à la grossièreté », selon Plutarque dans ses Propos de table. *Marc Antoine apparaît ici en rustre, capable de tous les excès et incapable de se contrôler.*

MARC ANTOINE EN BUKOWSKI

Cependant Dolabella, alors tribun du peuple, homme jeune et porté au changement, proposa une amputation des dettes, et il voulut persuader Antoine, qui était son ami et qui cherchait toujours à plaire au peuple, de le seconder et de s'associer à cette mesure politique. Mais Asinius et Trebellius lui conseillaient le contraire, et il se trouva qu'Antoine conçut un terrible soupçon : il se crut outragé dans la personne de sa femme par Dolabella. Prenant très mal cette affaire, il chassa de chez lui son épouse, qui était sa cousine germaine (étant fille de Caïus Antonius, celui qui avait été consul avec Cicéron), et il se rangea au parti d'Asinius pour entrer en lutte avec Dolabella. Celui-ci s'étant emparé du Forum afin de faire passer de force sa loi, Antoine, muni d'ailleurs d'un décret du Sénat portant qu'il fallait employer les armes contre Dolabella, marcha sur lui, engagea le combat, lui tua quelques-uns de ses partisans et perdit lui-même un certain nombre des siens. La foule en ressentit pour lui de la haine ; quant aux gens honnêtes et sages, comme le dit Cicéron, ils n'approuvaient pas le reste de sa conduite : ils le détestaient, ils avaient en horreur ses beuveries à des heures indues, ses dépenses scandaleuses,

ses ébats avec les filles, son habitude de dormir en plein jour, de se promener et de flâner en cuvant son vin, et, la nuit, ses bruyantes parties de plaisir, sa présence aux théâtres, aux mariages des mimes et des bouffons. On dit en tout cas qu'au repas de noces du mime Hippias il passa la nuit à boire, et que, le lendemain matin, le peuple l'appelant au Forum, il se présenta tellement gorgé de nourriture qu'il vomit sur le manteau que lui tendit un de ses serviteurs. Il y avait aussi le mime Sergius, un de ceux qui avaient le plus de crédit auprès de lui, et une femme qu'il aimait, Cythéris, qui appartenait à la même troupe d'acteurs. Dans toutes les villes où il se rendait, il la faisait porter dans une litière, qui était accompagnée d'autant de serviteurs que celle de la mère d'Antoine. On s'affligeait aussi du spectacle des coupes d'or promenées dans ses déplacements comme dans des processions, des tentes dressées sur son chemin, de ses somptueux repas servis près des bois sacrés et des rivières, des lions attelés à ses chars, des maisons d'hommes et de femmes honnêtes assignées comme logement à des prostituées et à des joueuses de sambuque. On trouvait révoltant, alors que César lui-même bivouaquait hors d'Italie pour éteindre les restes de la guerre au prix de fatigues et de dangers immenses, de voir que d'autres, grâce à lui, outrageaient par leur vie de plaisirs les citoyens.

Vies. Antoine, 9

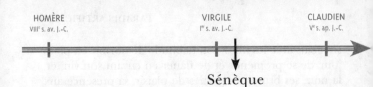

HOMÈRE
VIIIe s. av. J.-C.

VIRGILE
Ier s. av. J.-C.

CLAUDIEN
Ve s. ap. J.-C.

Sénèque

Lorsque ce ne sont pas des paradis artificiels qui font perdre aux hommes toute mesure et toute lucidité, l'action des dieux peut provoquer perte de conscience et hallucinations aux conséquences tragiques. Ajax est privé de raison sous l'influence d'Athéna, au point de prendre des troupeaux de bêtes pour Agamemnon et Ménélas et de les massacrer. De même Hercule voit son ennemie jurée, la déesse Junon, lui envoyer l'aiguillon de Furor, la folie furieuse, le poussant à massacrer femme et enfants.

VERY BAD TRIP D'HERCULE

AMPHITRYON. – Quel est ce mal soudain ? Pourquoi mon fils, portes-tu de tous côtés des regards chargés de violence et vois-tu de tes yeux égarés un ciel imaginaire ?

HERCULE. – La terre a été totalement domptée, les flots déchaînés ont cédé, le royaume des Enfers a éprouvé mes assauts ; le ciel est demeuré à l'abri : voici un Travail digne d'Alcide[1]. Que je m'en aille vers les airs, vers les hauteurs du ciel, que je gagne l'éther : mon père me promet les astres. Et s'il refusait ? La terre ne peut plus contenir Hercule, elle le rend enfin à ceux d'en haut. Voici que, de sa propre initiative, toute l'assemblée des dieux m'appelle et m'ouvre ses portes, malgré l'opposition d'une seule déesse. Me reçois-tu et m'ouvres-tu le firmament ? Faudrait-il que j'arrache la porte d'un ciel rebelle ? On hésite encore ? Je vais débarrasser Saturne de ses chaînes et contre la royauté tyrannique et l'impiété d'un père libérer mon aïeul ; que les Titans s'apprêtent à combattre sous mes ordres avec toute leur fureur ; j'arracherai et rochers et forêts, j'emporterai de ma main droite les collines chargées de Centaures. Puis, avec deux monta-

1. Autre nom d'Hercule.

gnes, je me ferai un chemin vers ceux d'en haut : que Chiron voie son Pélion sous l'Ossa. L'Olympe, troisième marche vers le ciel, le touchera ou y sera projeté.

AMPHITRYON. – Écarte au loin des pensées abominables ; maîtrise les impulsions démentes d'un cœur qui, quelle que soit sa grandeur, n'a plus toute sa santé.

HERCULE. – Qu'est-ce ? Les funestes Géants mettent en action leurs armes. Tithyos s'est enfui du séjour des ombres et avec sa poitrine déchirée et vide, comme il se dresse touchant presque le ciel ! Le Cithéron chancelle, la haute Pallène tremble et, avec elle, Tempé, la Macédonienne. L'un a arraché les sommets du Pinde, l'autre l'Oeta, Mimas est dans une fureur redoutable. L'Érinye porteuse de flammes fait retentir son fouet en l'agitant et tend de plus en plus près de mon visage des brandons pris à un bûcher funèbre ; la cruelle Tisiphone, la tête entourée de serpents comme d'une palissade, a obstrué la porte laissée libre après l'enlèvement du chien en faisant barrage avec sa torche. Mais voici que se cache la descendance du roi, mon ennemi, l'abominable semence de Lycus : ma main va vous rendre bientôt à votre odieux père. Que mon arc fasse partir ses flèches légères, car telle doit bien être la destination des flèches d'Hercule.

AMPHITRYON. – Où s'est précipitée son aveugle fureur ? Il a bandé son grand arc en rapprochant ses cornes, a ouvert son carquois, la flèche a sifflé en partant, – le trait a traversé le milieu du cou, en y laissant une blessure.

HERCULE. – Je vais déterrer le reste, de cette progéniture, en fouillant toutes les cachettes. Pourquoi tarder ? Une plus grande guerre m'attend à Mycènes : abattre, renverser de mes mains les murs des Cyclopes. Que ma massue frappe de tous côtés, fasse tomber la barre de la porte, brise ses montants ; que le faîte s'écroule sous la poussée ; tout le palais royal se découvre au jour ; j'y vois caché un fils du père criminel.

AMPHITRYON. – Voici que, tendant vers ses genoux des mains caressantes, il l'implore d'un ton pitoyable. Crime impie, sinistre, horrible à voir : de sa main droite, il a saisi l'enfant qui le suppliait, avec fureur il l'a fait tourner deux, trois fois, puis l'a lâché ; sa tête s'est fracassée et la maison est tout éclaboussée de sa cervelle qui a volé en éclats. Mais, misérable, abritant sur son sein son tout jeune fils, Mégare[2] sort de sa cachette, comme une folle.

HERCULE. – Tu aurais beau aller, dans ta fuite, chercher refuge sur le sein du Tonnant, ma main t'atteindra n'importe où et s'emparera de toi.

Hercule furieux, 953-1012

---

2. La femme d'Hercule.

ÉTOILES DE L'ARÈNE

Qui furent les véritables stars de l'Antiquité ? Paradoxalement, si l'on met de côté les figures intellectuelles ou qui incarnent le pouvoir, les authentiques vedettes populaires étaient plutôt des déclassés, mis au ban de la société. D'un côté, les gladiateurs, sortes de brutes sanguinaires, fascinaient pour leur mélange de force brutale et de virilité exacerbée. Les jeux étaient d'autant plus courus par la population qu'ils étaient rares (les spectacles étaient coûteux et il y avait généralement à Rome tout au plus un à deux combats de gladiateurs par an). Saint Augustin, dans ses *Confessions*, témoigne du pouvoir de ces luttes qui frappaient l'imagination des plus réfractaires, comme celle de son ami Alypius. Ce dernier finit par « se désaltérer de la cruauté de ce spectacle », vaincu par les cris et l'enthousiasme jaillissant des tribunes. De l'autre, les acteurs de théâtre étaient à Rome l'objet à la fois d'une vénération sincère et d'une marginalisation, puisqu'ils étaient privés de leurs droits de citoyens. L'utilisation de leur corps dans leur métier, notamment pour les mimes, les assimilait à des prostitué(e)s. Parmi ces stars, peu ont vu leur notoriété franchir les siècles, à l'exception notable de l'acteur comique Roscius, un proche de Sylla, ou du Thrace Spartacus ; quoique ce dernier brillât surtout en dehors de l'arène...

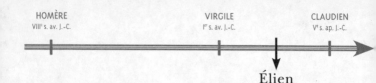

HOMÈRE
VIIIᵉ s. av. J.-C.

VIRGILE
Iᵉʳ s. av. J.-C.

CLAUDIEN
Vᵉ s. ap. J.-C.

Élien

Les concours de l'Antiquité grecque étaient l'occasion pour les cités de briller à travers les succès de leurs représentants. Pour les vainqueurs, outre la gloire apportée par leur victoire, les avantages pouvaient prendre d'autres formes qu'une simple couronne de laurier...

FACE AU CHAMPION

Dioxippe, l'athlète athénien vainqueur aux jeux Olympiques, fit son entrée triomphale à Athènes sur un char, comme c'est la coutume chez les athlètes. La foule accourait de partout et les gens s'agglutinaient pour le voir. Parmi eux il y avait une femme d'une beauté remarquable, qui était venue pour le spectacle. Dioxippe la vit, fut aussitôt conquis par sa beauté et ne réussit plus à détacher son regard de la femme. Il se tournait sans cesse vers elle et son visage prenait toutes les couleurs. Plusieurs personnes se rendirent compte alors que la vue de cette femme n'avait pas été sans effet sur lui. Ce fut surtout Diogène de Sinope qui s'aperçut de son changement et dit à ses voisins : « Voyez comment votre grand athlète perd la tête à cause d'une fille ! »

Histoire variée, XII, 58

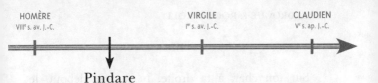

HOMÈRE
VIIIᵉ s. av. J.-C.

VIRGILE
Iᵉʳ s. av. J.-C.

CLAUDIEN
Vᵉ s. ap. J.-C.

Pindare

Le véritable poète des triomphes athlétiques fut Pindare. Dans les Pythiques, *Pindare chante notamment la gloire de Hiéron, le tyran de Syracuse, ou de Arcésilaos, le roi de Cyrène, tous deux vainqueurs à une course de chars à l'occasion des concours qui se déroulaient en l'honneur d'Apollon à Delphes. Mais ici, c'est Xénocrate d'Agrigente, et son fils Thrasybule, qui ont l'honneur d'entrer dans l'histoire grâce au poète.*

TRIOMPHE DE XÉNOCRATE

I

Écoutez : nous labourons le champ d'Aphrodite aux vives prunelles ; nous labourons le champ des Grâces, en marchant vers le temple qui contient le nombril de la terre aux sourds grondements ; là, pour les Emménides fortunés, pour Agrigente sise auprès de son fleuve, pour Xénocrate enfin s'élève, dans l'opulente vallée d'Apollon, le trésor des hymnes qu'ils ont mérités par leur victoire pythique ;

II

Sur lui peuvent fondre avec furie les pluies d'hiver, milice impitoyable des nuées aux sourds grondements, et les vents peuvent venir le battre avec elles, de tous les débris confus qu'ils emportent, sans l'entraîner jusqu'aux abîmes de la mer. Sa façade, illuminée d'une lumière pure, proclamera et fera redire par les hommes, ô Thrasybule, l'illustre victoire, commune à ton père et à sa race, remportée à la course des quadriges, dans les vallons de Crisa.

III

Sur ton char, à ta droite, tu mènes, debout, le Précepte que, dit-on, jadis, dans la montagne, le fils de Philyre répétait au robuste fils de Pélée, qu'il élevait loin de ses parents : « Honore plus que tous les Dieux le fils de Cronos, maître qui fait gronder la foudre et les éclairs, mais n'oublie pas de rendre honneur à tes parents, aussi longtemps que le destin fait durer leur vie. »

Pythiques, VI, 1-26

Juvénal

La satire VI de Juvénal est l'une des plus brillantes – et dis-cutées – du poète. Exclusivement centrée sur les femmes, elle s'en prend à leurs mœurs en perdition, sous la double influence du luxe et des coutumes orientales. Oublieuse de la fidélité originelle de la matrone romaine pour ses ancêtres, ses maris et ses enfants, la Romaine de la haute société, comme ici Eppia, s'encanaille désormais, quitte à se précipiter dans les bras d'un gladiateur au physique repoussant mais à la virilité indiscutable.

LES GLADIATEURS, BÊTES DE SCÈNE ET DE SEXE

Femme de sénateur, Eppia a suivi une troupe de cir-que jusqu'en Égypte, jusqu'au Nil, jusqu'aux infâmes bas quartiers d'Alexandrie, exposant Rome et l'extrava-gance de ses mœurs à encourir la censure de Canope, oubliant maison, mari, sœur, comptant pour rien sa patrie, déchaînée au point de laisser là sa progéniture en pleurs et même, tiens-toi bien, même les Jeux, même Pâris ! Elle qui toute petite avait dormi dans les berceaux garnis de plume et sanglés d'or d'un papa richissime, elle s'est moquée du péril de mer comme depuis tou-jours de son honneur, babiole qu'on largue comme rien du haut d'un palanquin bien suspendu, elle a supporté d'un cœur égal le roulis tyrrhénien et l'ample fracas de la houle ionienne, passant d'une mer l'autre aussi souvent qu'il a fallu ! Couru pour une cause honorable et juste, le danger les effraie, leur cœur se glace de saisissement, leurs jambes flageolent, ne peuvent plus les porter. C'est à oser des saloperies qu'elles réservent leur force d'âme. Quand le mari l'ordonne, c'est dur d'embarquer, et la sentine sent fort, et l'air du large fait tourner la tête ! Femme qui suit son amant a l'estomac marin. Les autres dégobillent sur leur mari, elle, elle mange au milieu des matelots, elle se promène sur le gaillard d'arrière, hale

157

joyeusement les gros cordages rêches... Mais quel est le physique qui a enflammé les sens d'Eppia, la jeunesse qui l'a ensorcelée, le séducteur qui lui a fait supporter d'être traitée de fille de cirque ? Le « beau Serge », en réalité, avait déjà commencé d'ébarber son menton, et ses biceps balafrés aspiraient à la réforme. Avec ça, défiguré de partout, énorme bosse au milieu du nez, comme polie par le frottement du casque, prunelle de velours suintant un pus perpétuel. Mais il était gladiateur. Ça en fait des Hyacinthes, ça passe avant les enfants, avant la patrie, avant la sœur, avant le mari. C'est le fer qu'elles aiment. Retraité à sabre de bois, le même Serge se serait mis à avoir l'air de Veienton.

Satires, VI, 82-113

HOMÈRE
VIIIe s. av. J.-C.

VIRGILE
Ier s. av. J.-C.

CLAUDIEN
Ve s. ap. J.-C.

Tacite

De Néron, certains ont gardé en mémoire l'interprétation de Peter Ustinov dans Quo vadis ?, *chantant devant Rome en feu, selon une rumeur véhiculée par Tacite et Suétone, ainsi que le fameux mot qu'il aurait prononcé alors qu'il était poignardé (« Qualis artifex pereo », soit « Quel artiste périt avec moi »). La petite histoire a tendance à faire oublier que Néron fut longtemps un empereur très apprécié du peuple pour sa générosité ainsi que pour les jeux qu'il donnait, plutôt haut de gamme d'ailleurs. Guère friand de combats de gladiateurs, Néron préférait des divertissements plus nobles comme le chant et la danse. Son amour de la Grèce et de son passé artistique le poussa à monter sur scène, à la fois comme chanteur et comme poète.*

NÉRON, *POP STAR* AUTOPROCLAMÉE

Cependant, pour ne pas se déshonorer encore sur un théâtre public, il institua des jeux, appelés fêtes des Juvénales, en vue desquels on s'inscrivit en foule. Ni la noblesse ni l'âge ou le fait d'avoir rempli des charges n'empêchèrent personne de pratiquer l'art d'un histrion grec ou latin et même de s'abaisser à des gestes et des chants indignes d'un homme. Bien plus, des femmes de haut rang vont jusqu'à étudier des rôles indécents. Et l'on construisit, dans le bois qu'Auguste avait planté autour de sa naumachie, des lieux de rendez-vous et des cabarets, et l'on y mit en vente tout ce qui incite à la luxure. On y distribuait des pièces de monnaie, à dépenser, les honnêtes gens par nécessité, les débauchés par gloriole. De là une montée des scandales et des infamies, et rien, dans la corruption déjà ancienne des mœurs, n'offrit un tel choix de séductions que ce cloaque. C'est à grand-peine que les pratiques honnêtes maintiennent la moralité ; à plus forte raison, dans cette émulation de vices, la chasteté, la retenue ou la moindre parcelle d'intégrité ne pouvaient être conservées. Le dernier, Néron monte lui-même sur la scène, mettant grand soin à essayer les cordes et à préluder, devant ses maîtres de chant. Il y avait là aussi une cohorte de soldats, des centurions, des tribuns et Burrus, affligé mais applaudissant. Et alors pour la première fois furent enrôlés des chevaliers romains, appelés Augustiani, remarquables par leur âge et leur vigueur, les uns de nature effrontée, les autres espérant se rendre influents. Ils passaient les jours et les nuits à faire retentir leurs applaudissements, vantant la beauté et la voix du prince en des termes réservés aux dieux, et, comme s'ils le devaient à leur mérite, ils obtenaient illustration et honneurs.

Cependant, pour que le renom de l'empereur ne fût pas limité aux arts du théâtre, il s'adonna aussi à la poésie, en s'entourant de quelques amateurs qui avaient un certain talent d'écrivains, mais encore peu de notoriété. Ceux-ci, après dîner, tiennent séance et assemblent les vers qu'il apportait ou qu'il improvisait sur place, en ajoutant à ses propres expressions, bien ou mal venues, des compléments, ce que reflète le style même de ces poésies, dénuées de verve et d'inspiration et ne coulant pas d'une même source. Il consacrait même aux maîtres de la sagesse quelques moments après le repas, et cela pour jouir de leur désaccord dans l'affirmation de thèses contraires. Et il ne manquait pas de gens pour désirer qu'on les vît avec leur mine et leur visage graves figurer parmi les divertissements de la cour.

Annales, XIV, 15-16

HOMÈRE
VIIIᵉ s. av. J.-C.

VIRGILE
Iᵉʳ s. av. J.-C.

CLAUDIEN
Vᵉ s. ap. J.-C.

Plutarque

*Le sévère Plutarque, en bon platonicien, se méfiait des arts
sous quelque forme que ce soit. Revenant sur la vie du très
controversé Sylla, il opère un lien révélateur entre la lente décom-
position de son corps et ses goûts artistiques douteux.*

UN AMATEUR NOMMÉ SYLLA

Sylla, consacrant à Hercule la dixième partie de sa
fortune, offrit au peuple de somptueux banquets, où les
provisions dépassèrent tellement les besoins que chaque jour on jetait des mots innombrables dans le fleuve
et que l'on but du vin vieux de quarante ans et même
davantage. Au milieu de ces festins qui durèrent plusieurs
jours, Metella tomba mortellement malade. Les prêtres
interdisant à Sylla de s'approcher d'elle et de souiller sa
maison par des funérailles, il lui intenta une procédure
de répudiation et la fit porter encore vivante dans une
autre maison. En agissant ainsi, il ne fit qu'observer strictement la règle par scrupule religieux ; mais ensuite il
transgressa la loi qu'il avait lui-même édictée pour fixer
les frais des funérailles, car il n'épargna aucune dépense.
Il viola de même ses propres prescriptions sur la frugalité
des repas, en se mettant à boire et à banqueter, parmi
des divertissements entremêlés de bouffonneries, pour
se consoler de son deuil.

Quelques mois plus tard fut donné un spectacle
de gladiateurs. Les places des deux sexes au théâtre
n'étaient pas encore séparées, et hommes et femmes s'as-
seyaient côte à côte. Le hasard fit qu'une femme d'une
grande beauté et d'une naissance illustre se trouvât près
de Sylla. C'était la fille de Messala et la sœur de l'orateur
Hortensius. Elle s'appelait Valeria, et venait justement
de divorcer. En passant derrière Sylla, elle appuya une
main sur lui et arracha un fil de son manteau, puis alla

161

prendre sa place. Sylla la regarda et s'étonna : « Il n'y a là, *imperator*, rien d'extraordinaire, dit-elle ; je veux seulement avoir moi aussi un peu de part à ta chance. » Sylla trouva ce propos plaisant et laissa voir aussitôt que son intérêt était éveillé, car il envoya demander le nom de cette femme et s'enquit de sa famille et de son genre de vie. À partir de là, ils échangent des œillades, se retournent sans cesse pour se regarder, se font des sourires et finalement s'entendent pour contracter mariage. Il se peut qu'en tout cela Valeria ait été sans reproche ; mais, même si elle était tout à fait chaste et vertueuse, Sylla ne l'épousa pas pour une cause honnête et noble ; il se laissa séduire, comme un jeune homme, par la beauté et la coquetterie, qui ont pour effet naturel d'éveiller les passions les plus honteuses et les plus impudentes.

Cependant, même lorsqu'il eut cette femme dans sa maison, il continua à vivre avec des actrices de mimes, des joueuses de cithare et des histrions, buvant dès le matin avec eux sur des lits de feuillage. Car les hommes qui jouissaient alors auprès de lui du plus grand crédit étaient le comédien Roscius, l'archimime Sorix et Métrobios, qui jouait en costume masculin des rôles de femmes. Bien que celui-ci eût dépassé la jeunesse, il ne cessa jamais d'être aimé par Sylla, qui ne s'en cachait pas.

Ce genre de vie aggrava une maladie, dont les débuts furent bénins. Il mit beaucoup de temps à s'apercevoir qu'il avait un abcès purulent à l'intestin, dont l'infection gâta toute sa chair et la changea en vermine. Plusieurs personnes étaient occupées nuit et jour à ôter ces parasites, mais ce qu'elles enlevaient n'était rien auprès de l'invasion nouvelle ; tous ses vêtements, sa baignoire, l'eau du bain et sa nourriture étaient infestés de ce flux de poux, tant ils pullulaient ! Plusieurs fois par jour il entrait dans l'eau pour se laver et se nettoyer, mais c'était là peine inutile : la pourriture le gagnait de vitesse, et la prolifération de la vermine résistait à tout lavage.

Vies. Sylla, 35-36

CAS PARTICULIER : LE GOUROU

La crise de mysticisme fait partie intégrante de la panoplie du *people* accompli. De la brutale conversion à une religion monothéiste à l'engagement prosélyte façon Tom Cruise, certaines stars trouvent dans la foi l'occasion d'expier leurs dérives passées ou de les racheter par un investissement financier conséquent. On a pu voir comment certains gourous avaient pu s'acheter une notoriété à peu de frais, à l'image de l'inénarrable Maharishi Yogi, qui parvint, l'espace de quelques jours, à être plus célèbre que les Beatles eux-mêmes qui venaient le visiter. Dans l'Antiquité, la richesse extrême et la diversité des cultes, favorisée sous l'Empire romain par une certaine tolérance des autorités à l'égard des nouvelles religions, provoquèrent parfois l'émergence d'étranges personnages, à même de profiter de la crédulité de tous, miséreux comme membres de l'élite.

HOMÈRE
VIIIe s. av. J.-C.

VIRGILE
Ier s. av. J.-C.

CLAUDIEN
Ve s. ap. J.-C.

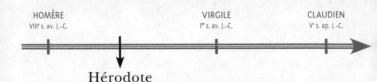

Hérodote

Delphes demeura très longtemps l'omphalos, le « nombril »
du monde religieux de l'Antiquité. On venait y visiter la Pythie,
la prêtresse d'Apollon inspirée par le dieu et qui prononçait des
vérités souvent moins obscures que ce que la rumeur a prétendu.
Dans le cas présent, Crésus, le roi de Lydie à la richesse pro-
verbiale, va lamentablement échouer dans son interprétation de
l'oracle, oubliant le non moins fameux précepte delphique gravé
sur le fronton du temple : « Connais-toi toi-même ».

CRÉSUS AU SANCTUAIRE DE DELPHES

Les Lydiens qui allaient conduire ces présents aux
sanctuaires furent chargés par Crésus de poser aux oracles
ces questions : Crésus devait-il faire la guerre aux Perses ?
et devait-il s'adjoindre des troupes alliées ? Arrivés aux
sanctuaires où on les avait envoyés, les Lydiens consacrè-
rent les offrandes ; puis ils interrogèrent les oracles en
ces termes : « Crésus, roi des Lydiens et d'autres peuples,
pensant qu'ici sont les seuls vrais oracles qu'il y ait au
monde, vous a fait don de présents dignes des marques
de votre sagacité : et il vous demande maintenant s'il
doit faire la guerre aux Perses et s'adjoindre des troupes
alliées. » Telles furent leurs questions ; et les avis expri-
més par l'un et l'autre oracle concordèrent : ils prédirent
à Crésus que, s'il faisait la guerre aux Perses, il détruirait
un grand empire, et ils lui conseillèrent de s'adjoindre
comme alliés ceux des Grecs qu'il aurait reconnus les
plus puissants. Quand les réponses eurent été rapportées
à Crésus et qu'il en eut pris connaissance, il se réjouit
extrêmement de ce que lui disaient les oracles ; plein
de l'espoir de détruire le royaume de Cyrus, il envoya
à Delphes de nouveau et fit don aux Delphiens, après
s'être enquis de leur nombre, de deux statères d'or par
homme. En récompense, les Delphiens accordèrent à

Crésus et aux Lydiens la promantie, l'atélie, la proédrie, et le droit pour quiconque d'entre eux le désirerait de devenir delphien, à tout jamais. Après les cadeaux faits aux Delphiens, Crésus consulta pour la troisième fois ; car, depuis qu'il avait reçu de l'oracle une réponse véridique, il y recourait sans mesure. Cette consultation fut pour demander si sa monarchie serait de longue durée. La Pythie répondit : « Quand un mulet sera roi des Mèdes, alors, Lydien aux pieds délicats, fuis le long de l'Hermos cailouteux, ne reste pas en place et n'aie pas honte d'être lâche. » Lorsque cette réponse fut parvenue à Crésus, il s'en réjouit encore bien plus que de toute autre chose, pensant qu'il était impossible à un mulet de régner sur les Mèdes à la place d'un homme, et que par conséquent ni lui ni ses descendants ne cesseraient jamais d'être les maîtres.

Histoires, I, 53-56

HOMÈRE
VIIIᵉ s. av. J.-C.

VIRGILE
Iᵉʳ s. av. J.-C.

CLAUDIEN
Vᵉ s. ap. J.-C.

Lucien

D'une curiosité sans limites, Lucien faisait également preuve d'une ironie cinglante, en particulier contre la religion. Marx lui-même ne déclarait-il pas que « les dieux grecs, une première fois tragiquement blessés à mort dans le Prométhée enchaîné *d'Eschyle, eurent à subir une seconde mort, la mort comique, dans les* Dialogues *de Lucien » ? Le voici dans la ville paphlagonienne d'Abonotique, sur la côte sud du Pont-Euxin, décrivant un culte oraculaire dont le chef de file et prophète Alexandre se prétend le porte-parole du dieu Glycon, un serpent aux longs anneaux.*

ALEXANDRE LE CHARLATAN

Il vaticinait donc et prophétisait, montrant dans ce métier la plus grande intelligence, combinant le hasard de la conjecture et la réflexion logique. Ses réponses étaient tantôt obliques et équivoques, tantôt franchement inintelligibles, car il estimait que l'obscurité totale était aussi une loi du genre oraculaire. Il retenait ou encourageait ses clients, selon l'hypothèse qui lui semblait la meilleure. À d'autres il ordonnait des traitements et des régimes, car il connaissait, comme je l'ai dit au début, beaucoup de drogues utiles. Il tenait en grand honneur ses « cytmides », nom qu'il avait forgé pour un onguent fortifiant à base de graisse d'ours. Mais si on lui parlait d'espérances, d'avancement, d'héritages, il en renvoyait toujours la réalisation à plus tard, en ajoutant : « Tout cela n'arrivera qu'au moment où je le voudrai, quand mon prophète Alexandre me l'aura demandé et m'aura prié pour vous. »

Le prix fixé pour chaque oracle était une drachme et deux oboles. Ne crois pas que ce fût peu, mon cher, et qu'il n'en tirât que de chétives ressources. Il ramassait dans les 70 000 à 80 000 drachmes par an, car ses clients insatiables lui demandaient de ses oracles par dix et quinze à la fois. Il est vrai que l'argent n'était pas pour lui seul. Il ne thésaurisait pas. Il avait déjà autour de lui une multitude d'auxiliaires : domestiques, informateurs, rédacteurs d'oracles, archivistes, scribes, scelleurs, interprètes, tous payés selon leur importance.

Déjà il envoyait jusqu'à l'étranger des émissaires chargés de faire de pays en pays une célébrité à l'oracle. Ils avaient pour mission de raconter qu'il signalait à l'avance et faisait retrouver les esclaves en fuite, découvrait les voleurs et les brigands, faisait déterrer des trésors, guérissait les malades, et déjà même avait ressuscité plusieurs morts.

Alors, ce fut la ruée et la bousculade. On venait de partout. Ce n'étaient que sacrifices et offrandes, dont le Prophète et disciple du dieu avait double part. Au surplus, cet oracle n'était-il pas sorti du sanctuaire :

Je vous dis d'honorer mon serviteur et interprète.
Je ne tiens pas aux richesses, mais je tiens à mon interprète.

Mais beaucoup de gens sensés, une fois cuvée, si je puis dire, cette profonde ivresse, se groupèrent contre lui, surtout les confréries d'épicuriens. Dans les villes, on surprenait peu à peu le secret de toute cette sorcellerie, on découvrait la mise en scène de la farce. Alors Alexandre joue de l'épouvantail. Il lance un oracle contre les incrédules : « Le Pont était rempli d'athées et de chrétiens qui osaient répandre sur lui les pires calomnies. Il ordonnait de les chasser à coups de pierres si l'on voulait conserver la faveur du dieu. » Quant à Épicure, voici l'oracle qu'il prononça sur lui. On lui demanda un jour : Que devient Épicure chez Hadès ? « Des chaînes de plomb aux pieds, répondit-il, il est assis dans la fange. »

Tu vois combien ces questions prouvent d'esprit et de culture chez les visiteurs. T'étonneras-tu maintenant de la gloire où atteignit l'oracle ?

Alexandre ou le faux prophète, 22-24

HOMÈRE
VIII° s. av. J.-C.

VIRGILE
I° s. av. J.-C.

CLAUDIEN
V° s. ap. J.-C.

Agathias

Agathias, historien et poète de Constantinople, vécut sous Justinien, le grand pourfendeur de l'hérésie et du paganisme. Son portrait d'Ouranios, un imposteur médiocre, qui parvient pourtant à séduire ses prestigieux interlocuteurs, est truffé de références qui témoignent de la paideia, *l'éducation, classique – et païenne – de son auteur.*

OURANIOS, GOUROU SYRIEN

Un certain Syrien d'origine, appelé Ouranios, circulait dans la ville impériale, en déclarant qu'il professait la médecine. Il ne possédait parfaitement aucune des doctrines d'Aristote, mais se vantait de savoir le plus de choses possible, en se targuant d'être un bon débatteur dans les discussions. Il se rendait souvent en effet devant le Portique impérial et, s'installant dans les librairies, il y engageait des discussions et tenait de grands discours à ceux qui se rassemblent là et qui discourent sur les thèmes habituels concernant le Tout-Puissant – quelle est selon eux sa nature et son essence, son caractère passible, son inconfusibilité et autres questions semblables. La plupart de ces gens, je pense, qui ne sont même pas allés chez le grammatiste et dont le mode de vie n'a rien de remarquable, estiment cependant qu'il est facile et extrêmement simple de tendre le pied, comme on dit, et de s'appliquer à la théologie, un domaine aussi sublime et inabordable, qui dépasse les possibilités des hommes et qu'on admire seulement parce qu'on ne le comprend pas. Aussi, se réunissant le plus souvent le soir, après une beuverie et une orgie, quand l'occasion s'en présente, ils se mettent comme ils le peuvent à ces discours supérieurs et ces recherches admirables, et en palabrant indéfiniment là-dessus, ils ne se convainquent pas eux-mêmes ni n'apprennent à revenir sur leur opinion, quelle qu'elle soit. Les mêmes défendent toujours les mêmes opinions, et pour finir ils se querellent et se fâchent les uns contre les autres, puis s'injurient ouvertement, en proférant des paroles inconvenantes, comme s'ils se battaient aux dés. C'est ainsi que « se termine leur débat », et ils se quittent mécontents, n'ayant ni apporté ni recueilli quelque chose d'utile et devenus les pires ennemis alors qu'ils étaient amis.

Parmi ces gens, Ouranios tenait la première place : comme le Thersite chez Homère, il criaillait et ne cessait de tenir de longs discours. Il était manifeste pourtant qu'il n'avait aucune opinion ferme sur Dieu et ne savait pas comment il faut, dans ce domaine, avancer ce qui paraît juste. Mais tantôt il s'opposait à la première question posée, tantôt il interrogeait sur les raisons des questions avant de répondre ; il ne permettait pas à la discussion de progresser de manière ordonnée, mais troublait ce qui était clair et éloignait la solution. Il avait la prétention d'approuver ce qu'on appelle l'empirisme éphectique et de faire ses réponses à la manière de Pyrrhon et Sextus, pour parvenir à la fin à l'ataraxie en estimant que rien ne peut être saisi par l'intelligence. Mais il n'avait pas même appris suffisamment cette doctrine, la survolant seulement çà et là et n'en saisissant que des données insignifiantes, et il ne pouvait tromper et égarer que des gens qui n'avaient reçu aucune éducation. Et s'il ne savait pas raisonner, il savait encore moins se conduire : lorsqu'il se rendait dans les demeures des riches, il se goinfrait abondamment des nourritures les plus variées, s'entretenait souvent avec Thériclès et, sous l'effet de l'ivresse, tenait des propos très honteux et licencieux ; il faisait rire de lui au point qu'il arrivait qu'on le frappe sur les joues et qu'on répande sur son visage le fond des coupes de vin ; c'était le jouet des invités au repas, comme les bouffons et les mimes. Or cet Ouranios, tel qu'il était, se rendait un jour chez les Perses, emmené par l'ambassadeur Aréobindos. Ce fourbe, cet imposteur était capable de se procurer une correction qu'il n'avait pas : il se revêtait sur-le-champ d'un habit des plus honorables, tel qu'en portent chez nous les maîtres d'éloquence et les professeurs, et c'est avec un visage grave et sérieux qu'il se rendait chez Chosroès. Celui-ci, frappé par ce spectacle étonnant, jugeant l'événement solennel et supposant qu'il était véritablement un philosophe (c'est ainsi en effet qu'il s'était fait appeler), le vit avec plaisir et le reçut avec bienveillance. Ayant ensuite convoqué les mages, il entra en discussion avec lui sur l'origine du monde, sur la nature, sur la question de savoir si cet univers serait sans fin et s'il fallait penser qu'il y avait un principe unique de toutes choses.

Dans ce débat, Ouranios n'avait rien de pertinent à dire, il n'avait pas d'idées sur le principe, mais simplement parce qu'il était sûr de lui et parlait avec faconde, il remportait la victoire, « ignorant parmi les ignorants », comme le dit quelque part Socrate dans le *Gorgias*. Ce stupide charlatan conquit à ce point le roi que celui-ci lui donna une forte somme d'argent, lui fit partager la table royale et but à sa santé, ce qu'il n'avait jamais fait pour quelqu'un d'autre ; il jura à plusieurs reprises qu'il n'avait jamais vu un homme pareil. Pourtant, antérieurement, il avait vu d'excellents et véritables philosophes, venus chez lui du même endroit.

Histoires, II, 29-30

VI

DANDYS
&
NOUVEAUX RICHES

DANDYS ANTIQUES

Faire de sa vie une œuvre d'art. Ce mot d'ordre caractéristique de la fin du XIXe siècle, le siècle de Barbey d'Aurevilly ou du comte de Montesquiou, incarnation rêvée du dandysme pour Jean Lorrain et Marcel Proust, trouve une étrange résonance dans l'Antiquité. Il n'est guère étonnant que, dans des sociétés rigides et codifiées comme l'étaient les sociétés grecques et romaines, certains comportements transgressifs, érigeant l'art comme valeur suprême, aient été avancés autant comme repoussoirs que comme curiosité. Charles Baudelaire, dans *Le Peintre de la vie moderne*, voyait dans le dandysme une révolte individualiste, marque d'une « espèce nouvelle d'aristocratie », « le dernier éclat d'héroïsme dans les décadences ». Le dandy antique, au contraire, incarne plutôt des formes opposées à l'héroïsme traditionnel, qui se conquérait généralement par la gloire au combat. À l'image de Properce, un poète élégiaque qui préfère chanter l'amour, une valeur proprement infamante pour les rudes mœurs latines, que la guerre, ceux qui privilégiaient une approche esthétique du monde, tournée vers des plaisirs raffinés, coûteux ou purement artistiques constituaient des *outsiders* inclassables, avec parfois une espérance de vie limitée. Surtout lorsqu'ils faisaient partie de l'entourage de l'empereur.

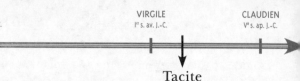

HOMÈRE
VIIIᵉ s. av. J.-C.

VIRGILE
Iᵉʳ s. av. J.-C.

CLAUDIEN
Vᵉ s. ap. J.-C.

Tacite

On ne sait toujours pas avec certitude si ce Petronius Arbiter décrit par Tacite, l'arbitre des élégances de la cour de Néron, est bien l'auteur de l'extraordinaire Satiricon. *Mais à (re)lire le portrait embarrassé que le sévère historien fait de lui, on comprend pourquoi plusieurs générations de chercheurs persistent à lui attribuer la paternité de ce roman décadent, porté aux nues par des Esseintes, le héros dandy du* À rebours *de Huysmans. Des Esseintes vante ce « roman réaliste, cette tranche découpée dans le vif de la vie romaine, sans préoccupation de réforme et de satire, sans besoin de fin apprêtée et de morale ». Il reste une énigme littéraire, à l'image de son supposé concepteur, dont la mort excentrique entend quelque peu « ringardiser » celle de Socrate.*

PÉTRONE, DANDY INDÉPASSABLE

Pétrone mérite un bref retour en arrière. De fait, il consacrait le jour au sommeil, la nuit aux devoirs et aux charmes de la vie ; si d'autres ont été portés à la renommée par l'activité, il y était arrivé, lui, par la nonchalance ; il ne passait pas pour un débauché et un dissipateur, comme la plupart de ceux qui dévorent leurs biens, mais pour un expert en jouissances. Et dans ses paroles et ses actions, plus il affichait d'abandon et un certain laisser-aller, plus on trouvait d'agrément et une apparence de simplicité. Cependant, proconsul en Bithynie, puis consul, il se montra énergique et à la hauteur des affaires ; puis, retombé dans ses vices, ou encore par un faux-semblant de vices, il fut admis par Néron au nombre de ses intimes, devenant l'arbitre du bon goût, en sorte que rien ne semblait agréable et délicat au prince, blasé par l'abondance, sauf ce que Pétrone lui avait recommandé. D'où la jalousie de Tigellinus, qui vit en lui un rival et un meilleur connaisseur des voluptés. Il provoque donc la cruauté du prince, devant laquelle cédaient toutes les autres passions, en imputant à Pétrone l'amitié de Scaevinus, après avoir corrompu un de ses esclaves en vue d'une dénonciation, lui avoir enlevé tout moyen de défense et avoir emprisonné la plus grande partie de sa domesticité.

Le hasard fit que César s'était rendu pendant ces jours en Campanie et que Pétrone l'avait suivi jusqu'à Cumes ; détenu dans cette ville, il ne supporta pas plus longtemps l'incertitude entre la crainte et l'espoir. Cependant il ne rejeta pas brusquement la vie : il se fit inciser, puis bander les veines, selon son caprice, puis les fit ouvrir à nouveau, en adressant à ses amis des propos qui n'avaient rien de sérieux et ne visaient pas à gagner un renom de fermeté ; et il entendait en retour, non des réflexions sur l'immortalité de l'âme et les maximes des sages, mais des poésies légères et des vers badins. À une partie de ses esclaves il fit donner des largesses, à certains des coups de fouet. Il prit part au repas, se livra au sommeil, pour que sa mort, quoique forcée, parût fortuite. Il ne rédigea même pas de codicille, comme la plupart de ceux qui périssaient, pour flatter Néron, Tigellinus ou quelque autre parmi les puissants ; mais il retraça en détail les ignominies du prince, en désignant nommément les débauchés et les courtisanes, avec l'originalité de chaque perversion, apposa son sceau sur cet écrit et l'envoya à Néron. Puis il brisa son cachet, afin d'éviter qu'on ne s'en servît ensuite pour fomenter des périls.

Annales, IV, XVI, 18-19

HOMÈRE
VIIIe s. av. J.-C.

VIRGILE
Ier s. av. J.-C.

CLAUDIEN
Ve s. ap. J.-C.

Philostrate

La seconde sophistique est un courant informel des premiers siècles de notre ère, que Philostrate nomme ainsi en référence à la première sophistique de Gorgias, Protagoras et Prodicos. Mais ces nouveaux sophistes n'ont plus grand-chose à voir avec leurs – très – anciens aînés. Là où les redoutables adversaires de Socrate s'inscrivaient dans les hautes sphères de la pensée, les sophistes de Philostrate brillent dans le maniement de l'éloge, de l'ekphrasis (la description d'œuvre d'art), du discours pour le discours, dans une sorte d'âge d'or logorrhéique. Parmi ceux-ci, quelques personnalités singulières et flamboyantes, à l'image de Favorinos qui, selon les termes de Tim Whitmarsh, « exploite un mélange de virilité et d'absence de virilité, manipulant avec flamboyance son anomalie dans la taxonomie des identités sexuelles ».

FAVORINOS D'ARLES SOPHISTE *QUEER*

Il était né double, c'est-à-dire hermaphrodite, et cela se voyait d'une part à son apparence, car même en grandissant il n'avait pas de barbe sur son visage, d'autre part à sa voix qui était aiguë, légère et haut perchée, comme la nature l'a donnée aux eunuques. Cependant, il était ardent en amour, au point d'être accusé d'adultère par un homme de rang consulaire. Quoiqu'il eût un différend avec l'empereur Hadrien, il n'en souffrit rien de grave. C'est de là qu'il se plaisait à dire, dans un style oraculaire, que sa vie avait été marquée par trois paradoxes : quoique Gaulois, il était hellénisé ; quoiqu'eunuque, il avait été poursuivi pour adultère ; quoiqu'il eût une dispute avec un empereur, il était toujours en vie.

Vie des sophistes, I, 8

NOUVEAUX RICHES

Comme le rappelle Paul Veyne, « richesse est vertu » dans l'Antiquité. Mais par richesse, il faut entendre la richesse héritée, celle des rentiers du sol, qui n'ont pas besoin de travailler pour vivre. En ce sens, « les notables du monde gréco-romain ne se considéraient pas comme supérieurs à la moyenne de l'humanité : ils estimaient qu'ils étaient l'humanité, pleine et entière, l'humanité normale ». Même pour un philosophe à tendance stoïcienne comme Sénèque, l'homme le plus riche de son époque (on estime que sa fortune équivalait à 10, voire 20 %... des revenus annuels de l'État romain), la richesse faisait partie des « préférables neutres ». Être riche ou pauvre, pour un philosophe, cela était indifférent, mais mieux valait tout de même être riche, afin de pratiquer la vertu dans de meilleures conditions. La hantise de l'élite gréco-romaine, ce sont les nouveaux riches, qui ont obtenu une fortune par un biais quelconque (héritage, affaires), indigne de l'homme libre. « Quand on voit un ex-barbier dont le coupe-chou fit crisser mon poil de jeune homme s'être amassé à lui seul assez de richesses pour ridiculiser tous les patriciens réunis des satires, le difficile serait de n'en pas écrire », constate Juvénal dans la profession de foi de sa satire inaugurale.

HOMÈRE
VIII° s. av. J.-C.

VIRGILE
I° s. av. J.-C.

CLAUDIEN
V° s. ap. J.-C.

Pétrone

Morceau de bravoure du Satiricon, *le festin offert par Trimalcion offre un panorama unique, dans toute la littérature antique, de cette classe sociale en pleine émergence que sont les affranchis. Anciens esclaves, ils obtenaient leur liberté parfois à la mort de leur maître, parfois de son vivant pour services rendus, et pouvaient même de temps en temps se retrouver à la tête de fortunes colossales. Le cas de Trimalcion est particulièrement éloquent, car il offre une biographie* in uiuo *d'un affranchi devenu un homme d'affaire inspiré. Avec ce portrait haut en couleur, c'est aussi, selon l'expression de Paul Veyne, un certain « esprit du capitalisme » qui est donné à voir.*

ASCENSION FULGURANTE DE TRIMALCION

Je suis venu d'Asie, je n'étais pas plus haut que ce chandelier. Pour vous dire, tous les jours j'avais l'habitude de me mesurer dessus, et pour avoir plus vite du poil au bec je me tartinais les lèvres avec l'huile de la lampe. J'ai quand même été quatorze ans le petit ami de Monsieur, il n'y a pas de honte si c'est le maître qui commande. Et puis tout de même je donnais aussi sa ration à Madame, vous voyez de quoi je parle, mais motus, je n'aime pas faire le flambard. Toujours est-il, ainsi le voulurent les dieux, j'en suis arrivé à diriger la maison et à m'emparer de la cervelle de Monsieur. Que dire de plus ? Il a légué ses biens à moi et à l'empereur, et j'ai reçu un patrimoine de sénateur. Mais on n'en a jamais assez. J'ai eu envie de me lancer dans les affaires. Je vous résume. Je fais construire cinq bâtiments, je les charge de vin (c'était de l'or à l'époque), je les envoie à Rome. À croire que je l'avais fait exprès, ils font tous naufrage. Sans blague, c'est la vérité. En un seul jour Neptune me bouffe trente millions de sesterces. Vous croyez que je me dégonfle ? Foutre d'Hercule, je digère la pilule comme rien, j'en fais construire d'autres, plus grands, meilleurs, plus rentables, pour que personne ne puisse dire que je ne suis pas un dur. Tu le sais, les grands cargos sont les plus costauds. J'embarque encore du vin, du lard, de la fève, des parfums, des esclaves. Cette fois-là, Fortunata a fait quelque chose de chic : tous ses bijoux, tous ses vêtements, elle les a vendus et elle m'a mis dans la main dix mille sesterces en deniers d'or. Ça a été le levain de mon pécule. Tout va très vite quand les dieux veulent. En un voyage je me refais une pelote de dix millions tout rond. De suite je rachète toutes les terres qui avaient été à mon patron, je construis une maison, j'achète des lots d'esclaves, de bêtes de somme. Tout ce que je touchais grossissait comme un rayon de miel. Quand je me suis retrouvé plus riche que tout le restant du pays, j'ai passé la main, je me suis retiré des affaires et je me suis mis à prêter aux affranchis. La vérité, c'était déjà mon idée de ne plus faire le négoce, mais j'y ai été encouragé par un astrologue qui venait justement d'arriver dans la colonie, un petit Grécoulos, il s'appelle Sérapa, il est capable de conseiller les dieux. Il m'a dit même des choses que j'avais oubliées, il m'a dévidé toute ma pelote de fil en aiguille, il voyait à l'intérieur de mes boyaux, c'est tout juste s'il ne m'a pas dit de quoi j'avais dîné la veille, à croire qu'il avait toujours habité avec moi. N'est-ce pas, Habinnas, tu y étais, je crois : « Tu t'es trouvé ta dame comme ci et comme ça, tu n'es pas heureux en amitié, jamais personne ne te revaut tes bienfaits, tu possèdes de grands domaines, tu nourris une vipère dans ton sein. » Et puis, pourquoi ne pas vous le dire, qu'il me reste encore présentement à vivre trente années, quatre mois et deux jours. En plus je vais prochainement toucher un héritage. Voilà ce que m'annonce mon destin. Si avec ça j'ai la chance d'ajouter les Pouilles à mes domaines, ma vie sera faite, je serai arrivé. En attendant, tant que Mercure veille sur moi, j'ai fait bâtir cette maison. Comme vous savez c'était un gourbi. Maintenant c'est un temple. Elle a quatre salles à manger, vingt chambres, deux galeries de marbre, à l'étage des chambres de service, la chambre à coucher où je dors, la tanière de cette vipère, et une loge de concierge très confortable. Les chambres d'amis sont accueillantes. Pour vous dire, Scaurus, quand il est venu ici, il n'a pas voulu se loger ailleurs, et pourtant il aurait pu aller dans une maison de son père au bord de la mer. Il y a encore beaucoup d'autres choses que je vais vous montrer de suite. Croyez-moi, avoir un as c'est valoir un as, aie du bien on t'aura à la bonne, qui fut rainette aujourd'hui règne, comme votre ami. En attendant, Stichus, fais-leur voir l'habit dans lequel je veux être enterré, et fais voir le parfum, et une lichette du vin de cette amphore avec lequel j'ai ordonné qu'on lavera mes os.

Satiricon, 75-76

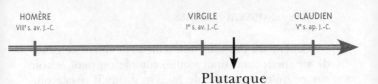

HOMÈRE
VIII° s. av. J.-C.

VIRGILE
I° s. av. J.-C.

CLAUDIEN
V° s. ap. J.-C.

Plutarque

L'adjectif neoploutos, *qui signifie littéralement « nouveau riche », se retrouve assez fréquemment chez Plutarque, en particulier dans ses* Vies parallèles, *sortes de vraies fausses biographies édifiantes destinées à offrir des modèles – ou contre-modèles – de vertu à ses lecteurs. Si Lucullus a tout du parvenu, c'est parce qu'il a ramené de ses campagnes d'Asie contre le roi Mithridate d'immenses richesses, qui finissent par l'amollir et le conduire à un style de vie dont se moquent même ses proches.*

PORTRAIT D'UN NOUVEAU RICHE

Les repas de Lucullus, jour après jour, étaient d'une richesse insolente. Par les lits couverts de pourpre, les coupes serties de pierres précieuses, les chœurs et les intermèdes musicaux, mais aussi par la variété des plats et l'extrême raffinement dans la préparation des mets et des friandises, il se faisait envier du vulgaire. C'est ainsi que l'on applaudit un mot de Pompée : celui-ci était malade, et son médecin lui avait prescrit de manger une grive, mais ses serviteurs lui dirent qu'en été l'on ne pouvait trouver de grives ailleurs que chez Lucullus qui en faisait l'élevage ; il ne leur permit pas d'y aller en chercher, et dit à son médecin : « Alors, si Lucullus n'était pas un gourmet, Pompée ne pourrait vivre ? », et il se fit apprêter un mets facile à se procurer. Caton était l'ami et le parent de Lucullus, mais il réprouvait absolument son genre de vie : un jour, entendant au Sénat un jeune homme débiter hors de propos un discours ennuyeux et interminable sur la frugalité et la tempérance, il se leva et dit : « Ne vas-tu pas finir, toi qui es riche comme Crassus, qui vis comme Lucullus et qui parles comme Caton ? » Certains disent que ce mot fut réellement prononcé, mais par un autre que Caton.

Cependant Lucullus non seulement aimait ce genre de vie, mais il en tirait vanité, comme on peut le voir par ce qu'on rapporte de lui. On dit qu'il régala plusieurs jours de suite des Grecs qui étaient venus à Rome et que ces gens, par un scrupule vraiment hellénique, eurent honte et déclinèrent son invitation, à cause des dépenses considérables qu'il faisait chaque jour pour eux. Lucullus leur répondit en souriant : « Une certaine part de ces frais est bien pour vous, Grecs, mais la plus grande est pour Lucullus. » Une fois qu'il dînait seul, on ne lui avait apprêté qu'un unique service et un modeste repas. Il se fâcha et fit appeler le serviteur préposé à cet office. Celui-ci dit qu'il n'avait pas cru, puisqu'il n'y avait pas d'invités, qu'il fût besoin de mets somptueux. « Que dis-tu ? s'écria Lucullus, ne savais-tu pas qu'aujourd'hui Lucullus dîne chez Lucullus ? » Ce trait fit grand bruit dans la ville. Aussi, un jour que Lucullus flânait au forum, Cicéron et Pompée l'abordèrent. Cicéron était son ami intime ; quant à Pompée, il avait bien eu un différend avec lui à propos du commandement de l'armée, mais ils continuaient néanmoins à se fréquenter et ils avaient souvent ensemble des conversations courtoises. Cicéron donc, après l'avoir salué, lui demanda s'il était disposé à accueillir une requête. « Assurément », répondit Lucullus, et il l'invite à parler. « Nous voudrions, reprit Cicéron dîner ce soir chez toi, mais sans plus d'apprêts que si tu étais seul. » Comme Lucullus faisait des façons et les priait de choisir un autre jour, ils refusèrent et ne lui permirent même pas de parler à ses serviteurs, afin qu'il ne pût rien commander de plus que ce qu'on préparait pour lui. Ils ne lui accordèrent qu'une seule demande qu'il leur fit, à savoir de dire en leur présence à l'un de ses gens qu'il dînerait ce soir « en Apollon ». C'était le nom d'une des salles somptueuses de sa maison, et ce moyen détourné lui permit de tromper ses convives, car il avait, paraît-il, fixé pour chaque salle à manger la dépense à faire en vue d'un repas, ainsi que le menu et la vaisselle propres à chacune, de sorte que ses serviteurs, quand il leur avait dit où il voulait dîner, savaient la dépense qu'il fallait faire et de quel ordre devaient être l'appareil et l'ordonnance du festin. Or le coût d'un dîner « en Apollon » était d'ordinaire de cinquante mille deniers. Ce fut la somme dépensée ce jour-là. La surprise de Pompée fut grande, à voir la vitesse avec laquelle avait été apprêté un banquet si coûteux. En tout cela donc Lucullus usait insolemment de sa richesse, tout à fait comme d'une captive barbare.

Vies. Lucullus, 90-91

INTELLECTUELS À PAILLETTES

Il est aujourd'hui difficile d'imaginer que certains sophistes ou philosophes constituaient pour une grande partie de la population de l'Antiquité des figures familières. Il n'y a pas si longtemps pourtant, Jean-Paul Sartre faisait la une de *France-Soir*, le quotidien français le plus populaire dans les années 1960-1970, et l'émission littéraire *Apostrophes* de Bernard Pivot rivait des millions de Français devant la télévision pour écouter Charles Bukowski ou les « nouveaux philosophes ». À de très rares exceptions près, les intellectuels, devenus plus spécialisés ou « spécifiques », selon l'expression de Michel Foucault, ont disparu de l'espace médiatique, pour jouir d'une réputation essentiellement parisienne, voire germanopratine. Dans l'Antiquité, les guerres intellectuelles faisaient rage entre sectes philosophiques, les renommées pouvaient se faire et se défaire à l'occasion d'une brillante plaidoirie ou d'un éloge funéraire médiocre. Et déjà, certains auteurs se montraient particulièrement sensibles à la réception critique de leur ouvrage ou aux lieux où ils s'affichaient, instaurant ainsi modes et tendances. *O tempora, o mores...*

HOMÈRE
VIIIe s. av. J.-C.

VIRGILE
Ier s. av. J.-C.

CLAUDIEN
Ve s. ap. J.-C.

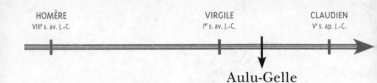

Aulu-Gelle

Les orateurs antiques n'étaient en rien des va-nu-pieds à la Diogène, seulement soucieux de la prononciation de leurs discours ou de la qualité de leurs exordes. La preuve avec ce petit florilège d'Aulu-Gelle, un Romain philhellène, familier du genre des miscellanées.

QUAND ÉLOQUENCE RIME AVEC ÉLÉGANCE

La tradition rapporte que Démosthène était trop brillant, trop charmant, et trop soigné dans sa mise et le reste de sa toilette. De là ces manteaux élégants et ces tuniques moelleuses que ses rivaux et ses adversaires lui reprochaient avec sarcasme. De là encore les paroles infamantes et déshonorantes qu'on ne lui épargna pas, le traitant d'efféminé et aussi de bouche souillée.

De la même manière, Hortensius, plus illustre que presque tous les orateurs de son temps à l'exception de Cicéron, fut harcelé d'injures et de sarcasmes outrageants parce qu'il était vêtu et drapé avec beaucoup d'élégance, de soin et d'harmonie, que ses mains dans l'action étaient très expressives et actives, et bien souvent on l'a traité d'histrion jusque dans les plaidoiries et les procès. Mais quand Lucius Torquatus, homme quelque peu rustre et fruste, lors du procès de Sylla, l'appela devant le tribunal avec plus de violence et de méchanceté, non pas histrion, mais pantomime Dionysia, du nom d'une danseuse très connue, Hortensius lui répondit d'une voix douce et faible : « Dionysia, je préfère pour ma part être Dionysia plutôt que ce que tu es, toi, Torquatus, étranger aux Muses, à Aphrodite, à Dionysos. »

Les Nuits attiques, I, 5

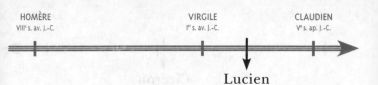

HOMÈRE
VIII° s. av. J.-C.

VIRGILE
I° s. av. J.-C.

CLAUDIEN
V° s. ap. J.-C.

Lucien

Parmi les attaques favorites adressées aux orateurs, les moins fréquentes n'étaient pas celles portant sur la virilité de l'adversaire. Tous les coups étaient permis, même les plus bas. Favorinos, dont nous avons vu le portrait par Philostrate[1], s'exposait alors tout naturellement aux piques toutes trouvées. Le philosophe Démonax plaît particulièrement à Lucien pour son goût du bon mot, de l'ironie et le refus des conventions mondaines dont Favorinos est un parfait exemple.

SI FAVORINOS EN AVAIT…

Je me propose de citer quelques-uns de ses mots, dits avec autant de justesse que d'esprit. Il me plaît de commencer par Favorinos et les propos qu'il lui tint. Quand Favorinos apprit que le philosophe tournait en ridicule ses conférences, en particulier les ruptures excessives de rythmes qui s'y trouvaient, les jugeant vulgaires, efféminées, absolument indignes de la philosophie, il vint demander à Démonax à quel titre celui-ci raillait ses ouvrages : « En tant qu'homme, répondit-il, dont on ne trompe pas facilement l'oreille. » Le sophiste insista et questionna : « Avec quel bagage, Démonax, as-tu abordé la philosophie dans ton jeune âge ? – Avec des couilles », répondit-il.

Une autre fois, le même Favorinos vint demander à Démonax quelle école il préférait en philosophie. Démonax repartit : « Qui t'a dit que je suis philosophe ? » Sur ce, il le quitta en riant de bon cœur. Favorinos lui demanda pourquoi il riait. Il répondit : « Il m'a semblé drôle que tu prétendes distinguer les philosophes d'après leur barbe, toi qui n'en as pas ! »

Portraits de philosophes. Vie de Démonax, 12-13

1. Voir p. 176.

HOMÈRE
VIIIᵉ s. av. J.-C.

VIRGILE
Iᵉʳ s. av. J.-C.

CLAUDIEN
Vᵉ s. ap. J.-C.

Cicéron

Parmi les femmes réputées dans l'Antiquité, la plupart le sont pour leur beauté ou leur dévergondage, quelques-unes pour leur vertu. Aspasie, la maîtresse de Périclès, quoique dotée des autres qualités, est restée fameuse pour son esprit. Si Platon, dans le Ménexène, *lui attribue ironiquement une oraison funèbre récitée par Socrate, l'orgueilleux Cicéron lui rend un véritable hommage avec cette démonstration intellectuelle tout en virtuosité. Malgré son métier, qui n'était selon Plutarque « ni honnête, ni respectueux », elle avait la réputation d'enseigner la rhétorique à Athènes.*

QUEL ESPRIT CETTE ASPASIE !

Toute argumentation doit donc procéder par induction ou par déduction.

L'induction est un développement qui, en s'appuyant sur des propositions non douteuses, entraîne l'adhésion de celui avec qui l'on a entrepris de discuter ; grâce à cette adhésion on arrive à lui faire approuver une chose douteuse, parce qu'elle présente une analogie avec les propositions qu'il a admises.

Ainsi dans l'œuvre d'Eschine le Socratique, Socrate évoque Aspasie en train de parler avec la femme de Xénophon et Xénophon lui-même. « Dis-moi, je t'en prie, femme de Xénophon, si ta voisine possédait un bijou en or de meilleure qualité que le tien, préférerais-tu le sien ou le tien ? » – « Le sien », répondit-elle. « Et si ses vêtements, sa parure féminine étaient d'un prix plus élevé que les tiens, préférerais-tu les tiens ou les siens ? » Elle répondit : « Les siens, évidemment » – « Allons ! si elle avait un mari meilleur que le tien, préférerais-tu ton mari ou le sien ? » À cette question la femme rougit.

Aspasie se mit alors à parler à Xénophon : « Xénophon, je t'en prie », dit-elle, « si ton voisin avait un cheval meilleur que le tien, préférerais-tu ton cheval ou le sien ? » « Le sien », répliqua-t-il. « Et, s'il avait une meilleure propriété que la tienne, laquelle préférerais-tu posséder ? » « La meilleure, évidemment », dit-il. « Et s'il avait une femme meilleure que la tienne, préférerais-tu la tienne ou la sienne ? » À cette question Xénophon se tut aussi.

Aspasie ajouta : « Puisque le seul point sur lequel vous ne m'avez pas répondu tous deux, c'est celui que j'aurais voulu entendre, je vous dirai ce que vous pensez, l'un et l'autre. En effet, toi, femme, tu veux avoir le meilleur mari et toi, Xénophon, tu veux avant tout avoir la femme la plus parfaite. C'est pourquoi, à moins que vous n'arriviez à faire en sorte qu'on ne trouve pas sur la terre de mari ni de femme meilleurs, il est évident que vous désirerez sans cesse violemment ce que vous considérez comme le mieux, c'est-à-dire, toi, être marié à la meilleure des épouses et elle, l'être au meilleur des maris... »

Dans ce dialogue, une fois que l'adhésion a été donnée aux propositions non douteuses, il en a résulté que, par analogie, même ce qui semblerait douteux, si on le demandait séparément, a été admis pour vrai, grâce à cette méthode d'interrogation.

De l'invention, XXXI, 51-52

HOMÈRE
VIIIᵉ s. av. J.-C.

VIRGILE
Iᵉʳ s. av. J.-C.

CLAUDIEN
Vᵉ s. ap. J.-C.

Pline le Jeune

Pline le Jeune a donné ses lettres de noblesse au genre épistolaire. Le portrait en creux qui ressort de ce grand personnage, qui eut de très hautes fonctions sous Trajan, est celui d'un snob sympathique, sensible aux compliments comme à sa popularité littéraire. Ici, Pline se réjouit que ses ouvrages aient franchi les frontières italiennes.

VANITÉ LITTÉRAIRE

C. Pline à son cher Géminus, salut.

J'ai reçu votre lettre qui m'a fait le plus grand plaisir, surtout parce que vous voulez que je vous écrive quelque chose que vous insérerez dans vos ouvrages. Je trouverai un sujet, soit celui sur lequel vous appelez mon attention, soit un autre qui vaudra mieux. Car celui-là pourrait mettre en éveil plus d'une susceptibilité ; regardez autour de vous : elles vous sauteront aux yeux.

Je ne croyais pas qu'il y eût des libraires à Lyon, aussi ai-je eu d'autant plus de plaisir à apprendre par votre lettre que mes opuscules y sont en vente ; je suis enchanté qu'ils conservent à l'étranger la vogue qu'ils ont acquise à Rome. Car je commence à croire assez achevés des ouvrages sur lesquels tombe d'accord le goût public dans des pays si séparés les uns des autres. Adieu.

Lettres, IX, 11

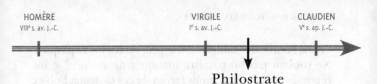

HOMÈRE
VIII° s. av. J.-C.

VIRGILE
I° s. av. J.-C.

CLAUDIEN
V° s. ap. J.-C.

Philostrate

Quand les stars sont en vacances, elles n'aiment guère être dérangées par leurs fans. Philostrate, l'auteur de la Vie des sophistes, *portrait de la « jet-set » de l'époque pour reprendre l'expression de Barbara Cassin, consent pourtant à répondre aux sollicitations de ses admirateurs pour leur livrer une éblouissante performance caractéristique de la seconde sophistique :* l'ekphrasis *(ou description) d'œuvres d'art.*

SOPHISTE EN VACANCES

Le discours présent n'a pas pour objet des peintres pas plus que l'histoire de leurs vies, mais de rapporter des exemples de peintures, en les disposant sous l'aspect d'un entretien avec des jeunes gens, afin de leur permettre d'interpréter les tableaux et de se former à ce qui est appréciable en eux. L'occasion de ces discours fut la suivante. Il y avait alors des jeux à Naples, une ville d'Italie fondée par des hommes de race grecque, cultivés, et grecs aussi dans leur ardeur pour les discours. Comme je ne voulais point déclamer en public, les jeunes gens ne cessaient de m'importuner en se pressant à la maison de mon hôte. Je logeais alors en dehors des murs, dans un faubourg bâti sur la côte, où s'élevait un portique à quatre ou, possiblement, cinq étages, exposé au vent d'ouest et qui avait vue sur la mer Tyrrhénienne. Revêtu des plus beaux marbres que recherche le luxe, il tirait surtout son éclat des tableaux encastrés dans ses murs, et choisis, comme il me le semblait, avec un goût très sûr ; ils témoignaient en effet du talent d'un grand nombre de peintres. De moi-même, j'avais formé le dessein de faire l'éloge de ces peintures, lorsque le fils de mon hôte, encore un enfant incontestablement – il était âgé d'une dizaine d'années –, mais déjà curieux et avide d'apprendre, qui ne cessait de m'observer en train d'aller de l'un à l'autre des tableaux, me pria de les lui expliquer. Ne voulant pas lui paraître manquer de culture, je lui répondis : « Très bien, nous ferons de ces tableaux l'objet d'une déclamation dès que tes jeunes amis seront arrivés. » À leur arrivée, je dis : « Que ce garçon s'avance, et que mon effort d'interprétation lui soit dédié. Quant à vous, suivez le commentaire, mais en ne vous contentant pas d'approuver : posez des questions, si je ne suis pas assez clair. »

Galerie de tableaux, Prologue

VII

TÊTES COURONNÉES
&
COUPLES MYTHIQUES

CARNET

Quels que soient les régimes et les époques, la vie sentimentale et familiale des grands est l'objet de toutes les convoitises et de toutes les rumeurs : qui, dans les années 1980, a échappé aux images de Lady Diana et de Charles devant l'autel de la cathédrale Saint-Paul ? La fille cachée d'un président, le divorce d'un autre, autant de réalités, pourtant banales, qui font les délices de la presse à scandale et des conversations de comptoir : il est plus croustillant de savoir un roi cocu qu'un cousin adultère. La raison en est, entre autres, politique : chez les célébrités, les mariages, les naissances, les liaisons dévoilées au grand jour font partie intégrante de la carrière. Dans l'Antiquité, une épouse se doit de donner des héritiers, mâles de préférence, sous peine d'être répudiée, les mariages sont le plus souvent arrangés, un père a le droit de vie et de mort sur son nouveau-né, tandis que le célibat est quasiment impossible à un gouvernant ou à un patricien. La vie des têtes couronnées peut parfois être un conte de fées, à condition qu'il soit politique.

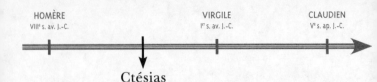

HOMÈRE
VIIIᵉ s. av. J.-C.

VIRGILE
Iᵉʳ s. av. J.-C.

CLAUDIEN
Vᵉ s. ap. J.-C.

Ctésias

L'histoire de Sémiramis a tout du conte pour jeune fille, la mièvrerie en moins. Née au fond d'un lac d'une déesse mi-femme, mi-poisson, Sémiramis est abandonnée, puis élevée par des colombes. La pauvrette a pour marraine Aphrodite qui, émue par le triste destin de la petite et par sa laideur initiale, la dote d'une beauté incomparable, dont elle sait, manifestement, tirer le meilleur parti.

SÉMIRAMIS TIRÉE DU RUISSEAU

Arrivée à l'âge du mariage, elle surpassait largement les autres jeunes filles par sa beauté ; un jour, un intendant fut envoyé par le roi pour inspecter les troupeaux royaux ; il s'appelait Onnès, était au premier rang du Conseil royal et administrateur délégué de toute la Syrie. Il logea chez Simma, aperçut Sémiramis et fut foudroyé par sa beauté ; il demanda donc à Simma de la lui donner comme épouse légitime, l'emmena à la ville de Nions, l'épousa et eut d'elle deux fils, Hyapatès et Hydaspès. Sémiramis joignait à sa beauté d'autres qualités complémentaires, et elle subjugua son époux comme un esclave : il ne faisait rien sans lui demander son avis et réussissait en tout. C'était l'époque où le roi achevait la fondation de la cité qui porte son nom et commençait à attaquer la Bactriane. Connaissant le nombre et la valeur des habitants, sachant aussi que bon nombre de régions étaient pratiquement et naturellement inabordables, il leva une immense troupe venue de toutes les contrées de l'empire ; comme sa première tentative avait été un échec, il veilla à s'attaquer à la Bactriane avec des forces impressionnantes.

Histoires de l'Orient, I-III, 5

HOMÈRE
VIIIᵉ s. av. J.-C.

VIRGILE
Iᵉʳ s. av. J.-C.

CLAUDIEN
Vᵉ s. ap. J.-C.

Procope

L'histoire de Théodora, c'est un peu comme si la du Barry était devenue reine de France : grâce à ses charmes et surtout à ses talents en matière d'érotisme, l'ancienne prostituée devient impératrice de Byzance. Le secret d'une telle réussite ? Une éducation stricte, dès le plus jeune âge.

CONTE D'UNE FÉE CRUELLE

Il [Justinien] était marié à une femme dont je vais raconter quelles furent la naissance et l'éducation et comment, après s'être unie en mariage à cet homme, elle anéantit jusqu'à la racine l'État romain. Il y avait à Byzance un certain Akakios, gardien des bêtes sauvages au cirque, de la faction des Verts, appelé le Maître des Ours. Cet homme mourut de maladie sous le règne de l'empereur Anastase en laissant trois enfants de sexe féminin, Comito, Théodora et Anastasia ; la plus âgée n'avait pas encore atteint ses sept ans. Sa femme, tombée de son état antérieur, épousa un autre homme, qui devait à l'avenir s'occuper avec elle de sa maison et reprendre ce travail. Mais le maître de danse des Verts, nommé Astérios, acheté par quelqu'un d'autre, les écarta de cette charge et mit à leur place, sans aucune difficulté, celui qui lui avait donné de l'argent. Il était possible en effet aux maîtres de danse de disposer librement de tels postes. Lorsque la femme vit tout le peuple rassemblé dans le cirque, elle plaça des couronnes sur la tête et dans les mains de ses enfants et les fit s'asseoir comme des suppliantes. Mais les Verts ne voulurent aucunement accepter la supplique, alors que les Bleus les rétablirent dans cette charge, car leur Maître des Ours venait aussi de mourir.

Lorsque ces enfants parvinrent à l'adolescence, leur mère les fit monter aussitôt sur la scène qui est là, car elles étaient fort belles à voir ; non pourtant toutes en même temps, mais lorsque chacune lui parut être assez âgée pour ce travail. Déjà donc Comito, la première, avait obtenu grand succès parmi ses compagnes ; Théodora, sa cadette, vêtue d'une petite tunique à manches comme celle d'un esclave, la suivait pour lui rendre divers services ; en particulier, elle portait toujours sur ses épaules le siège sur lequel celle-ci avait l'habitude de s'asseoir dans les assemblées.

Pendant un certain temps, Théodora, étant impubère, ne pouvait coucher avec un homme ni avoir des relations sexuelles comme une femme, mais elle couchait comme un garçon avec des misérables, à savoir avec des esclaves, qui, en accompagnant leur maître au théâtre, profitaient de cette occasion pour accomplir cette funeste action, et elle passait beaucoup de temps au lupanar à faire cet usage contre nature de son corps. Mais aussitôt qu'elle arriva à l'adolescence et qu'elle fut assez grande, elle se joignit à celles qui se produisent sur scène et devint aussitôt une courtisane, de celles que les anciens appelaient d'infanterie.

Elle n'était en effet ni joueuse de flûte, ni harpiste et ne pratiquait même pas l'art de la danse, mais elle vendait seulement sa beauté à tous les passants, travaillant avec tout son corps. Par la suite, elle était associée aux mimes pour tout ce qui se fait au théâtre et participait aux activités qui sont les leurs en les assistant dans les bouffonneries burlesques. Elle était en effet extrêmement vive et moqueuse, et avait aussitôt suscité l'admiration dans cette activité. Elle n'avait aucun sentiment de honte, et personne ne la vit jamais se troubler, mais elle se prêtait sans aucune hésitation à des pratiques impudentes. Elle était telle que, souffletée et frappée sur les joues, elle plaisantait ou même éclatait de rire. Elle se déshabillait et montrait nus à ceux qui étaient présents son devant et son derrière, des parties qui doivent rester cachées et invisibles aux hommes.

Histoire secrète, IX, 1-14

HOMÈRE
VIIIe s. av. J.-C.

VIRGILE
Ier s. av. J.-C.

CLAUDIEN
Ve s. ap. J.-C.

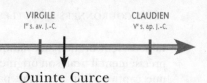

Quinte Curce

Qui emportera le cœur du plus grand conquérant de l'Antiquité ? À presque trente ans, Alexandre est encore célibataire ! Si Roxane, « la lumineuse » en persan, devient en 327 avant J.-C. l'épouse d'Alexandre, il n'est pas sûr que l'amour soit le seul enjeu de ces noces, fastueuses autant que politiques.

ROXANE ET ALEXANDRE
OU QUAND LE CÉLIBATAIRE
LE PLUS CONVOITÉ DU BASSIN MÉDITERRANÉEN
SE MARIE

De là il parvint dans une région soumise à l'autorité d'un satrape bien connu, Oxyartès ; celui-ci se remit à la discrétion du roi. Alexandre lui rendit son gouvernement, et se contenta d'exiger que deux de ses trois fils prissent du service sous ses ordres. Le satrape lui remit aussi celui qui devait rester avec lui. Il avait mis une opulence de Barbare à organiser un festin où le roi était son invité. Il présidait le repas avec une grande magnificence, quand il fit entrer trente jeunes filles nobles. L'une d'elle était sa propre fille, Roxane, d'une beauté sans égale et d'une élégance d'attitude rare chez les Barbares. Elle s'était avancée parmi un choix de beautés, mais c'est vers elle que tous tournèrent leurs regards, surtout le roi, déjà moins maître de ses passions parmi les faveurs de la Fortune, dont l'humanité ne se méfie pas assez. Aussi lui qui, voyant l'épouse de Darius, voyant ses deux jeunes filles auxquelles, pour la beauté, l'on n'aurait pu comparer personne sauf Roxane, n'avait eu que des sentiments de père, se laissa-t-il si bien aller à son amour pour cette petite jeune fille, sans naissance par rapport à une ascendance royale, qu'il déclara essentiels pour affermir son empire des mariages entre Perses et Macédoniens : « pas d'autre moyen capable d'enlever leur honte aux

199

vaincus, leur orgueil aux vainqueurs. Achille aussi, dont précisément il tirait son origine, avait eu commerce avec une captive ; l'on ne devait pas croire qu'il attentait à son honneur : il voulait s'unir à elle par un mariage légal ». Le père entendit ces paroles avec la joie d'un bonheur inattendu, et le roi, dans toute la flamme de son désir, fit apporter le pain, selon la coutume de chez lui ; c'était là chez les Macédoniens le symbole le plus sacré de l'union charnelle ; on le partageait avec une épée, et chaque époux y goûtait. Je crois que ceux qui ont donné ces mœurs à cette nation ont voulu, par cet aliment simple et usuel, montrer à ceux qui fondaient un foyer le peu dont ils devaient se satisfaire. De la sorte, le roi de l'Asie et de l'Europe s'unit en mariage à une femme, qui lui fut présentée au nombre des attractions d'un festin ; une captive allait lui donner l'enfant qui commanderait aux vainqueurs. Ses amis avaient honte de ce que, en train de boire et de manger, il se fût choisi un beau-père parmi des gens qui avaient capitulé. Mais, depuis le meurtre de Clitus, la franchise avait disparu : ils approuvaient du visage, qui est, chez l'homme, ce qu'il y a de plus servile.

Histoires, VIII, 4, 21-30

Arrien

Rien de tel que des noces pour sceller des liens entre deux peuples. Alexandre est un adepte de la pratique, lui qui eut plusieurs épouses et porta grand soin à ce que ses compagnons de conquête prissent pour femmes les filles des rois locaux après les avoir vaincus. À 32 ans, un an avant sa mort, il marie les peuples.

ALEXANDRE, *SERIAL* NOCEUR

À Suse il [Alexandre] célébra des mariages, les siens et ceux de ses Compagnons.

Il épousa lui-même la fille aînée de Darius, Stateira, et, d'après ce que dit Aristobule, il en épousa aussi une autre, la plus jeune des filles d'Ochos, Parysatis ; il avait déjà épousé Roxane, la fille d'Oxyartès le Bactrien.

Il donna Drypétis à Héphaistion, elle aussi fille de Darius, sœur de sa propre femme ; il voulait en effet que les enfants d'Héphaistion soient cousins des siens. À Cratère il donna Amastrinè, fille d'Oxyartès, frère de Darius ; à Perdiccas il donna la fille d'Atropatès, satrape de Médie ; à Ptolémée, garde du corps, et à Eumène, secrétaire royal, il donna les filles d'Artabaze, à l'un Artamaca, à l'autre Artonis ; à Néarque il donna la fille de Barsine et de Mentor ; à Séleucos la fille de Spitaménès le Bactrien ; et de la même façon, aux autres Compagnons, il donna les filles des plus illustres Perses et Mèdes, au nombre de 80.

Les mariages furent célébrés à la manière perse. Plusieurs rangées de fauteuils avaient été placées pour les fiancés, et, après une période de boisson, les futures épousées vinrent s'asseoir à côté de leurs fiancés ; ceux-ci les accueillirent et les embrassèrent ; c'est le roi qui donna l'exemple, car tous les mariages furent célébrés en même temps, ce qui, plus que toute autre action, fit d'Alexandre un partisan du peuple et un ami pour ses Compagnons.

Après avoir accueilli son épouse, chacun emmena la sienne ; Alexandre avait offert des cadeaux à toutes. Quant aux autres Macédoniens qui avaient pris pour femmes des Asiatiques, il ordonna qu'on prenne aussi par écrit leurs noms, et ils étaient plus de 10 000. À eux aussi Alexandre offrit des cadeaux de mariage.

Anabase, VII, 4, 4-8

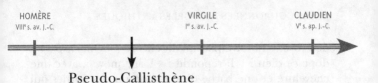

HOMÈRE
VIIIe s. av. J.-C.

VIRGILE
Ier s. av. J.-C.

CLAUDIEN
Ve s. ap. J.-C.

Pseudo-Callisthène

Hormis donner un héritier, mâle de préférence, les reines antiques n'ont pas grand-chose à faire. Or voici que, mariée depuis trois ans à Philippe de Macédoine, Olympias n'est toujours pas enceinte. Heureusement, le devin égyptien Nectanébo est prêt, avec l'aide des dieux, à lui porter secours.

ILS ATTENDENT UN ENFANT

Plongeant la main dans son poitrail, il [Nectanébo] en sortit une tablette dont la parole ne peut exposer le fonctionnement, faite d'or et d'ivoire, et portant les sept étoiles et un horoscope. Et le Soleil était en cristal, la Lune en acier, Zeus en pierre de ciel, Arès en hématite, Cronos en serpentine, Aphrodite en saphir, Hermès en émeraude, et l'horoscope en marbre blanc. Olympias, émerveillée par la somptuosité de la tablette, s'assied auprès de Nectanébo et, après avoir ordonné à tous de s'éloigner, elle lui dit : « Prophète, consacre ta consultation à notre descendance commune, à Philippe et moi. » La rumeur suivante courait en effet à son sujet : si Philippe revenait de la guerre, il la répudierait et en épouserait une autre. Nectanébo lui dit alors : « Dispose ton ciel de naissance, dispose aussi celui de Philippe. » Et que continue à faire Nectanébo ? Il dispose également son propre ciel de naissance à côté de celui d'Olympias et, après les avoir examinés, il lui dit : « Ce n'est pas un mensonge, la rumeur que tu as entendue à ton sujet. Mais je peux t'aider, en tant que prophète égyptien, à ne pas être répudiée par Philippe. » Elle demanda : « Comment le peux-tu ? » Il répondit : « Tu as à t'unir à un dieu venu sur terre, à concevoir de lui et à mettre au monde un fils et à le nourrir, et à avoir également en lui le vengeur des fautes commises par Philippe à ton égard. » Et Olympias lui dit : « Mais à quel dieu ? » Il répondit : « Ammon

203

de Libye. » Et Olympias lui dit encore : « Quel aspect a donc ce dieu ? » Il répondit : « L'âge moyen, avec une chevelure et une barbe d'or, et portant des cornes qui prennent naissance sur son front, et elles aussi semblant en or. Il faut te tenir prête, comme une reine, pour lui. Car aujourd'hui même, en songe, tu verras ce dieu s'unir à toi. » Elle lui dit alors : « Si je fais ce songe, je t'adorerai à genoux, non comme un magicien mais comme un dieu. »

Nectanébo sort alors de chez la reine et va prendre des herbes provenant du désert et qu'il savait propres aux songes. Et après les avoir pressées, il en façonna une poupée en forme de femme sur laquelle il inscrivit le nom d'Olympias. Puis, après avoir allumé des lampes et y avoir versé le suc tiré des plantes, il se mit à invoquer par des serments les génies conçus à cette fin, en sorte qu'Olympias fût visitée par des apparitions. Et celle-ci voit le dieu Ammon, cette nuit même, l'enlacer et lui dire en se levant d'auprès d'elle : « Femme, tu portes en ton ventre un enfant mâle qui est ton vengeur. »

Quand elle se leva de son sommeil, Olympias s'émerveilla, et bien vite elle envoya chercher Nectanébo, à qui elle dit : « J'ai bien vu le songe et celui que tu m'as désigné comme le dieu Ammon. Mais je te demande, prophète, de m'unir à nouveau à lui. Préoccupe-toi de savoir quand il sera sur le point de me visiter, afin de me montrer, de mon côté, plus convenablement apprêtée pour recevoir l'époux. » Il répondit : « Sache d'abord, maîtresse, que ce que tu as vu n'était qu'un songe. Mais quand il viendra en personne devant tes yeux, il pourvoira à tes nécessités. Si pourtant ton pouvoir l'ordonne, donne-moi une place pour dormir, afin que je le rende favorable à ton sujet. » Elle dit alors : « Vois dans ma chambre, prends-y une place. Et si j'ai la fortune d'être enceinte de ce dieu, je t'honorerai grandement, en reine, et je te traiterai comme le père de l'enfant. » Nectanébo lui dit : « Pour répondre à ta demande, maîtresse, avant l'entrée du dieu il y a ce signe annonciateur : si, assise le soir dans ta chambre, tu vois un serpent ramper vers toi, ordonne à tous de sortir. De ton côté, garde-toi d'éteindre les feux des lampes que j'ai préparées et que je te donne maintenant à allumer en l'honneur du dieu, comme je sais le faire. Monte sur ton lit royal, tiens-toi prête, voile entièrement ton visage et ne regarde qu'à la dérobée le dieu que tu as vu en songe te visiter. » Et sur ces mots Nectanébo s'en va dehors. Et le lendemain, Olympias lui donne une chambre tout près de la sienne.

Nectanébo ajusta alors sur son corps une très délicate toison de bélier, avec des cornes sur les tempes, le tout semblant en or. Il prit un sceptre en ébène, un habit blanc et un manteau d'un extrême raffinement, qui imitait la peau d'un serpent. Et il fait son entrée dans la chambre où reposait Olympias, allongée sur son lit et entièrement cachée sous les couvertures. Mais elle regardait du coin de l'œil. Et elle le voit qui entre et elle n'eut point peur, car il semblait bien être le même qu'elle avait vu en songe. Les lampes étaient allumées et Olympias avait voilé son visage. Alors Nectanébo, après avoir déposé son sceptre, monte dans son lit et s'unit à elle. Puis il lui dit : « Persévère, femme, tu as dans ton ventre un enfant mâle qui est ton vengeur et le roi de tout l'univers habité, le maître du monde. » Et Nectanébo sortit de la chambre, en reprenant son sceptre, et il va cacher toute sa panoplie de charlatan.

Le Roman d'Alexandre, I, 4-5

HOMÈRE
VIII° s. av. J.-C.

VIRGILE
I° s. av. J.-C.

CLAUDIEN
V° s. ap. J.-C.

Xénophon

La Cyropédie *relate l'enfance de Cyrus, roi des Perses. Le texte, largement romancé, se veut un traité à la fois sur l'éducation et le gouvernement parfaits, une réponse à* La République *de Platon. Paré de toutes les vertus, Cyrus est, dès son plus jeune âge, un enfant modèle.*

LE BON FILS

Cyrus reçut cette éducation jusqu'à douze ans ou un peu plus. Il se montrait supérieur à tous les garçons de son âge pour la rapidité à apprendre ses leçons, l'habileté et l'ardeur à l'ouvrage. C'est à cette époque qu'Astyage fit venir sa fille et le fils de celle-ci. Il désirait le voir parce qu'il entendait dire que c'était un enfant accompli. Mandane se rend donc auprès de son père avec son fils Cyrus. Dès que Cyrus fut arrivé et qu'il sut qu'Astyage était le père de sa mère, aussitôt, avec son naturel aimant, il se mit à l'embrasser ni plus ni moins que s'il avait été élevé depuis longtemps près de lui et comme un ami de vieille date. Le voyant paré avec des yeux faits, des joues fardées et des cheveux postiches (toutes choses qui étaient en usage chez les Mèdes et le sont encore ainsi que les tuniques de pourpre, les manteaux, les colliers, les bracelets ; au contraire les Perses, dans leur pays, ont aujourd'hui encore des vêtements beaucoup plus ordinaires et un genre de vie beaucoup plus simple), voyant donc la parure de son grand-père, Cyrus le contempla et dit : « Mère, que mon grand-père est beau ! » Et comme Mandane lui demandait lequel il trouvait le plus beau, de son père ou de lui, Cyrus répondit : « Mère, parmi les Perses, c'est mon père qui est de beaucoup le plus beau, mais des Mèdes que j'ai vus en voyage ou à la cour, le plus beau de beaucoup c'est lui, c'est mon grand-père. » Astyage, l'embrassant pour cette réponse, lui mit une

belle robe, des colliers et des bracelets afin de lui faire
honneur et le parer. S'il sortait pour aller ici ou là à cheval, il lui faisait faire son tour de promenade sur un cheval
dont le mors était en or, ainsi qu'il avait l'habitude d'en
monter lui-même. Et Cyrus, comme un enfant qui aimait
les belles choses et les marques d'honneur, était ravi de
sa robe et au comble de la joie d'apprendre à monter à
cheval ; chez les Perses, en effet, la difficulté d'élever des
chevaux et de circuler à cheval fait que c'était chose très
rare, dans un pays essentiellement montagneux, de voir
seulement un cheval.

Cyropédie, I, 3

Plutarque

Charmant autant que turbulent, le petit Alexandre a déjà l'étoffe d'un grand conquérant.

L'ENFANCE D'UN CHEF

Un jour le Thessalien Philonicos amena à Philippe Bucéphale, qui était à vendre pour treize talents. On descendit dans la plaine pour essayer ce cheval, et on le trouva rétif et tout à fait intraitable : il ne se laissait pas monter, et ne supportait la voix d'aucun des écuyers de Philippe, mais se cabrait contre tous. Comme Philippe, impatienté, donnait l'ordre de l'emmener parce qu'il le jugeait absolument sauvage et indomptable, Alexandre, qui était présent, dit : « Quel cheval ils perdent, parce que, faute d'habileté et de courage, ils ne savent pas en tirer parti ! » Tout d'abord Philippe garda le silence, mais, comme Alexandre continuait à murmurer et à se désoler, il lui adressa la parole : « En blâmant comme tu le fais des gens plus âgés que toi, crois-tu donc en savoir plus qu'eux et être mieux capable de manier ce cheval ? » « Certes, répondit Alexandre, je le manierais mieux qu'un autre. » « Et, si tu n'y parviens pas, à quelle peine te soumettras-tu pour ta témérité ? » « Par Zeus, répliqua-t-il, je paierai le prix du cheval. » Ces mots provoquèrent le rire, puis le père et le fils conclurent entre eux le pari. Aussitôt Alexandre courut au cheval et, saisissant la bride, le tourna face au soleil, car il avait observé, semble-t-il, que l'animal était effarouché par la vue de son ombre qui se projetait et dansait devant lui. Il le flatta et le caressa un moment ainsi, tant qu'il le vit furieux et haletant, puis, rejetant tranquillement sa chlamyde, il sauta sur lui et l'enfourcha fermement. Alors, tirant légèrement de côté et d'autre le mors avec les rênes, il le modéra sans le frapper ni lui déchirer la bouche. Puis, voyant qu'il abandonnait son attitude menaçante et qu'il avait envie de courir, il le lança à bride abattue en le pressant d'une voix plus hardie et en le frappant du talon. Philippe et son entourage étaient d'abord restés muets d'angoisse ; mais, lorsqu'Alexandre, tournant bride, revint vers eux avec aisance, joyeux et fier, tous l'acclamèrent à grands cris, et son père, dit-on, versa des larmes de joie, puis, quand Alexandre eut mis pied à terre, il le baisa au front et dit : « Mon fils, cherche un royaume à ta taille : la Macédoine est trop petite pour toi. »

Vies. Alexandre, 6

COUPLES MYTHIQUES

L'Antiquité nous a légué les premières grandes histoires d'amour, et de désamour. Dans la mythologie, Jason enlève Médée aux rivages de Colchide avant de l'abandonner, Philémon et la tendre Baucis vivent des jours simples et heureux comme leur idylle, que pas même la mort ne peut interrompre, Pénélope attend fidèlement Ulysse pendant plus de quinze ans, à Ithaque. Narrée par Virgile dans l'*Énéide*, l'histoire de Didon et Énée, est sans doute une des plus célèbre. Énée, l'un des derniers survivants de Troie dévastée par la guerre, s'est enfui à la recherche d'un royaume digne de la cité d'Hector et de Priam, qui n'est autre que l'Italie. En chemin, il fait escale à Carthage où il s'éprend de la reine, Didon, frappé par l'aiguillon d'Éros – quand il s'agit d'amour, les dieux sont toujours de la partie. Ce sont aussi les dieux qui l'arrachent à Didon : le héros part fonder Rome, laissant la reine éplorée, si éperdue d'amour et de regret qu'elle se suicide. L'histoire n'est pas de reste : Aspasie la courtisane amoureuse et Périclès le stratège ont donné tout son éclat à cet âge d'or athénien que fut le Ve siècle avant J.-C. À Rome, les amours de Cléopâtre, de César à Marc Antoine, sont aussi fameuses que les derniers soubresauts de la République. Réels ou fictifs, ces couples fondateurs ont nourri l'imaginaire de tous, inspirant à la littérature des morceaux de bravoure et, pour ne citer qu'un nom, à Racine ses plus beaux vers, comme ceux que lance la reine Bérénice à l'empereur Titus :

Dans un mois, dans un an, comment souffrirons-nous,
Seigneur, que tant de mers me séparent de vous ?
Que le jour recommence et que le jour finisse,
Sans que jamais Titus puisse voir Bérénice,
Sans que de tout le jour je puisse voir Titus ?
Mais quelle est mon erreur, et que de soins perdus !
L'ingrat, de mon départ consolé par avance,
Daignera-t-il compter les jours de mon absence ?
Ces jours si longs pour moi lui sembleront trop courts[1].

1. Racine, *Bérénice*, IV, 5.

HOMÈRE
VIII⁰ s. av. J.-C.

VIRGILE
I⁰ s. av. J.-C.

CLAUDIEN
V⁰ s. ap. J.-C.

Virgile

Au cours du périple qui le conduisit de Troie en Italie, Énée s'arrêta en Afrique, à Carthage, où il fit la connaissance de la reine Didon. Et, dès que leurs yeux se rencontrèrent…

LA REINE ET LE PRINCE TROYEN

Elle enflamma son âme d'un amour sans mesure, elle donna un espoir à son esprit partagé et l'affranchit de sa pudeur. D'abord elles s'approchent des sanctuaires et d'autel en autel cherchent la paix des dieux ; elles immolent des brebis choisies selon le rite à Cérès législatrice, à Phébus, au vénérable Lyaeus, à Junon avant tous autres, qui veille sur les liens du mariage. Elle-même, tenant la patère en sa main, Didon, la toute belle, répand le vin entre les cornes d'une vache blanche ou, devant la face des dieux, marche solennellement autour des autels humides de sang ; par de nouvelles offrandes elle reprend la journée et dans les flancs ouverts des victimes consulte, béante, les entrailles encore vives. Ah ! l'ignorance des interprètes ! À cette âme hors d'elle-même, que servent les vœux, les sanctuaires ? Une flamme dévore ses tendres moelles pendent ce temps, la secrète blessure vit au fond de son cœur.

Elle brûle, l'infortunée Didon, et par toute la ville erre, hors d'elle-même. Telle, frappée d'une flèche, la biche parmi les forêts de la Crète : le pâtre qui la poursuivait de ses traits l'a blessée de loin, l'imprudente, lui laissant son fer empenné, sans le savoir ; elle, dans sa fuite, court à travers les bois et les gorges du Dicté ; le roseau mortel lui reste dans le flanc. Tantôt, dans l'enceinte des remparts elle conduit Énée avec soi, lui montre avec orgueil les richesses sidoniennes, une ville qui l'attend, elle commence à parler et brusquement, s'arrête ; tantôt, quand le jour tombe elle veut retrouver le

même banquet, elle demande, dans son délire, à entendre encore les malheurs d'Ilion, suspendue encore aux
lèvres du narrateur. Puis quand les hôtes sont partis,
quand à son tour la lune qui se voile amortit son éclat,
que les astres déclinants invitent au sommeil, seule dans
la maison vide elle est triste et sur les lits abandonnés
s'étend : absente, absent, elle le voit, elle l'écoute ou
dans ses bras retient Ascagne, captive de la ressemblance
de son père, tentant de donner le change à un amour
qu'elle ne saurait nommer. Plus ne s'élèvent les tours
commencées, plus ne s'exerce aux armes la jeunesse, on
ne travaille plus aux bassins du port, aux bastions avancés qui repousseraient la guerre ; les ouvrages délaissés
restent suspendus, murs qui dressaient leurs puissantes
menaces et tout un appareil élevé jusqu'aux cieux. Dès
qu'elle la reconnut si gravement atteinte et sans que le
soin de sa gloire fit obstacle à son délire, la chère épouse
de Jupiter, la Saturnienne, entreprend Vénus en ces termes : « Le fameux succès, les amples dépouilles que vous
nous rapportez, toi et ton garçon ! Grand, mémorable
effet de votre puissance qu'une femme toute seule ait
été vaincue par la ruse de deux divinités ! Et certes, il
ne m'échappe pas que, pleine d'appréhensions à l'égard
de notre ville, tu as tenu pour suspectes les maisons de
la haute Carthage. Mais en finirons-nous quelque jour ?
Oui, où voulons-nous maintenant en venir avec ces grandes rivalités ? Mettons plutôt en œuvre une paix éternelle
et la conclusion d'un hymen. Tu as ce que tu visais de
toute ton application : Didon brûle d'amour, la passion
a pénétré tous ses os. Ce peuple donc, qu'il soit le nôtre
à toutes deux, conduisons-le sous des auspices égaux ;
pour elle, accordons-lui de servir un mari phrygien et de
remettre en ton pouvoir les Tyriens qui seront sa dot. »

Énéide, IV, 54-104

HOMÈRE
VIIIᵉ s. av. J.-C.

VIRGILE
Iᵉʳ s. av. J.-C.

CLAUDIEN
Vᵉ s. ap. J.-C.

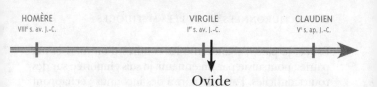

Ovide

Le bel amant troyen est appelé à de plus hautes destinées :
Mercure lui enjoint de faire voile vers l'Italie, afin de fonder Rome.
Abandonnée sur la plage de Carthage, Didon confie ses larmes et
son amertume aux vagues qui lui ont arraché son amour.

ILS SE SÉPARENT

Sur mer, sur terre, sept hivers te ballottent. Rejeté par
les flots, je t'accueillis dans un sûr asile ; à peine avais-je bien
entendu ton nom, je t'ai donné un royaume. Que ne me
suis-je cependant bornée à ces bienfaits ? Et que n'est-elle
ensevelie pour moi la renommée de notre embrassement !
Jour funeste, celui où, de ses ondes subites, une pluie céru-
léenne nous poussa sous la voûte d'une caverne. J'avais
entendu une voix ; je la pris pour la clameur des Nymphes ;
c'étaient les Euménides qui donnaient leur marque à mes
destins. Punis-moi, pudeur outragée, et, toi, Sychée trahi,
vers lequel, malheureuse, je m'en vais pleine de honte.
J'ai dans un temple de marbre l'image sacrée de Sychée ;
des guirlandes de feuillage et de blanches toisons la recou-
vrent. De là, j'ai entendu quatre fois sa voix bien connue
m'appeler ; c'est bien lui qui me disait d'une voix faible :
« Élissa, viens. » Plus de retard ; je viens. Elle vient à toi,
l'épouse qui t'appartient ; pourtant la honte de son acte l'a
fait tarder. Donne le pardon à ma faute : l'auteur fut apte à
me séduire ; il enlève à ma chute ce qu'elle a d'odieux. La
déesse qui l'enfanta, son vieux père, le pieux fardeau d'un
fils me firent espérer un époux légitime et durable. Si je dus
errer, l'erreur a des causes honnêtes. Qu'il eût en outre été
fidèle, je n'aurais lieu de rien regretter.

Elle dure jusqu'au bout et accompagne le déclin de ma
vie, cette continuité de mon destin, telle qu'elle fut auparavant. Mon époux a péri devant les autels du dieu Hercéen,
et, d'un si grand crime, mon frère recueille l'avantage.

215

Exilée, je pars, j'abandonne les cendres d'un mari et ma patrie ; poursuivie par un ennemi, je suis emportée sur des routes difficiles. J'aborde parmi des inconnus ; échappant à mon frère et à la mer, j'achète le rivage que je te donnai, perfide. J'y fondai une ville et en bâtis les murailles, au loin étendues, objet d'envie pour les contrées limitrophes. Des guerres fermentent ; des guerres fondent sur moi, étrangère et femme ; à peine puis-je préparer les portes et les armes d'une ville ébauchée. Je plais à mille prétendants, qui, ligués contre moi, se plaignent qu'on leur préfère le premier venu. Pourquoi hésites-tu à me livrer enchaînée au Gétule Iarbas ? Je prêterais mes bras à ton crime. J'ai aussi un frère, dont la main impie, déjà trempée du sang de mon époux, demande à se tremper aussi dans le mien. Dépose les dieux et les objets sacrés que tu profanes en les touchant : une main impie rend aux cieux un mauvais culte. Échappés aux flammes, si c'était pour recevoir ton culte, ces dieux se repentent d'avoir échappé aux flammes.

Peut-être même, criminel, est-ce Didon enceinte que tu abandonnes, et une portion de toi se cache-t-elle enfermée dans mon corps. Un déplorable enfant partagera le sort de sa mère ; avant sa naissance, tu seras l'auteur de son trépas. Avec sa mère mourra le frère d'Iule ; un même châtiment nous emportera tous deux unis.

Mais un dieu t'ordonne de partir. Je voudrais qu'il t'eût interdit de venir et que la terre punique n'eût pas été foulée par les Troyens. Donc, guidé par ce dieu, tu es le jouet des vents contraires et tu consumes un long temps sur les flots déchaînés. Ton retour à Pergame eût à peine valu un si grand effort, même si Troie fût demeurée ce qu'elle était du vivant d'Hector. Ce n'est pas le Simoïs ancestral que tu convoites, mais les ondes du Tibre. Ainsi, dusses-tu arriver où tu le souhaites, tu y seras un étranger, et comme elle se cache et se dérobe à tes vaisseaux qu'elle évite, à peine la toucheras-tu, vieillard, cette terre convoitée.

Héroïdes, 88-149

HOMÈRE
VIIIᵉ s. av. J.-C.

VIRGILE
Iᵉʳ s. av. J.-C.

CLAUDIEN
Vᵉ s. ap. J.-C.

Euripide

La scène de la reconnaissance est un topos *de la tragédie grecque, qu'Euripide traite parfois avec ironie. Depuis que Pâris a enlevé Hélène, Ménélas n'a pas revu sa femme. Les époux se retrouvent, plus de dix ans plus tard, en Égypte, terre des mystères et des miracles.*

PERDUS DE VUE

HÉLÈNE.– Holà, quel est cet homme ? Serait-ce un guet-apens, quelque complot tramé par le fils de Protée, cet ennemi des dieux ? Ainsi qu'une pouliche à la course rapide, ou telle une Bacchante excitée par son Dieu, courons vers ce sépulcre ! Ah ! quel aspect sauvage offre cet inconnu qui voudrait me saisir !

MÉNÉLAS. – Ô toi qui, d'un élan désespéré, te hâtes vers les degrés de cette tombe et les autels brûlés du feu des sacrifices, reste ! Pourquoi fuis-tu ? Mais comme l'aspect que tu me montres me frappe de stupeur et m'ôte la parole !

HÉLÈNE.– On me fait violence, ô femmes ? car cet homme veut m'écarter de ce tombeau, et me livrer au tyran dont je fuis la poursuite amoureuse.

MÉNÉLAS. – Je ne suis ni bandit ni suppôt d'un méchant.

HÉLÈNE. – Ta mise cependant est bien affreuse.

MÉNÉLAS. – Arrête donc ta course et laisse là ta crainte.

HÉLÈNE. – Je m'arrête, à présent que je suis en lieu sûr.

MÉNÉLAS. – Ah ! qui es-tu ? quel est ce visage que tu offres à mes yeux ?

HÉLÈNE. – Et toi, qui es-tu ? La même question vaut et pour toi et pour moi.

MÉNÉLAS. – Non, jamais je n'ai vu forme plus ressemblante.

217

HÉLÈNE. – Dieux ! – car on trouve un dieu en retrouvant les siens !

MÉNÉLAS. – Es-tu hellène ou indigène ?

HÉLÈNE. – Hellène, mais je veux aussi savoir ce qu'il en est pour toi.

MÉNÉLAS. – D'Hélène, je vois en toi la ressemblance exacte.

HÉLÈNE. – Et moi, en toi, celle de Ménélas. Je ne sais que dire.

MÉNÉLAS. – Tu as reconnu l'homme entre tous malheureux.

HÉLÈNE. – Ô toi si tard venu dans les bras de ton épouse...

MÉNÉLAS. – Quelle épouse ? Ne touche pas mon vêtement.

HÉLÈNE. – La même que tu tiens de Tyndare, mon père.

MÉNÉLAS. – Dame Hécate aux flambeaux, envoie des apparitions favorables.

HÉLÈNE. – Tu ne vois pas en moi une nocturne apparition au service de la déesse des carrefours.

MÉNÉLAS. – Et moi, je ne suis pas l'époux de deux Hélènes.

HÉLÈNE. – Mais de quelle autre épouse es-tu seigneur et maître ?

MÉNÉLAS. – Ramenée de Phrygie, un autre la recèle.

HÉLÈNE. – Non, tu n'as jamais eu d'autre femme que moi.

MÉNÉLAS. – Je me crois sain d'esprit : ma vue souffrirait-elle ?

HÉLÈNE. – En me voyant, tu ne crois donc pas voir ta femme ?

MÉNÉLAS. – Le corps est bien pareil, mais l'évidence empêche...

HÉLÈNE. – Vois : que veux-tu de plus ? Qui sait mieux que toi ?

MÉNÉLAS. – Tu lui ressembles, cela, assurément, je ne le nierai pas.

HÉLÈNE. – Qui donc te convaincra, sinon tes propres yeux ?

MÉNÉLAS. – Le malheur, c'est que je possède une autre femme.

HÉLÈNE. – Je ne suis pas allée à Troie : c'était mon ombre.

MÉNÉLAS. – Mais qui produit ainsi des ombres animées ?

HÉLÈNE. – L'éther, d'où tu tiens une femme ouvrée de main divine.

MÉNÉLAS. – Par quel dieu façonnée ? On peine à croire ce que tu dis.

HÉLÈNE. – Héra, elle fit ce substitut pour m'ôter à Pâris.

MÉNÉLAS. – Comment pouvais-tu être ici et à Troie en même temps ?

HÉLÈNE. – Le nom peut être en maint endroit, mais non le corps.

MÉNÉLAS. – Laisse-moi, mon fardeau de peines me suffit.

HÉLÈNE. – Tu vas donc me laisser et emmener cette vaine épouse ?

MÉNÉLAS. – Oui, et que la joie soit avec toi, puisque tu es le portrait d'Hélène.

Hélène, 541-596

HOMÈRE
VIIIe s. av. J.-C.

VIRGILE
Ier s. av. J.-C.

CLAUDIEN
Ve s. ap. J.-C.

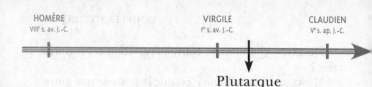

Plutarque

La reine d'Égypte et le général romain forment depuis l'Antiquité le couple mythique par excellence, flamboyant comme les couleurs d'un péplum hollywoodien.

ANTOINE ET CLÉOPÂTRE

Doué d'un tel caractère, Antoine mit le comble à ses maux par l'amour qu'il conçut pour Cléopâtre, amour qui éveilla et déchaîna en lui beaucoup de passions encore cachées et sommeillantes, et qui éteignit et étouffa ce qui pouvait, malgré tout, persister chez lui d'honnête et de salutaire. Voici comment il fut pris. Alors qu'il entreprenait la guerre contre les Parthes, il lui envoya dire de venir le joindre en Cilicie, où elle devrait se justifier des reproches qui lui étaient faits d'avoir donné beaucoup d'argent à Cassius et de l'avoir aidé à soutenir la guerre. Dellius, qui lui fut députe, n'eut pas plus tôt vu l'aspect de Cléopâtre et reconnu le charme et la finesse de sa parole qu'il sentit aussitôt qu'Antoine ne ferait aucun mal à une pareille femme et qu'elle tiendrait auprès de lui la plus grande place. Il se mit donc à flatter l'Égyptienne et à la pousser, comme dit Homère, « à venir en Cilicie après s'être bien parée », et il l'exhorta à ne pas craindre Antoine, le plus aimable et le plus humain des généraux. Elle crut ce que lui disait Dellius, et, comptant sur le pouvoir de sa beauté d'après les rapports qu'elle avait eus précédemment avec César et Cnaeus, le fils de Pompée, elle espéra subjuguer Antoine plus facilement. Les premiers, en effet, l'avaient connue alors qu'elle était encore une jeune fille sans expérience des affaires, au lieu qu'elle allait se rendre auprès d'Antoine, précisément à l'âge où la beauté des femmes est dans tout son éclat et leur esprit dans toute sa force. Aussi prépara-t-elle beaucoup de présents et d'argent, et tout l'apparat dont devait naturellement se pourvoir une reine qui avait un haut renom et un royaume prospère. Mais c'est surtout en elle-même, en ses charmes et en ses philtres qu'elle plaçait ses principales espérances lorsqu'elle alla trouver Antoine.

Elle recevait beaucoup de lettres de lui et de ses amis qui l'appelaient, mais elle n'en tint pas compte et se moqua à tel point d'Antoine qu'elle se mit à remonter le Cydnus sur un navire à la poupe d'or, avec des voiles de pourpre déployées et des rames d'argent manœuvrées au son de la flûte marié à celui des syrinx et des cithares. Elle-même était étendue sous un dais brodé d'or et parée comme les peintres représentent Aphrodite. Des enfants, pareils aux Amours qu'on voit sur les tableaux, debout de chaque côté d'elle, la rafraîchissaient avec des éventails. Pareillement, les plus belles des servantes, déguisées en Néréides et en Grâces, étaient les unes au gouvernail, les autres aux cordages. De merveilleuses odeurs exhalées par de nombreux parfums embaumaient les deux rives. Beaucoup de gens accompagnaient le navire de chaque côté dès l'embouchure du fleuve, et beaucoup d'autres descendaient de la ville pour jouir du spectacle. La foule qui remplissait la place publique se précipitant au dehors, Antoine finit par rester seul sur l'estrade où il était assis. Le bruit se répandait partout que c'était Aphrodite qui, pour le bonheur de l'Asie, venait en partie de plaisir chez Dionysos. Antoine envoya sur-le-champ la prier à dîner, mais elle demanda que ce fût plutôt lui qui vînt chez elle. Aussitôt, voulant lui témoigner courtoisie et complaisance, il se rendit à son invitation. Il trouva près d'elle des préparatifs défiant toute expression, mais il fut surtout frappé de l'abondance des lumières : il y en avait tant, dit-on, à briller de toutes parts à la fois, suspendues et inclinées de tant de façons, ou droites les unes en face des autres, et rangées en rectangles ou en cercles que, de tous les spectacles magnifiques et dignes d'être contemplés, on en connaît peu de comparables à cette illumination.

Vies. Antoine, 25-26

CHARITÉ BIEN ORDONNÉE

Même si le mot provient du latin *caritas*, la charité n'est pas une notion antique : vertu chrétienne par excellence, elle consiste à l'origine en un oubli de soi, une ouverture à l'autre qui par la suite prend son sens plus moderne de générosité. Toutefois, les célébrités antiques savaient que pour sculpter leur statue et rendre leur image publique plus admirable, il était bon de glisser de-ci de-là quelques piécettes, faveurs ou privilèges. C'est ainsi que l'empereur Auguste, dans sa clémence, laisse la vie sauve à Cinna, chef d'un complot fomenté contre lui, ou que Mécène « protège » un Virgile, un Properce ou un Horace. Dans l'Athènes classique, la générosité répond à un système organisé : les liturgies sont des charges, aussi lourdes qu'honorifiques, imposées aux citoyens les plus riches et destinées à financer non seulement l'armement et la flotte de la cité, mais aussi les spectacles et les concours gymniques. Pour faire partie de l'élite sociale antique, il faut être riche, certes, mais aussi généreux : même Trimalcion, figure type du parvenu, l'a compris et, avec une majesté proportionnelle à son ivrognerie, affranchit ses esclaves à la fin d'une beuverie.

HOMÈRE
VIIIe s. av. J.-C.

VIRGILE
Ier s. av. J.-C.

CLAUDIEN
Ve s. ap. J.-C.

Xénophon

Tout bon tyran ménage ses largesses, une fois qu'il sait l'ennemi vaincu.

CLÉMENCE DE CYRUS

Une fois que tous ses soldats furent rassemblés, Cyrus leur ordonna de déjeuner. Le repas terminé, ayant constaté que les postes d'observation des Chaldéens se trouvaient dans une position solide et bien pourvue d'eau, il y fit construire immédiatement un fort. Il donna l'ordre à Tigrane d'envoyer quelqu'un auprès de son père, pour lui demander de venir avec tout ce qu'il avait de charpentiers et de tailleurs de pierres. Un messager se rendit donc chez le roi d'Arménie et Cyrus fit commencer les travaux par les hommes qu'il avait sous la main.

Sur ces entrefaites, on amène à Cyrus des prisonniers, les uns enchaînés, quelques autres blessés. Dès qu'il les vit, il fit délivrer les premiers de leurs chaînes ; pour les blessés, il appela des médecins à qui il ordonna de les soigner. Il dit ensuite aux Chaldéens qu'il n'était pas venu avec l'intention de les anéantir, ni dans l'obligation de leur faire la guerre, mais parce qu'il voulait établir la paix entre Chaldéens et Arméniens. « Avant que nous n'occupions ces hauteurs, dit-il, je sais que vous n'aviez aucune raison de désirer la paix : vos biens étaient en sûreté et vous pilliez ceux des Arméniens ; mais aujourd'hui, vous voyez où vous en êtes. Eh bien ! je vous renvoie chez vous, vous, mes prisonniers, et je vous permets de décider avec les autres Chaldéens si vous voulez nous faire la guerre ou être nos amis. Si vous choisissez la guerre, ne venez plus ici sans armes, ce sera sage ; si au contraire, vous jugez la paix désirable, venez sans être armés, car, si vous devenez mes amis, c'est moi qui prendrai soin de vos intérêts. » Après avoir entendu ce discours, les Chaldéens lui firent force compliments, force démonstrations d'amitié, puis ils s'en allèrent chez eux.

Quand le roi d'Arménie apprit qu'il était mandé par Cyrus et connut son projet, il prit avec lui ses ouvriers et tout ce dont il pensait avoir besoin, et se rendit au plus vite près de lui. Dès qu'il le vit : « Cyrus, lui dit-il, comment pouvons-nous, faibles mortels, avec si peu de connaissance de l'avenir, entreprendre tant de choses ! Ainsi, moi, après le mal que je m'étais donné pour assurer ma liberté, me voilà plus esclave que jamais ; alors que, au contraire, faits prisonniers, nous croyions notre perte certaine, nous sommes visiblement plus en sûreté que nous ne l'avons jamais été, car ceux qui ne cessaient pas de nous causer mille maux, je les vois à présent subir le sort que je leur souhaitais. Sache-le bien, Cyrus, pour chasser les Chaldéens de ces hauteurs, j'aurais donné cent fois plus d'argent que tu n'en tiens maintenant de moi et les bons offices que tu nous avais promis en recevant notre argent, tu nous les as bien rendus que nous voilà avec d'autres dettes de reconnaissance, dont, à moins d'être de malhonnêtes gens, nous rougirions de ne pas nous acquitter. » Telles furent les paroles de l'Arménien.

Cyropédie, III, 2, 12-17

VIII

GRATIN & FALBALAS

ÉTIQUETTE & BONNES MANIÈRES

S'ils changent d'une civilisation à une autre et évoluent selon les époques, les codes de bienséance, leur apprentissage mais surtout le naturel et le degré de spontanéité avec lequel ils sont utilisés font toute la différence entre l'élégant patricien et le nouveau membre du club des riches. Le banquet de Trimalcion en donne un exemple flagrant : à lui seul le menu est un portrait du parvenu singeant les manières des tablées sénatoriales. Les mets rares et coûteux sont absents de sa table, sauf sous forme d'imitation, comme les faux œufs de paon ; le vin est un falerne, certes, mais trop jeune pour ne pas être une piquette. Le savoir-vivre est aussi révélateur du degré de culture d'un peuple, dont il est en quelque sorte le miroir : le goût des Perses pour les desserts signe leur propension à la mollesse. Enfin, il est facteur de cohésion sociale, conférant parfois un sentiment de supériorité : lorsqu'Hérodote raconte son voyage en Égypte, malgré l'admiration qu'il porte à ce peuple plus ancien que le sien, il ne peut s'empêcher de railler ces « buveurs de bières » aux dieux zoomorphes, qui, décidément, font tout à l'envers : les hommes sont à la maison et les femmes dans la rue !

HOMÈRE
VIIIe s. av. J.-C.

VIRGILE
Ier s. av. J.-C.

CLAUDIEN
Ve s. ap. J.-C.

Aulu-Gelle

Établie en 18 avant J.-C., à l'instigation d'Auguste, la loi Julia vise à encourager les citoyens au mariage et à la procréation. Supprimant les contraintes liées à la domination paternelle, elle frappe d'incapacité politique les célibataires, interdit de s'unir à des affranchies ou à des prostituées et bouleverse les vieilles mœurs sénatoriales.

ÉTIQUETTE SÉNATORIALE

Chez les plus anciens Romains on n'accordait ni à la naissance, ni à la richesse d'honneur plus prestigieux qu'à l'âge, et les aînés étaient honorés par les plus jeunes presque comme des dieux ou des pères ; en tous lieux et quels que fussent les honneurs rendus, ils passaient devant et prenaient la préséance. Au sortir d'un banquet, comme il est écrit dans les livres sur l'Antiquité, les plus âgés étaient reconduits chez eux par les plus jeunes, et la tradition veut que les Romains aient reçu cette coutume des Lacédémoniens chez qui les lois de Lycurgue réservaient en toutes circonstances l'honneur le plus grand à l'âge le plus grand.

Mais quand les naissances parurent nécessaires à la cité et qu'il y eut besoin de récompenses et d'encouragements pour en augmenter le nombre, alors dans certains cas ceux qui avaient une femme et ceux qui avaient des enfants furent placés avant des hommes plus âgés qui n'avaient ni femmes, ni enfants. Ainsi l'article sept de la loi Julia donne le droit de prendre les faisceaux le premier, non à celui des deux consuls qui compte le plus d'années, mais à celui qui a plus d'enfants que son collègue, qu'il les ait sous sa puissance ou qu'il les ait perdus à la guerre. Mais s'ils ont tous deux le même nombre d'enfants, c'est celui qui est marié ou qui compte comme tel, qui passe devant, s'ils sont tous deux mariés et pères du même nombre d'enfants, alors on revient à l'ancienne coutume et le plus âgé prend les faisceaux le premier. S'ils sont tous deux célibataires et ont le même nombre de fils, ou s'ils sont mariés sans avoir d'enfants, la loi ne prescrit rien sur l'âge. J'entends dire cependant que ceux auxquels la loi donne la préséance ont coutume de laisser les faisceaux le premier mois à leur collègue, s'il est beaucoup plus âgé, s'il est bien plus noble ou s'il inaugure un deuxième consulat.

Les Nuits attiques, II, 15

HOMÈRE
VIIIᵉ s. av. J.-C.

VIRGILE
Iᵉʳ s. av. J.-C.

CLAUDIEN
Vᵉ s. ap. J.-C.

Histoire auguste

Entre Julia Maesa, sa grand-mère, Julia Symiamira, sa mère, et Julia Mamaea, sa tante et mère du futur empereur Alexandre Sévère, qui l'ont porté au trône, Héliogabale est entouré de femmes de tête, qu'il ose faire entrer au Sénat : summum de la décadence, selon son biographe.

LES FEMMES AU POUVOIR

Ensuite, dès la première réunion du Sénat, il ordonna que sa mère y fût convoquée. Une fois présente, appelée à siéger sur les bancs des consuls, elle assista à la rédaction du procès-verbal, c'est-à-dire comme témoin approuvant le libellé du sénatus-consulte. Ce fut le seul empereur sous le règne duquel une femme entra comme « clarissime » au Sénat pour y tenir la place d'un homme. Il fit même bâtir sur le Quirinal un « *senaculum* », autrement dit un Sénat de femmes, là où s'était tenue auparavant une assemblée de matrones, mais à l'occasion des solennités ou s'il arrivait qu'une de ces dames eût les honneurs du mariage « consulaire » (cette distinction était conférée autrefois par les empereurs à leurs parentes, en particulier à celles dont les maris n'avaient pas la noblesse sénatoriale, afin de leur épargner une déchéance). Toujours est-il que Symiamira fit voter des sénatus-consultes risibles concernant les lois matronales. Il s'agissait de savoir qui défilerait dans telle tenue vestimentaire, qui aurait la préséance sur telle autre, qui se présenterait pour être embrassée par telle ou telle, qui se ferait véhiculer en carrosse, qui à cheval, qui sur une bête de somme, qui à dos d'âne, qui en chariot à mules, qui en char à bœufs, qui en chaise à porteurs, et si la chaise serait garnie de peau, ou d'os, ou d'ivoire, ou d'argent, et quelles dames auraient de l'or ou des pierreries sur leurs chaussures !

Vie d'Héliogabale, IV, 1

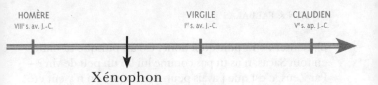

HOMÈRE
VIIIe s. av. J.-C.

VIRGILE
Ier s. av. J.-C.

CLAUDIEN
Ve s. ap. J.-C.

Xénophon

Dans l'Antiquité, considérées comme décadentes, les mœurs orientales sont, sous la plume admirative de Xénophon, du plus exquis raffinement.

À LA COUR DES MÈDES

« Et à Sacas, mon échanson, dit Astyage, celui que j'estime le plus, tu ne donnes rien ? » Ce Sacas était un bel homme, qui avait pour fonction d'introduire ceux qui demandaient une audience à Astyage et d'éloigner ceux qu'il ne jugeait pas à propos de laisser entrer. Et Cyrus demanda avec vivacité, comme un enfant qui n'a encore peur de rien : « Pourquoi donc, grand-père, as-tu pour lui tant d'estime ? » Astyage répondit en plaisantant : « Ne vois-tu pas comme il verse le vin avec adresse et avec grâce (les échansons de ces rois s'acquittent de leur fonction avec élégance, versent proprement le vin dans la coupe et, en la tenant avec trois doigts, la présentent au buveur de façon qu'il puisse la prendre très facilement) ? – Ordonne donc à Sacas de me donner la coupe, grand-père, afin qu'à mon tour, en te versant bien à boire, je fasse ta conquête, si je le puis. » Et Astyage en donna l'ordre à Sacas ; Cyrus la prit, la rinça si bien, comme il l'avait vu faire à Sacas, la tendit et la remit à son grand-père avec un maintien si grave et si digne qu'il fit bien rire sa mère et Astyage. Cyrus lui-même éclata de rire, sauta sur les genoux de son grand-père et dit en l'embrassant : « Te voilà perdu, Sacas ; je vais te chasser de ta charge ; car je verserai le vin mieux que toi ; et puis, moi, je n'en boirai pas. » Il faut dire que les échansons des rois, chaque fois qu'ils leur présentent la coupe, y puisent avec le cyathe, se versent quelques gouttes dans la main gauche et les avalent, afin que, s'ils y avaient versé du poison, cela ne leur profitât pas. Là-dessus, Astyage dit, pour

233

plaisanter : « Et pourquoi donc, Cyrus, puisque tu imites en tout Sacas, n'as-tu pas comme lui bu un peu de vin ? – Par Zeus, c'est que j'avais peur que du poison n'y eût été mêlé dans le cratère ; car lorsque tu as traité tes amis le jour de ton anniversaire, j'ai bien compris qu'il vous avait versé du poison. – Comment donc, mon enfant, t'en es-tu aperçu ? – Parce que, par Zeus, je voyais que vous aviez la tête à l'envers et que vous titubiez. D'abord, ce que vous ne nous laissez pas faire à nous autres enfants, vous le faisiez, vous : vous criiez tous à la fois, sans rien comprendre de ce que vous vous disiez ; vous chantiez, très drôlement même, et, sans avoir écouté le chanteur, vous juriez qu'il chantait très bien ; chacun parlait de sa force et après cela, si vous vous leviez pour danser, non seulement vous ne dansiez pas en mesure, mais vous n'étiez pas même capables de vous tenir debout. Vous aviez tout à fait oublié, toi que tu étais roi, et les autres que tu étais leur souverain. J'ai bien compris alors pour la première fois, à vous voir faire, ce qu'était la liberté de parole, car vous ne vous taisiez jamais. »

Cyropédie, I, 3, 8

LUXE, BIJOUX ET ACCESSOIRES

« L'or et la vertu sont comme deux poids mis dans les plateaux d'une balance : l'un ne peut monter sans que l'autre s'abaisse. » Ce sage précepte de Platon, qui pourtant appartenait à une famille plus qu'aisée, est loin d'être écouté par les célébrités, grecques ou romaines. Déjà Homère vantait le luxe et l'or de Troie : les bijoux découverts dans les sépultures mycéniennes, notamment le masque d'Agamemnon, même s'il serait vain de croire qu'ils aient appartenu aux héros de Lacédémone, ne démentent pas les vers du poète. Quant à Crésus, il était si riche que la légende voulait que tout ce qu'il touchait se transforme en or, jusqu'à sa nourriture. Rome vaut aussi son poids de carats : fibules, boucles d'oreilles, colliers aux pierres précieuses autant que multicolores, mobilier somptueux, retrouvés en quantité, tout est prétexte pour faire l'étalage de sa fortune. Bref, dès l'Antiquité, le fric, c'est chic.

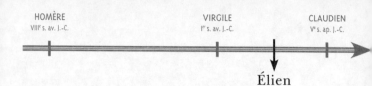

HOMÈRE
VIIIe s. av. J.-C.

VIRGILE
Ier s. av. J.-C.

CLAUDIEN
Ve s. ap. J.-C.

Élien

Tous les ors de la République ne suffiraient pas à rivaliser avec le luxe indécent de la cour d'Alexandre.

UN PRINCE BLING-BLING

Alexandre amollissait ses amis en leur permettant de vivre dans le luxe, s'il est vrai qu'Agnon portait des bottes militaires ornées de clous d'or. Cléitos, lorsqu'il donnait audience, recevait ceux qui venaient lui présenter une requête en marchant sur des tissus de pourpre. Perdiccas et Cratéros, qui aimaient les exercices gymniques, faisaient transporter avec eux des tentes de cuir d'un stade de longueur, dont ils couvraient un lieu d'une taille appropriée pour s'y exercer pendant leur séjour dans les campements. Une grande quantité de sable fin, celui qui est utilisé pour les gymnases, les suivait, transporté par des bêtes de somme. Léonnatos et Ménélas, qui aimaient la chasse, emmenaient avec eux des filets d'une longueur de cent stades.

Alexandre avait lui-même une tente de cent lits ; cinquante piliers d'or la divisaient et en soutenaient le toit, qui était orné d'or et de broderies précieuses. À l'intérieur, sur le pourtour, se tenaient tout d'abord cinq cents Perses, qu'on appelait « porteurs de pommes » (*mêlophoroi*), vêtus de robes couleur pourpre et jaune pomme ; il y avait en outre mille archers, vêtus de robes couleur feu et écarlates, et devant ceux-ci, cinq cents Macédoniens munis de boucliers d'argent. Au milieu de la tente était placé un trône d'or sur lequel Alexandre était assis lorsqu'il donnait audience, protégé de tous côtés par ses gardes du corps. Dans l'enceinte qui entourait la tente se tenaient mille Macédoniens et dix mille Perses. Personne n'osait s'approcher de lui à la légère, si grande était la crainte qu'il suscitait, lui qui avait été porté au pouvoir par son audace et sa chance.

Histoire variée, IX, 3

HOMÈRE
VIIIᵉ s. av. J.-C.

VIRGILE
Iᵉʳ s. av. J.-C.

CLAUDIEN
Vᵉ s. ap. J.-C.

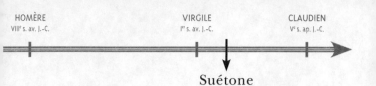

Suétone

La frontière entre l'extravagance vestimentaire et le m'as-tu-vu ridicule est ténue : à vouloir trop montrer, Caligula se prend les pieds dans sa toge.

FAUTE DE GOÛT IMPÉRIALE

Ses vêtements, sa chaussure et sa tenue en général ne furent jamais dignes d'un Romain, ni d'un citoyen, ni même de son sexe, ni, pour tout dire, d'un être humain. Souvent, il parut en public avec des manteaux brodés, couverts de pierres précieuses, une tunique à manches et des bracelets ; de temps à autre, vêtu de soie, avec une robe bordée d'or ; ayant aux pieds tantôt des sandales ou des cothurnes, tantôt des bottines de courrier, ou parfois des brodequins de femme ; très souvent on le vit avec une barbe dorée, tenant en main les attributs des dieux, le foudre, le trident ou le caducée, et même costumé en Vénus. Quant aux insignes du triomphe, il les porta de façon courante, même avant son expédition, parfois avec la cuirasse d'Alexandre le Grand, qu'il avait fait tirer de son tombeau.

Vies des douze Césars. Caligula, 52

BANQUETS, ORGIES
ET NUITS D'IVRESSE

Né en Grèce, le banquet désigne, à l'origine, le moment où l'on boit ensemble, le *symposion*. Il obéit à un protocole précis et reste sans excès. Un dîner simple, presque frugal, est servi, accompagné d'un peu de vin. Puis vient l'heure de boire. Les plats sont ôtés tandis qu'une libation est offerte aux dieux. Le roi du banquet décide du sujet qui va être abordé et, en fonction du sérieux de la conversation choisie, de la proportion d'eau à ajouter au vin ainsi que du nombre de coupes qui sera bu. Les femmes, en principe, en sont exclues, hormis danseuses, musiciennes et hétaïres[1], destinées à la distraction des convives, lors d'intermèdes musicaux le plus souvent. Si l'art élégant du banquet n'est pas absent de Rome, il ne tarde pas à dégénérer, notamment sous l'Empire, dont les orgies et les débauches sont restées fameuses, voire inégalées.

---

1. C'est-à-dire des courtisanes.

HOMÈRE
VIIIᵉ s. av. J.-C.

VIRGILE
Iᵉʳ s. av. J.-C.

CLAUDIEN
Vᵉ s. ap. J.-C.

Pline le Jeune

Même s'ils sont l'occasion de réjouissances, les banquets sont des marqueurs sociaux, où tout, depuis la place des invités jusqu'à l'ordre des mets, est codifié. Pline a mis les petits plats dans les grands et son ami a eu le front de ne pas venir et de lui préférer un repas plus tape-à-l'œil.

DÎNER DE PLINE AVORTÉ

Pline à son ami Septicius Clarus

Dis-donc, toi ! Tu acceptes une invitation à dîner et tu ne viens pas ? Voici la sentence : tu rembourseras la dépense jusqu'au dernier as, et ce n'est pas rien. On avait préparé une laitue par personne, trois escargots, deux œufs, un gâteau de semoule avec du vin miellé et de la neige (celle-là aussi tu la compteras, et même avant le reste, car elle a fondu sur le plateau), des olives, des bettes, des courges, des oignons et mille autres plats non moins raffinés. Tu aurais entendu des comédiens, ou un lecteur, ou un joueur de lyre, ou tous les trois : je suis si généreux ! Mais toi, tu as préféré, chez je ne sais qui, des huîtres, des vulves de truie, des oursins, des danseuses de Gadès.

Tu seras puni, je ne te dis pas comment. Tu t'es conduit comme un goujat ; tu as refusé un plaisir à toi peut-être, à moi sûrement, mais tout de même à toi aussi. Combien nous aurions plaisanté, et ri, et parlé de nos études ! Tu peux dîner plus somptueusement chez beaucoup de gens, mais nulle part de façon plus gaie, plus franche et plus détendue. Bref, essaie, et si dans la suite tu ne préfères pas refuser les autres invitations je veux que tu refuses toujours les miennes. Au revoir.

Lettres, I, 15

HOMÈRE
VIII° s. av. J.-C.

VIRGILE
I° s. av. J.-C.

CLAUDIEN
V° s. ap. J.-C.

Suétone

Dans la tradition grecque, les banquets sont sages, à tous les sens du terme : la nourriture y est simple et le vin, s'il coule à flot, est coupé en début de soirée en fonction du sérieux du thème abordé lors de la soirée. À Rome, plus particulièrement sous l'Empire, le banquet prend des tournures d'orgie, où tous les excès sont permis, pourvu que l'empereur, en l'occurrence Claude, et ses convives soient satisfaits.

LA GRANDE BOUFFE

Il donna constamment de grands festins, en général dans de vastes espaces découverts où il réunissait bien souvent six cents convives. Il en offrit même sur le canal d'écoulement du lac Fucin et faillit y être noyé, car les eaux s'échappant avec impétuosité débordèrent. À tous ses dîners il admettait aussi ses enfants, ainsi que des jeunes gens et des jeunes filles de haute naissance, qui, suivant l'usage d'autrefois, prenaient leur repas assis au pied des lits. Comme l'on soupçonnait un convive d'avoir dérobé une coupe d'or, il l'invita de nouveau pour le lendemain et lui en fit donner une d'argile. On dit même qu'il avait songé à faire un édit permettant de lâcher des vents et des bruits à table, parce qu'il avait appris que l'un de ses convives était tombé malade pour s'être retenu par convenance.

Vies des douze Césars. Claude, 32

Vitellius ne régna que quelques mois en 69, la fameuse année
des quatre césars. Sa goinfrerie et son ivrognerie sont passées à la
postérité, immortalisées par Suétone.

LE PRINCE DES GLOUTONS

Mais ses vices principaux étaient la gourmandise et
la cruauté ; il prenait toujours trois repas, quelquefois
quatre, car il distinguait le petit déjeuner, le déjeuner,
le dîner, l'orgie, et son estomac suffisait sans peine à
tous, grâce à son habitude de se faire vomir. Il s'invitait
tantôt chez l'un, tantôt chez l'autre, dans la même journée, et jamais ses hôtes ne dépensèrent moins de quatre cent mille sesterces pour un seul de ces festins. Le
plus fameux de tous fut le banquet de bienvenue que
son frère lui offrit : on y servit, dit-on, deux mille poissons des plus recherchés et sept mille oiseaux. Lui-même
surpassa encore cette somptuosité en inaugurant un plat
qu'il se plaisait à nommer, à cause de ses dimensions
extraordinaires, « le bouclier de Minerve protectrice de
la ville ». Il fit mêler dans ce plat des foies de scares, des
cervelles de faisans et de paons, des langues de flamants,
des laitances de murènes, que ses capitaines de navire et
ses trirèmes étaient allés lui chercher jusque dans le pays
des Parthes et jusqu'au détroit de Gadès. Non seulement
sa gloutonnerie était sans bornes, mais elle ne connaissait point d'heure ni de répugnance, car même durant
un sacrifice ou en voyage, il ne put jamais se retenir de
manger aussitôt, sur place, devant l'autel, les entrailles
et les pains de froment, qu'il arrachait presque du feu,
et dans les cabarets, le long de la route, les mets encore
fumants ou les restes de la veille et les victuailles déjà
entamées.

Vies des douze Césars. Vitellius, 13

HOMÈRE
VIIIᵉ s. av. J.-C.

VIRGILE
Iᵉʳ s. av. J.-C.

CLAUDIEN
Vᵉ s. ap. J.-C.

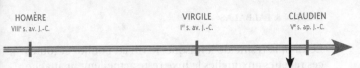

Histoire auguste

L'histoire romaine a laissé le souvenir de quelques grands cuisiniers. Parmi eux, Apicius, ami de Tibère, est le plus célèbre. L'auteur de L'Art culinaire *s'est fait connaître par l'extravagance de ses recettes en inventant des plats tels que le talon de chameau ou les langues de flamants, mais aussi par les dépenses somptuaires que nécessitaient ses festins. On raconte même que, dans l'obligation de restreindre son train de vie, il se serait empoisonné.*

LUXE, DÉBAUCHE ET FANTAISIE

Sur la vie de cet homme[1] la tradition littéraire est pleine d'obscénités qui sont indignes de mémoire. Mais j'ai cru bon de révéler les faits qui se rapportent à ses dérèglements. Certains sont imputés au temps où il était simple particulier, certains autres au temps où il était déjà empereur. Avant de le devenir, il se disait l'émule d'Apicius ; une fois empereur, celui de Néron, d'Othon et de Vitellius[2].

Le premier de tous les particuliers, il couvrit ses lits d'étoffes à fils d'or, luxe alors autorisé officiellement depuis que Marc Aurèle avait mis en vente publiquement tout l'ameublement impérial. Ensuite, il donna l'été des banquets que différenciaient leurs couleurs : aujourd'hui vert foncé, un autre jour vert de mer ou vert bleuté, et ainsi de suite, la teinte variant constamment durant tous les jours de l'été. Puis, le premier, il eut des réchauds en argent, le premier aussi des chaudrons de ce métal, puis des vases ciselés de cent livres d'argent, dont quelques-uns souillés des figures les plus lubriques.

---

1. Héliogabale.
2. Sur ce point, voir dans la même collection *À la table des Anciens. Guide de cuisine antique*, Les Belles Lettres, Paris, 2007.

Le vin à la résine de lentisque, le vin au pouliot et toutes ces recettes auxquelles le luxe reste actuellement attaché sont de son invention. Quant au vin rosat (dont il devait à d'autres la formule), il en renforça l'arôme avec des graines de pin broyées. En tout cas, on ne lit pas le nom des boissons de ce type avant Héliogabale. Pour lui, il n'y avait de vie que dans la quête de voluptés nouvelles. Le premier, il fit des quenelles de poisson, d'huîtres ordinaires ou « pierreuses » et d'autres coquillages marins de ce genre, de langouste, de crevettes, de squilles. Il faisait joncher de roses les salles à manger, les lits de table, les portiques (où il se promenait longuement), et il le faisait avec toutes sortes de fleurs : lis, violettes, jacinthes et narcisses. Il ne se baignait qu'en des piscines parfumées d'onguents réputés ou de safran. Il ne s'allongeait volontiers que sur des canapés contenant du poil de lièvre ou des plumes de perdrix arrachées sous les ailes, et il changeait souvent de coussins.

Vie d'Héliogabale, XVIII, 4-9

HOMÈRE
VIIIe s. av. J.-C.

VIRGILE
Ier s. av. J.-C.

CLAUDIEN
Ve s. ap. J.-C.

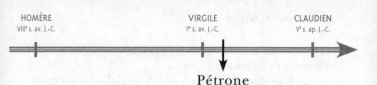

Pétrone

Si Hollywood a fait rêver de danseuses en petite tenue ou de gangsters armés de mitraillettes jaillissant de desserts féeriques, l'idée n'est pas nouvelle : Trimalcion, amateur de chairs comme de chère, a le goût de la farce.

CERISE SUR LE GÂTEAU

Sa verve n'était pas tarie lorsque arriva sur un plateau un porc énorme qui envahit la table. On admira à l'envi cette célérité, jurant que même un simple coq n'eût pu être apprêté aussi vite, d'autant que le porc semblait bien plus gros que le sanglier qui l'avait précédé. Sur quoi, Trimalcion, l'examinant de plus en plus fixement : « De quoi de quoi ? Ce porc n'a pas été vidé ? Mais non, fichtre d'Hercule ! Appelle le cuisinier, appelle-le moi ici ! » Et comme le cuisinier, tout penaud près de la table, avouait qu'il avait oublié d'ôter les tripes : « De quoi, oublié ? fulmina Trimalcion, il dit ça comme il dirait qu'il a oublié le poivre et le cumin ! Déshabillez-le ! » Ça ne traîna pas, on déshabilla le cuisinier qui prit lugubrement place entre deux bourreaux. Cependant toute l'assistance s'était mise à crier grâce, suppliant : « S'il vous plaît, laissez-le, ce sont des choses qui arrivent. S'il recommence personne n'interviendra plus pour lui ! » Porté quant à moi aux plus cruelles rigueurs et ne pouvant me tenir, je me penchai vers l'oreille d'Agamemnon : « Il faut que cet esclave soit le dernier des bons à rien, depuis quand oublie-t-on de vider un porc ? Je ne le lui pardonnerais fichtre pas d'un poisson ! » Mais Trimalcion, tout au contraire, la figure épanouie d'un large sourire, concéda : « Bon, puisque tu as si mauvaise mémoire, vide-nous le devant nous. On rendit sa tunique au cuisinier, il saisit son couteau, et, d'une main précautionneuse, incisa par endroits le ventre du porc, d'où s'écoula aussitôt, à travers les plaies

245

élargies sous la pression de leur poids, une avalanche de saucisses et de boudins.

Ce tour d'adresse, au cri de « Vive Galus ! », fut salué d'un ban par le chœur des valets. On ne laissa pas de porter un toast au cuisinier, on lui décerna une couronne d'argent, on lui présenta sa coupe sur un plateau en bronze de Corinthe.

Satiricon, 49-50

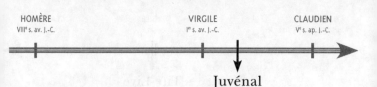

HOMÈRE
VIIIᵉ s. av. J.-C.

VIRGILE
Iᵉʳ s. av. J.-C.

CLAUDIEN
Vᵉ s. ap. J.-C.

Juvénal

Déesse « importée », Bona Dea, la Bonne Déesse, avait son temple à Rome, sur l'Aventin. Les cérémonies en son honneur, réservées aux femmes, passaient pourtant pour des orgies innommables. Il est vrai qu'en 62 avant J.-C. un certain Publius Clodius Pulcher avait été accusé d'y avoir pénétré, déguisé en joueuse de flûte, pour y rencontrer sa maîtresse, l'épouse de Jules César lui-même ! Le plus croustillant de l'affaire est sans doute de savoir que, à l'origine, Bona Dea protégeait la chasteté des femmes.

LES FÊTES DE LA BONNE DÉESSE

Tout le monde sait ce qui se passe aux mystères de la Bonne Déesse, combien la flûte y excite les reins, comment les Bacchantes de Priape, saoulées par la trompette phrygienne et par le vin, y font tournoyer leurs chevelures en poussant des youyous. Quel rut incendiaire pendant la danse obscène, quels torrents de vin vieux pissés le long des jambes ! Saufeia défie les pensionnaires du bordel et met une couronne en jeu. Elle gagne l'épreuve de « hanche pendante », mais c'est Medullina qui secoue le mieux sa moule en cadence, et la grande dame partage la palme avec la putain virtuose : ex æquo. Et tout ça n'a rien d'un jeu ni d'un simulacre, elles font tout pour de vrai, à en rallumer le vieux Priam déjà froid, et Nestor à la couille ramollie ! Et bientôt leur prurit lubrique ne se contient plus, c'est la femelle à l'état brut, c'est le même hurlement qui prolonge son écho aux quatre coins de la crypte : « Ça y est ! On peut faire entrer les hommes ! » Si l'amant dort, on ordonne à un page d'enfiler sa cape et d'arriver au trot. À défaut on court aux esclaves. Faute d'esclave on embauche un porteur d'eau. S'il n'y a pas moyen de trouver d'homme, plutôt qu'attendre encore, Madame tendra vaillamment son cul à la saillie d'un âne.

Satires, VI, 315-334

HOMÈRE
VIIIᵉ s. av. J.-C.

VIRGILE
Iᵉˢ s. av. J.-C.

CLAUDIEN
Vᵉ s. ap. J.-C.

Tite-Live

En 186 avant J.-C., Rome est agitée par un fait divers ahu-
rissant autant que dégradant : les bacchanales, les cérémonies
en l'honneur du dieu Bacchus, seraient en réalité des soirées de
débauches. Les initiés sont condamnés et le Sénat décide d'un
sénatus-consulte interdisant ces mystères. Tite-Live nous livre
un récit détaillé de cette ténébreuse affaire.

SCANDALE DES BACCHANALES

L'année suivante les consuls Spurius Postumius
Albinus et Quintus Marcius Philippus ne purent s'occuper des armées et de la guerre dans les provinces, et
durent s'attaquer à une conjuration intérieure. Les pré-
teurs tirèrent au sort leurs juridictions : à Titus Maenius
fut attribuée la préture urbaine, à Marcus Licinius
Lucullus la préture pérégrine, à Caius Aurélius Scaurus
la Sardaigne, à publius Cornélius Sulla la Sicile, à
Lucius Quinctius Crispinus l'Espagne citérieure, à Caius
Calpurnius Piso l'Espagne ultérieure. On confia par
décret aux deux consuls ensemble l'enquête sur les asso-
ciations clandestines. Au début, un Grec de naissance
obscure arriva en Étrurie : il n'apportait avec lui aucun
de ces arts que la nation la plus éclairée de toutes a intro-
duits chez nous en grand nombre pour l'ornement du
corps et de l'esprit ; c'était un sacrificateur, un devin et
non pas de ceux qui, pratiquant leurs rites au grand jour,
plongent les esprits dans l'erreur en prêchant ouvertement une doctrine dont ils tirent profit, mais l'officiant
de cérémonies occultes et nocturnes. C'étaient des rites
initiatiques auxquels, dans un premier temps, peu de
gens prirent part, mais qui, par la suite, commencèrent
à se propager, touchant les hommes comme les femmes.
On ajouta à la pratique religieuse les plaisirs du vin et
des festins, de manière à égarer un plus grand nombre

d'esprits. Lorsque le vin, la nuit, la promiscuité des hommes et des femmes, des adultes et des jeunes gens, eurent effacé toutes les frontières de la honte, on commença à s'adonner à toutes sortes de dépravations, puisque chacun trouvait là à sa portée la volupté pour laquelle, de nature, il éprouvait le penchant le plus fort ; et ces débauches, qui impliquaient indistinctement des hommes libres et des femmes, n'étaient pas le seul genre de crime : faux témoignages, falsifications de sceaux et de testaments, fausses délations sortaient de la même officine ; de là encore, des empoisonnements, des assassinats secrets, au point que parfois il ne restait pas même de corps à ensevelir. On commettait beaucoup de crimes par la ruse, plus encore par la violence, violence qui demeurait cachée parce que sous les cris perçants, sous le crépitement des tambourins et des cymbales, on ne pouvait entendre la voix de ceux qui appelaient à l'aide, victimes d'un viol ou d'un meurtre.

Histoire romaine, **XXXIX**, 8

IX

RUBRIQUES ANTIQUES

CONSEILS DE BEAUTÉ
& SECRETS DE STAR

À la célébrité sont prêtées de nombreuses vertus : richesse, jeunesse triomphante et beauté incomparable. Dans les romans grecs de l'Antiquité comme *Chairéas et Callirhoé* ou les *Éphésiaques*, les protagonistes sont des *eugeneis*, des bien nés qui associent la divine trinité de l'argent, de l'âge et de l'esthétique, si bien que certains ont voulu voir dans ces œuvres l'équivalent de nos romans Harlequin ou de nos magazine *people*. Soit des abîmes de vanité où viendraient se perdre l'imagination et les aspirations d'un lectorat ingénu en manque d'éducation. Cette projection un peu simpliste se prolonge à l'échelle de la mode, où le public guette les toilettes de ceux et celles qui font l'actualité. Au point que l'entretien du corps, chez les hommes comme chez les femmes, prend des proportions considérables. Les *fashion victims* échevelées et pomponnées à la *Sex and the City* n'ont qu'à bien se tenir. Pour le plus grand déplaisir – encore et toujours – de Juvénal qui évoque « le hideux masque de mie de pain et l'onguent de Poppée où le malheureux mari s'empoisse les lèvres ».

HOMÈRE
VIIIe s. av. J.-C.

VIRGILE
Ier s. av. J.-C.

CLAUDIEN
Ve s. ap. J.-C.

Pline l'Ancien

Pline l'Ancien n'a rien d'un Karl Lagerfeld. Ce naturaliste très sérieux, qui perdit la vie pour avoir voulu de trop près observer les effets de l'éruption du Vésuve en 79 après J.-C., se caractérise par son encyclopédisme prodigieux sur tous les sujets plutôt que par sa frivolité. Cela ne l'empêche pas de songer çà et là au bien-être de ses contemporaines, parce qu'elles le valent bien…

POPPÉE ET LE LAIT D'ÂNESSE

On croit que le lait d'ânesse efface les rides du visage et rend la peau plus douce et plus blanche, et l'on sait que quelques femmes s'en enduisent les joues sept fois par jour en observant bien ce nombre. Poppée, femme de l'empereur Néron, institua cet usage, utilisant même ce lait en bains et, pour cela, se faisait accompagner en voyage d'un troupeau d'ânesses. Les éruptions pituiteuses de la face disparaissent par des applications de beurre, et plus complètement si l'on y ajoute de la céruse ; mais on guérit ces mêmes affections, lorsqu'elles s'étendent, avec du beurre pur qu'on recouvre de farine d'orge. On guérit les ulcères du visage en y appliquant des membranes fœtales de vache encore humides. Ceci va sembler frivole, mais ne doit pourtant pas être oublié en raison de l'importance qu'y attachent les femmes : l'osselet d'un bouvillon blanc, bouilli pendant quarante jours et autant de nuits jusqu'à ce qu'il soit liquéfié, puis appliqué dans un linge, entretient la blancheur de la peau et efface les rides. On dit que la bouse de taureaux rend les joues vermeilles, si bien que les onctions de crocodilée ne font pas mieux, et l'on prescrit de se laver à l'eau froide avant et après. Les taches de rousseur, et tout ce qui altère la couleur de la peau, se corrigent par la bouse de veau pétrie à la main avec de l'huile et de la gomme.

Histoire naturelle, XXVII, 50

HOMÈRE
VIIIᵉ s. av. J.-C.

VIRGILE
Iᵉʳ s. av. J.-C.

CLAUDIEN
Vᵉ s. ap. J.-C.

Ovide

Les Remèdes à l'amour *d'Ovide fournissent tout un ensemble de recettes pour oublier les peines de cœur. Ils nous sont parvenus suivis d'un poème sur les produits de beauté. Rien de tel pour oublier un chagrin d'amour que de s'occuper de soi !*

CE SOIR JE SERAI LA PLUS BELLE...

Apprenez, jeunes beautés, les soins qui embellissent le visage et les moyens de défendre votre beauté. La culture a forcé la terre infertile à produire les dons de Cérès pour la payer de ses soins ; les ronces piquantes ont disparu. La culture agit aussi sur les fruits ; elle en corrige le goût amer et l'arbre fendu reçoit par la greffe des ressources adoptives. Tout ce qui est orné plaît ; les toits élevés sont couverts de dorures ; la terre noire disparaît sous un revêtement de marbre ; la laine reçoit souvent plusieurs teintures dans les chaudières tyriennes ; l'Inde, pour les raffinements de notre luxe, fournit son ivoire, scié en morceaux.

Peut-être, il y a longtemps, sous le roi Tatius, les Sabines auraient mieux aimé, elles, cultiver les champs paternels que leur beauté. C'est l'époque où la matrone épaisse, au teint coloré, assise sur un siège élevé, de son pouce filait sans relâche sa dure tâche ; elle-même enfermait au bercail les troupeaux que sa fille avait fait paître ; elle-même entretenait le feu en y jetant des brindilles et du bois cassé. Mais vos mères ont enfanté des filles délicates ; vous voulez que votre corps soit couvert de vêtements brochés d'or ; vous voulez parfumer vos cheveux et varier votre coiffure ; vous voulez qu'à votre main l'on admire les pierres précieuses de vos bagues ; vous ornez votre cou de diamants venus d'Orient et si lourds que, pour une oreille, deux sont un vrai fardeau. Mais il ne faut pas s'indigner : vous devez avoir le souci de plaire, puisqu'à notre époque les hommes sont recherchés dans leur parure. Vos maris prennent les goûts féminins et c'est à peine si l'épouse peut ajouter quelque chose à leur luxe…

Des femmes, qui vivent cachées au fond de la campagne, se coiffent avec soin ; fussent-elles dérobées à tous les yeux par les escarpements de l'Athos, les hauteurs de l'Athos les verraient bien adornées. Se plaire à soi-même ne va pas sans un certain charme ; les jeunes filles sont occupées et charmées de leur beauté. Lorsqu'on loue son plumage, l'oiseau de Junon le déploie, et, silencieux, s'enorgueillit de sa beauté.

Pour provoquer notre amour, c'est là un moyen préférable aux plantes efficaces, que les magiciennes redoutables coupent de leur main experte. Non, ne vous fiez pas aux simples, ni aux philtres composés, et n'essayez pas le liquide nuisible de la cavale en chaleur. Les serpents ne sont pas fendus en deux par les incantations des Marses et elles ne font pas remonter l'eau à sa source. L'on pourrait bien renoncer à frapper sur l'airain de Témèse ; la Lune ne descendrait pas de son char.

Que votre premier soin, jeunes filles, soit de veiller sur votre caractère : les qualités de l'âme ajoutent des attraits au visage. L'amour fondé sur le caractère est durable ; la beauté sera ravagée par l'âge et des rides sillonneront votre visage séduisant. Un temps viendra où vous regretterez de vous regarder dans votre miroir, et ces regrets feront naître de nouvelles rides. La vertu suffit, dure toute la vie, si longue soit-elle, et entretient l'amour autant qu'elle-même subsiste…

… Eh bien, lorsque le sommeil aura détendu vos membres délicats, par quel moyen donner de l'éclat à la blancheur de votre teint ? Prenez de l'orge que les cultivateurs de Libye ont envoyée par mer. Dépouillez-la de sa paille et de ses enveloppes. Ajoutez une égale quantité d'ers, délayé dans dix œufs ; de toute façon que le poids de cet orge mondé soit de deux bonnes livres. Quand ce mélange aura été séché au souffle de l'air, portez-le, sous une meule rugueuse, pulvériser par une ânesse lente. Broyez aussi de la corne vive du cerf, de celle qui tombe au commencement de l'année ; mettez-en un sixième de livre. Ensuite, quand le tout sera mélangé en une farine bien menue, passez immédiatement dans un tamis à mailles très serrées. Ajoutez douze oignons de narcisse sans écorce, pilés d'une main vigoureuse dans un mortier de marbre bien nettoyé, puis deux onces de gomme avec de la farine de froment de Toscane, sans préjudice de neuf fois autant de miel. Toute femme qui enduira son visage de ce cosmétique le rendra plus brillant, plus lisse que son miroir.

N'hésitez pas non plus à griller de pâles lupins et en même temps faites cuire des fèves, ces graines gonflées ; des uns et des autres mettez également six livres ; faites écraser les uns et les autres par les moules noires. Ne manquez pas d'y ajouter de la céruse, de l'écume de nitre rouge et de l'iris d'Illyrie. Faites travailler le tout par des bras jeunes et vigoureux, et que les ingrédients ainsi broyés ne pèsent pas plus d'une once.

L'application de produits tirés du nid d'oiseaux plaintifs fait disparaître les taches de la figure : on appelle ces produits *alcyoneum*. Si vous voulez savoir la dose que je préconise c'est le poids d'une once divisée en deux parties. Pour lier et permettre de bien étendre sur le corps, ajoutez du miel doré de l'Attique.

Quoique l'encens apaise les dieux et leur courroux, il ne faut pas l'employer uniquement à brûler sur leurs autels. Mêlez-y du nitre qui rend les corps bien lisses, et employez, de chacun, le même poids, un tiers de livre. Ajoutez un morceau de gomme arrachée à l'écorce des arbres, mais plus léger d'un quart, et un petit dé de myrrhe grasse. Après avoir broyé le tout, passez dans un tamis fin et délayez cette poudre dans du miel. On s'est bien trouvé d'ajouter du fenouil à la myrrhe odorante (cinq de fenouil contre neuf de myrrhe), une poignée de roses sèches, et de l'encens mâle ainsi que du sel ammoniac. Sur ce mélange, versez de la crème d'orge, et que le poids du sel et de l'encens égale celui des roses. Appliqué, même peu de temps, sur un visage trop délicat, il en fera disparaître toutes les rougeurs.

Les Remèdes à l'amour.
Les produits de beauté pour le visage de la femme

HOMÈRE
VIIIᵉ s. av. J.-C.

VIRGILE
Iᵉʳ s. av. J.-C.

CLAUDIEN
Vᵉ s. ap. J.-C.

Élien

La tyrannie de l'apparence peut prendre les formes les plus diverses chez les célébrités. On se souvient de la torture infligée aux chairs des dames de la haute société dans le Brazil *de Terry Gilliam, prémonitoire du triomphe de la chirurgie esthétique magnifiée dans la série* Nip/Tuck. *À défaut d'une liposuccion, le tyran Denys d'Héraclée se voit infliger un remède par ses médecins, littéralement à son corps défendant.*

RÉGIME RADICAL

Denys d'Héraclée, fils du tyran Cléarque, à ce que j'entends dire, ne s'était pas rendu compte qu'il avait pris trop de poids et qu'il était devenu obèse à cause de sa voracité quotidienne et de sa mollesse. Le châtiment qu'il s'attira pour sa corpulence et pour l'enflure de ses chairs fut une dyspnée. Comme remède pour guérir cette maladie les médecins lui ordonnèrent, dit-on, de faire préparer des aiguilles fines et très longues, puis de les faire introduire dans ses flancs et son ventre lorsqu'il tomberait dans un sommeil profond. Ils s'appliquaient à poursuivre cette opération tant que l'aiguille tout entière traversait la couche de chair qui était insensible et lui était en quelque sorte étrangère ; quant à lui, il restait étendu, tout à fait semblable à une pierre. Si toutefois l'aiguille parvenait là où se trouvait son vrai corps sain et vivant et où se terminait l'excédent de graisse qui lui était étranger, alors il la sentait et se réveillait. Il donnait audience à ceux qui désiraient le rencontrer en cachant son corps derrière une caisse. D'autres disent qu'il ne s'agissait pas d'une caisse mais d'une tourelle. Il faisait cela pour dissimuler l'ensemble de son corps, à l'exception du visage qu'il laissait dépasser lorsqu'il conversait, revêtu, chers dieux ! de cet accoutrement misérable, carapace d'animal plutôt que vêtement d'homme.

Histoire variée, IX, 13

HOMÈRE
VIIIᵉ s. av. J.-C.

VIRGILE
Iᵉʳ s. av. J.-C.

CLAUDIEN
Vᵉ s. ap. J.-C.

Homère

La ceinture de la déesse de l'Amour n'a rien de chaste. Forgée par son mari Héphaïstos, elle possède toutes les vertus de l'aphrodisiaque. Pour endormir Zeus après un fougueux combat amoureux et porter ainsi secours aux Achéens devant Troie, Héra tend un piège à Aphrodite afin d'obtenir le précieux accessoire.

LA CEINTURE D'APHRODITE

L'auguste Héra alors, perfidement, lui dit :

« Eh bien ! donne-moi donc la tendresse, le désir par lesquels tu domptes à la fois tous les dieux immortels et tous les mortels. Je m'en vais, aux confins de la terre féconde, visiter Océan, le père des dieux, et Téthys, leur mère. Ce sont eux qui, dans leur demeure, m'ont nourrie et élevée, du jour où ils m'avaient reçue des mains de Rhéa, dans les temps où Zeus à la grande voix avait mis Cronos sous la terre et sous la mer infinie. Je vais les visiter et mettre fin à leurs querelles obstinées. Voilà longtemps qu'ils se privent l'un l'autre de lit et d'amour, tant la colère a envahi leurs âmes. Si, par des mots qui les flattent, j'arrive à convaincre leurs cœurs et si je les ramène au lit où ils s'uniront d'amour, par eux, à tout jamais, mon nom sera chéri et vénéré. »

Et Aphrodite qui aime les sourires, à son tour, lui dit :

« Il est pour moi tout ensemble impossible et malséant de te refuser ce que tu demandes : tu es celle qui repose dans les bras de Zeus, dieu suprême. »

Elle dit, et de son sein elle détache alors le ruban brodé, aux dessins variés, où résident tous les charmes. Là sont tendresse désir, entretien amoureux aux propos séducteurs qui trompent le cœur des plus sages. Elle le met aux mains d'Héra et lui dit, en l'appelant de tous ses noms :

« Tiens ! mets-moi ce ruban dans le pli de ta robe. Tout figure dans ses dessins variés. Je te le dis : tu ne reviendras pas sans avoir achevé ce dont tu as telle envie dans le cœur. »

Elle dit et fait sourire l'auguste Héra aux grands yeux, et, souriante, Héra met le ruban dans le pli de sa robe.

Iliade, XIV, 197-223

HOROSCOPE

Chez les Anciens, tous les signes divins sont scrutés très attentivement, étudiés et analysés avant de se lancer dans quelque opération que ce soit. Dans son traité *Sur la divination*, Cicéron évoque les signes naturels en particulier les rêves que chacun pouvait interpréter de lui-même ou avec l'aide d'un spécialiste de la question. Le sanctuaire du dieu Asclépios (ou Esculape) à Épidaure, connu essentiellement pour son théâtre, était ainsi une sorte de Lourdes de l'Antiquité, où les malades se rendaient en espérant que le dieu leur apparaîtrait en rêve pour les guérir. Les autres manifestations de la divination consistaient dans l'observation de signes comme le vol des oiseaux ou les entrailles de certains animaux. La concurrence était rude à Rome entre le collège des Augures, seul collège officiellement habilité à prendre les auspices, et les haruspices, ces devins étrusques que consultaient fréquemment les plus hautes sphères de la société romaine. Pour les décisions politiques ou militaires déterminantes, l'étude des signes était de rigueur et gare à ceux qui se montraient dédaigneux à l'égard de ces pratiques. Leur impiété était généralement punie, comme le montre l'exemple du consul Publius Claudius Pulcher à la bataille navale de Depranum, au large de la Sicile, en 249 avant J.-C. Avant d'attaquer les Carthaginois, il prit les auspices, qui consistaient en l'observation des poulets sacrés embarqués à bord. S'ils mangeaient les grains qu'on leur proposait, le présage était alors favorable. Comme ils refusèrent de manger, Pulcher ordonna de les passer par-dessus bord avec ce mot resté fameux et transmis par Tite-Live : « Qu'ils boivent, puisqu'ils ne veulent pas manger. » On peut imaginer quelle fut l'issue de la bataille…

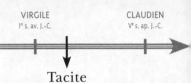

HOMÈRE	VIRGILE	CLAUDIEN
VIIIe s. av. J.-C.	Ier s. av. J.-C.	Ve s. ap. J.-C.

Tacite

Les empereurs romains ne sont pas moins superstitieux que le commun des mortels. Ils auraient même tendance à l'être davantage. Tibère ne manque pas de consulter son devin préféré pour voir ce que l'avenir lui réserve. Après tout, un ancien président de la République française ou un sélectionneur de l'équipe de France de football ne passaient pas pour agir différemment...

TIBÈRE ET LES ASTRES

Chaque fois qu'il voulait consulter sur une telle affaire, il utilisait l'étage supérieur de sa maison et ne se confiait qu'à un seul affranchi. Celui-ci, un illettré, d'une grande vigueur, menait par des sentiers mal frayés et abrupts – car la maison domine des rochers – celui dont Tibère avait décidé d'essayer le talent, et, sur la voie du retour, au moindre soupçon de charlatanisme ou d'imposture, il le précipitait dans la mer située au-dessous, pour supprimer le détenteur du secret. Donc Thrasyllus fut amené le long de ces mêmes rochers ; après l'avoir interrogé, vivement frappé de ses réponses, qui, habilement, lui prédisaient l'empire et lui dévoilaient l'avenir, Tibère lui demande s'il avait tiré aussi son propre horoscope et comment se présentaient pour lui l'année et le jour même. Lui, calculant la position des astres et les espaces qui les séparaient, hésite d'abord, puis se met à pâlir, et, à mesure qu'il poursuivait ses arches, tremble de plus en plus de surprise et de crainte, enfin il s'écrie qu'un moment critique, sinon la dernière extrémité, le menace. Alors Tibère, l'embrassant, le félicite d'avoir prévu les périls et d'en sortir indemne, et, prenant ses paroles pour un oracle, il l'admet parmi ses amis intimes.

Annales, VI, 21

HOMÈRE
VIIIe s. av. J.-C.

VIRGILE
Ier s. av. J.-C.

CLAUDIEN
Ve s. ap. J.-C.

Suétone

Le pouvoir des rêves est grand dans l'Antiquité. Leur carac-
tère prémonitoire est rarement démenti, pour peu que l'on soit
versé en onirocritie, qui est l'art d'interpréter les rêves. Le Grec
Artémidore se spécialisa même dans cette question très populaire
pour en livrer un traité. Vespasien, l'un des rares empereurs,
avec son fils Titus, à trouver grâce aux yeux de ce vieux persi-
fleur de Suétone, ne manque manifestement pas de talent dans
cet exercice délicat.

VESPASIEN ET SON HOROSCOPE

De l'avis de tous, il eut toujours une si grande
confiance dans son horoscope et dans celui des siens,
que, malgré de multiples conjurations tramées contre lui,
il osa déclarer au Sénat « que ses fils lui succéderaient ou
qu'il n'aurait point de successeur ». On dit même qu'il
vit un jour en songe, au milieu du vestibule de son palais,
une balance dont les deux plateaux, portant l'un Claude
et Néron, l'autre, lui et ses fils, se faisaient équilibre. Et
ce rêve ne fut pas menteur, puisque les uns et les autres
occupèrent l'empire pendant un même nombre d'années et un temps égal.

Vies des douze Césars. Vespasien, 25

HOMÈRE
VIIIe s. av. J.-C.

VIRGILE
Ier s. av. J.-C.

CLAUDIEN
Ve s. ap. J.-C.

Pseudo-Callisthène

Le Roman d'Alexandre, *qui connut en particulier un très grand succès au Moyen Âge, constitue l'une des aventures littéraires les plus complexes et les plus passionnantes de l'Antiquité. Suite d'aventures légendaires consacrées aux exploits du célèbre conquérant, il a fait l'objet de plusieurs versions, dont l'une est attribuée faussement à l'historien Callisthène, un parent d'Aristote qui accompagna Alexandre dans son expédition d'Orient. Cette œuvre met en scène un grand nombre de personnages, dont le mage Nectanébo. Ce dernier assiste ici Olympias alors qu'elle doit donner naissance au futur maître du monde.*

ACCOUCHER SELON LE THÈME ASTRAL

Et, comme le moment d'accoucher était arrivé pour Olympias, assise sur la chaise de parturiente, elle entre dans les douleurs de l'enfantement. Mais, à ses côtés, Nectanébo, ayant mesuré les parcours célestes, l'exhortait à ne pas se presser pour accoucher, et après avoir brassé les éléments cosmiques, en recourant à son pouvoir magique, il prenait connaissance de leurs forces présentes, et il lui dit : « Femme, retiens-toi et domine les forces émanant de la nature. Car si tu accouchais maintenant, c'est à un esclave du plus bas rang, à un prisonnier de guerre ou à un grand monstre que tu donnerais naissance. » Lorsque la femme fut tourmentée de nouveau par les contractions et ne parvint plus à supporter les élancements qui se multipliaient, Nectanébo lui dit : « Encore un peu de courage, femme. Car si tu accouchais maintenant, l'enfant serait un eunuque sans avenir. » Puis, usant à la fois d'encouragements et de paroles efficaces, Nectanébo enseignait à Olympias à bloquer de ses mains les voies naturelles. De son côté, en recourant à ses procédés magiques, il empêchait l'accouchement de la femme. Enfin, quand il eut à nouveau observé les trajets célestes des éléments cosmiques, il sut que le monde tout entier occupait le milieu du firmament, et il vit une clarté descendant du ciel, comme lorsque le soleil est au zénith, et il dit à Olympias : « Pousse maintenant le cri de l'accouchement ! » Et lui-même alors lui ordonna d'accoucher, et il lui dit : « Tu es en train d'enfanter un roi, le maître du monde ! » Alors Olympias, après avoir mugi plus fort qu'une vache, accoucha d'un enfant mâle avec la faveur de la fortune. Quand l'enfant arriva sur la terre, il y eut des coups de tonnerre se faisant écho et des cascades d'éclairs, de sorte que l'univers entier en fut ébranlé.

Le Roman d'Alexandre, I, 12

BELLES DEMEURES

Certains se gaussent aujourd'hui de la démesure ridicule de nos stars, qui accumulent les manoirs aux chambres inhabitées à l'image de l'extravagante demeure d'Elton John à Windsor. Mais en comparaison de la *Domus aurea* de Néron ou de la villa d'Hadrien à Tibur, ces châteaux passeraient presque pour de sympathiques résidences secondaires. Chefs-d'œuvre d'architecture, marqués par l'amour des arts et des belles-lettres, les résidences des riches romains devaient témoigner tout autant de la richesse de leur propriétaire que de leur goût très sûr en matière de beaux-arts. Les jardins également avaient une fonction essentielle dans cet ensemble, surtout pour les rois et empereurs car, comme l'écrit Pierre Grimal, « le jardin est un lieu d'illusion : illusion que rien ne meurt et que les naissances y sont perpétuelles, illusion que l'homme est tout-puissant ».

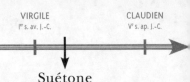

Suétone

« Me voici, enfin, logé comme un homme. » Le mot fameux de Néron, que l'on trouve ici, n'a pas peu contribué à amplifier la démesure et l'aveuglement de cet empereur, logé comme un dieu dans une demeure invraisemblable. Il fut en fait mal compris. Pierre Grimal indique bien le sens véritable de cette expression : avec cette formule, « Néron pensait vraiment avoir réalisé dans sa plénitude sa propre humanité. Il était devenu, par la grâce du jardin, un homme véritable, roi et prince de la création ».

UNE MAISON D'OR

Mais ce fut surtout en constructions qu'il gaspilla l'argent : il se fit bâtir une maison s'étendant du Palatin à l'Esquilin et l'appela d'abord « le Passage », puis, un incendie l'ayant détruite, il la reconstruisit sous le nom de « Maison dorée ». Pour faire connaître son étendue et sa splendeur, il suffira de dire ce qui suit. Dans son vestibule on avait pu dresser une statue colossale de Néron, haute de cent vingt pieds ; la demeure était si vaste qu'elle renfermait des portiques à trois rangs de colonnes, longs de mille pas, une pièce d'eau semblable à une mer, entourée de maisons formant comme des villes, et par surcroît une étendue de campagne, où se voyaient à la fois des cultures, des vignobles, des pâturages et des forêts, contenant une multitude d'animaux domestiques et sauvages de tout genre ; dans le reste de l'édifice, tout était couvert de dorures, rehaussé de pierres précieuses et de coquillages à perles ; le plafond des salles à manger était fait de tablettes d'ivoire mobiles et percées de trous, afin que l'on pût répandre d'en haut sur les convives soit des fleurs soit des parfums ; la principale était ronde et tournait continuellement sur elle-même, le jour et la nuit, comme le monde ; dans les salles de bain coulaient les eaux de la mer et celles d'Albula. Lorsqu'un tel palais fut achevé et que Néron l'inaugura, tout son éloge se réduisit à ces mots : « Je vais enfin commencer à être logé comme un homme. » Il entreprenait aussi la construction d'une piscine s'étendant de Misène au lac Averne, entièrement couverte et entourée de portiques, dans laquelle devaient être amenées toutes les eaux thermales de Baies ; le percement d'un canal depuis l'Averne jusqu'à Ostie, permettant de se rendre dans cette ville en bateau, sans naviguer sur mer, sa longueur devait être de cent soixante milles, sa largeur, telle que deux galères à cinq rangs de rames pussent y naviguer en sens contraire. Pour venir à bout de pareils ouvrages, il avait prescrit de transporter en Italie tous les détenus de l'empire et de ne condamner qu'aux travaux forcés, même pour des crimes manifestes. Ce qui l'entraîna à cette folie de dépenses, ce fut, outre sa confiance dans les ressources de l'empire, l'espérance soudaine de découvrir d'immenses richesses cachées, d'après les indications d'un chevalier romain qui lui garantissait que les richesses de l'antique trésor emporté par la reine Didon, lorsqu'elle s'enfuit de Tyr, se trouvaient en Afrique, enfouies dans de très vastes cavernes, et qu'on pourrait les en extraire au prix d'un effort minime.

Vies des douze Césars. Néron, 31

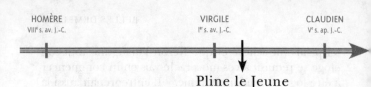

HOMÈRE
VIIIe s. av. J.-C.

VIRGILE
Ier s. av. J.-C.

CLAUDIEN
Ve s. ap. J.-C.

Pline le Jeune

Pline le Jeune cultivait le snobisme jusque dans les délicates dénominations qu'ils faisaient de ses propriétés au bord du lac de Côme. Force est d'avouer que le notable a bon goût. Car comme le dit Stendhal, en ce lieu, « tout est noble et tendre, tout parle d'amour, rien ne rappelle les laideurs de la civilisation ».

VILLAS « TRAGÉDIE » ET « COMÉDIE »
SUR LE LAC DE CÔME

C. Pline à son cher Romanus, salut.

Vous m'écrivez que vous bâtissez : parfait ! j'ai trouvé qui plaide pour moi et maintenant je suis sage en bâtissant puisque nous le faisons tous deux. Car sur ce point encore pas de différence : vous bâtissez au bord de la mer, moi au bord du lac Larius. Sur le rivage de ce lac, j'ai plusieurs villas, mais il en est deux entre toutes qui me donnent autant de plaisir que de tracas. L'une, élevée sur les rochers à la manière de Baies, a vue sur le lac ; l'autre, aussi à la manière de Baies, borde le lac. C'est pourquoi j'appelle la première « tragédie », la seconde « comédie », car elles sont comme montées la première sur des cothurnes, la seconde sur des brodequins. Chacune a son charme et toutes deux plaisent encore davantage à leur possesseur par leur opposition même. Celle-ci tient le lac de plus près, celle-là, en possède une plus grande étendue ; celle-ci enveloppe une seule baie d'une courbure harmonieuse, celle-là, posée sur une croupe proéminente, en sépare deux ; dans l'une, la promenade pour les litières est en droite ligne et forme une longue allée bordant le rivage ; dans l'autre, elle décrit de douces sinuosités sur une ample terrasse ; l'une est à l'abri des flots, l'autre les brise ; de l'une on peut voir à ses pieds les pêcheurs, de l'autre pêcher soi-même et jeter l'hameçon depuis sa chambre et pour ainsi dire de son lit de repos même, comme si on était en barque. Voilà ce qui m'engage à ajouter à chacune les commodités qui lui manquent en raison même de celles dont elle surabonde. Mais pourquoi vous donner mes motifs ? Mes meilleurs motifs à vos yeux seront que vous fassiez la même chose. Adieu.

Lettres, IX, 7

HOMÈRE
VIIIe s. av. J.-C.

VIRGILE
Ier s. av. J.-C.

CLAUDIEN
Ve s. ap. J.-C.

Histoire auguste

Hadrien fut de tous les empereurs romains le plus philhellène. Sa merveilleuse villa, où le narrateur de Marguerite Yourcenar écrit ses mémoires, encore visible aujourd'hui en partie à Tivoli, est le miroir de l'aspiration libérale d'Hadrien. Luxe, calme, et volupté.

VILLA HADRIANA

Il fit bâtir sa merveilleuse villa de Tibur, conçue de telle sorte que les noms des provinces et des lieux les plus célèbres s'y trouvassent attribués ; c'est ainsi qu'il donna, par exemple, les dénominations de Lycée, d'Académie, de Prytanée, de Canope, de Pœcile, de Tempé ; et, pour ne rien laisser de côté, il représenta même les Enfers.

Vie d'Hadrien, XXVI, 5

HOMÈRE
VIIIᵉ s. av. J.-C.

VIRGILE
Iᵉʳ s. av. J.-C.

CLAUDIEN
Vᵉ s. ap. J.-C.

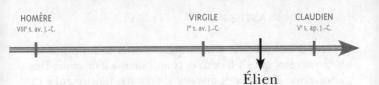

Élien

Élien eût fait le bonheur des promoteurs immobiliers pour grosses fortunes. Sa présentation du Tempé ressemble fort à celle d'un locus amoenus, *un lieu propre au repos de l'esprit et de l'âme.*

À BÂTIR

Allons donc, peignons et ciselons une description du lieu thessalien appelé Tempé. On s'accorde en effet à dire que la description par les mots, à condition qu'elle possède une force évocatrice, ne présente pas ce qu'elle veut évoquer moins efficacement que les bons artistes manuels. Il s'agit de l'endroit qui se trouve entre l'Olympe et l'Ossa. Ces montagnes sont extrêmement hautes et comme coupées en deux par un dessein divin. Au milieu, il y a un espace qui s'étend sur quarante stades de longueur et dont la largeur est ici d'un plèthre, là d'un peu plus. Le fleuve appelé Pénée coule en son milieu. D'autres rivières se déversent en lui et, mêlant leurs eaux aux siennes, grossissent le Pénée.

Cet endroit présente des lieux de séjour divers et variés qui ne sont pas des ouvrages de main humaine ; la nature les a elle-même créés, tenant à se surpasser en beauté au moment où cette contrée a pris naissance. Le lierre y est abondant et très dense : il prospère, se développe, grimpe à la manière de la bonne vigne sur les arbres les plus hauts et se mêle à eux. La salsepareille monte en abondance vers les rochers élevés et couvre la pierre qui disparaît sous elle, et tout bourgeonne : c'est une fête pour les yeux. Dans les endroits plats et situés en contrebas, on trouve des bosquets variés et des abris fréquents qui, à la saison chaude, sont des lieux de refuge et de repos fort agréables pour les voyageurs, leur permettant de se rafraîchir plaisamment. De nombreuses sources coulent aux alentours ; elles donnent naissance à des ruisseaux d'eau fraîche et

275

très douce à boire. On dit que ces eaux sont profitables pour ceux qui s'y lavent, et contribuent à leur santé. Des oiseaux, surtout des oiseaux chanteurs, font retentir çà et là leurs mélodies : c'est un merveilleux festin pour les oreilles. Ces chants accompagnent les passants, les distraient et leur procurent du plaisir, faisant oublier l'effort. De part et d'autre du fleuve on trouve les lieux de repos qui ont été évoqués, et les haltes.

Au milieu de la vallée de Tempé coule le fleuve Pénée, paresseux et paisible comme de l'huile. Une ombre abondante se répand sur lui, provenant des arbres qui poussent sur ses rives et des branches qui s'étendent au-dessus de l'eau de manière à protéger des rayons perçants du soleil pendant la plus grande partie du jour et à permettre à ceux qui naviguent d'avancer dans la fraîcheur. Toute la population des alentours se rencontre ici : ils font des sacrifices, s'adonnent à des festins et à des beuveries, Comme nombreux sont ceux qui y célèbrent continuellement rites et sacrifices, il est normal que des odeurs fort agréables accueillent les voyageurs qui passent à pied ou en bateau. Ainsi, cette foison d'hommages à l'Être supérieur rend le lieu divin.

C'est ici, à ce que disent les gens de la Thessalie, qu'Apollon Pythien s'est purifié sur l'ordre de Zeus, après avoir tué de ses flèches le serpent Python qui, à l'époque, gardait encore Delphes, quand l'oracle appartenait à la Terre. Le fils de Zeus et de Léto se couronna avec le laurier de Tempé, en prit de sa main droite une branche et se rendit à Delphes pour entrer en possession de l'oracle. Un autel marque le lieu où il s'est couronné et où il a arraché la branche. Aujourd'hui encore, les habitants de Delphes y envoient tous les huit ans des enfants nobles, accompagnés de l'un d'eux en qualité de chef de procession. Une fois arrivés sur place, après avoir offert un sacrifice somptueux dans la vallée de Tempé, ils repartent avec des couronnes qu'ils se sont tressées avec le même laurier dont jadis le dieu s'était couronné.

Histoire variée, III, 1

ANNEXE

L'OLYMPE,
PARADIS *PEOPLE*

Il serait difficile d'évoquer les célébrités de l'Antiquité sans mettre en avant celles qui occupent les conversations de toutes et de tous, qui sont au centre de toutes les interrogations, de tous les débats, dans l'espace public et privé. Les dieux, quoique vénérés, n'ont pourtant pas été épargnés par une certaine approche irrévérencieuse ou burlesque, les faisant descendre d'une certaine manière de leur orgueilleux Olympe. Il faut dire que dans leur paradis, il n'y a que des stars, dont l'orgueil et l'ego sont sans commune mesure avec les plus célèbres des mortels. C'est pourquoi, d'Homère à Lucien, Zeus et ses comparses sont parfois dépeints comme animés des mêmes désirs et des mêmes impulsions que les malheureux humains. Un crime de lèse-majesté pour Platon qui s'en plaint ouvertement dans *La République*, soulignant l'immoralité des dieux et le scandale qui consiste pour Homère à les peindre en proie au rire. On ne peut que sourire en imaginant la réaction du philosophe à la lecture des *Dialogues des dieux* du facétieux Lucien…

HOMÈRE
VIIIe s. av. J.-C.

VIRGILE
Ier s. av. J.-C.

CLAUDIEN
Ve s. ap. J.-C.

Hésiode

*Comme dans un catalogue… homérique, Hésiode livre dans
sa vision de l'origine du monde une liste – non exhaustive – des
conquêtes de Zeus. Une véritable sexe-machine, dont la lignée a
une sacrée tenue.*

DIEU DES DIEUX ET DES COUREURS DE JUPONS

Et Zeus, le roi des dieux, pour épouse d'abord prit
Prudence, qui sait plus de choses que tout dieu ou
homme mortel. Mais, au moment même où elle allait
enfanter Athéna, la déesse aux yeux pers, trompant
traîtreusement son cœur par des mots caressants, Zeus
l'engloutit dans ses entrailles, sur les conseils de Terre
et de Ciel Étoilé. Tous deux l'avaient conseillé de la
sorte, pour que l'honneur royal n'appartînt jamais à
un autre qu'à Zeus parmi les dieux toujours vivants.
De Prudence en effet le destin voulait que des enfants
sortissent sages entre tous – et la vierge aux yeux pers,
d'abord, Tritogénie, qui de fougue et de sage vouloir a part égale avec son père. Mais Prudence devait
enfanter ensuite un fils au cœur violent qui eût été roi
des hommes et des dieux, si Zeus auparavant ne l'eût
engloutie au fond de ses entrailles, afin que la déesse
toujours lui fît connaître ce qui lui serait soit heur ou
malheur.

Ensuite il épousa la brillante Équité, qui fut mère
des Heures – Discipline, Justice et Paix la florissante,
qui veillent sur les champs des hommes mortels – et des
Parques, à qui le prudent Zeus a accordé le plus haut pri-
vilège, Clothô, Lachésis, Atropos, qui, seules, aux hommes mortels donnent soit heur ou malheur.

Eurynomé, fille d'Océan, à la séduisante beauté, lui
enfanta trois filles, les Grâces aux belles joues, Aglaé,
Euphrosyne et l'aimable Thalie.

Il entra aussi au lit de Déméter la nourricière, qui lui enfanta Perséphone aux bras blancs. Aïdôneus la ravit à sa mère, et le prudent Zeus la lui accorda.

Il aima encore Mnémosyne aux beaux cheveux, et c'est d'elle que lui naquirent les neuf Muses au bandeau d'or, qui se plaisent aux fêtes et à la joie du chant.

Létô enfanta Apollon et l'archère Artémis, enfants ravissants entre les petits-fils de Ciel, après avoir connu entre ses bras l'amour de Zeus qui tient l'égide.

Il fit enfin d'Héra sa dernière et florissante épouse ; et elle lui enfantait Hébé, Arès, Ilithye, unie d'amour au roi des hommes et des dieux.

Et, tout seul, de son front, il donna le jour à Tritogénie aux yeux pers, éveilleuse terrible de tumulte, infatigable conductrice d'armées, auguste déesse qui se plaît aux clameurs, aux guerres, aux combats. Héra, elle, enfantait l'illustre Héphaïstos, – sans union d'amour, par colère et défi lancé à son époux, – Héphaïstos, le plus industrieux des petits-fils de Ciel.

À Zeus encore, Maïa, fille d'Atlas, enfanta l'illustre Hermès, héraut des dieux, montée avec lui dans son lit sacré.

Sémélé, fille de Cadmos, à lui unie d'amour, lui donna un fils illustre, Dionysos, riche en joies, Immortel né d'une mortelle. Aujourd'hui tous deux sont dieux.

Alcmène enfin devenait mère du robuste Héraclès, unie d'amour à Zeus assembleur de nuées.

Théogonie, 886-929 et 938-947

HOMÈRE
VIIIᵉ s. av. J.-C.

VIRGILE
Iᵉʳ s. av. J.-C.

CLAUDIEN
Vᵉ s. ap. J.-C.

Homère

C'est ce passage en particulier de l'épopée homérique qui pro-voqua le courroux de Platon. Il faut convenir qu'Homère n'y est pas allé de main morte. Entre le flagrant délit d'adultère et la réaction bien peu mesurée de l'assemblée des dieux, le lecteur pourrait se croire chez Feydeau.

DIVIN VAUDEVILLE

Démodocos[1] alors préluda, puis se mit à bellement chanter.

Il disait les amours d'Arès et de son Aphrodite au dia-dème, leur premier rendez-vous secret chez Héphaïstos et tous les dons d'Arès, et la couche souillée du seigneur Héphaïstos, et le Soleil allant raconter au mari qu'il les avait trouvés en pleine œuvre d'amour. Héphaïstos accueillit sans plaisir la nouvelle ; mais, courant à sa forge, il roulait la vengeance au gouffre de son cœur. Quand il eut au billot dressé sa grande enclume, il for-gea des réseaux de chaînes infrangibles pour prendre nos amants. Puis, le piège achevé, furieux contre Arès, il revint à la chambre où se trouvait son lit : aux pieds, il attacha des chaînes en réseau ; au plafond, il pendit tout un autre réseau, vraie toile d'araignée, – un piège sans pareil, imperceptible à tous, même aux dieux bien-heureux ! et quand, autour du lit, il eut tendu la trappe, il feignit un départ vers les murs de Lemnos, la ville de son cœur entre toutes les terres. Arès, qui le guettait, n'avait pas l'œil fermé : dès qu'il vit en chemin le glo-rieux artiste, il prit ses rênes d'or, et le voilà courant chez le noble Héphaïstos, tout de feu pour sa Cythérée[2] au diadème !

1. L'aède du roi Alcinoos.
2. Autre nom d'Aphrodite.

La fille du Cronide à la force invincible rentrait tout justement du manoir de son père et venait de s'asseoir. Arès entra chez elle et, lui prenant la main, lui dit et déclara :

ARÈS. – Vite au lit, ma chérie ! quel plaisir de s'aimer ! Héphaïstos est en route ; il doit être à Lemnos, parmi ses Sintiens au parler de sauvages.

Il dit et le désir du lit prit la déesse. Mais, à peine montés sur le cadre et couchés, l'ingénieux réseau de l'habile Héphaïstos leur retombait dessus : plus moyen de bouger, de lever bras ni jambe ; ils voyaient maintenant qu'on ne pouvait plus fuir. Et voici que rentrait la gloire des boiteux ! avant d'être à Lemnos, il avait tourné bride, sur un mot du Soleil qui lui faisait la guette ; il revenait chez lui, la rage dans le cœur.

Debout au premier seuil, affolé de colère, avec des cris de fauve, il appelait les dieux :

HÉPHAÏSTOS. – Zeus le père et vous tous, éternels Bienheureux ! arrivez ! vous verrez de quoi rire ! un scandale ! C'est vrai : je suis boiteux ; mais la fille de Zeus, Aphrodite, ne vit que pour mon déshonneur ; elle aime cet Arès, pour la seule raison qu'il est beau, l'insolent ! qu'il a les jambes droites ! Si je naquis infirme, à qui la faute ? à moi ? ou à mes père et mère ? Ah ! comme ils auraient dû ne pas me mettre au monde ! Mais venez ! vous verrez où nos gens font l'amour : c'est dans mon propre lit ! J'enrage de les voir. Oh ! je crois qu'ils n'ont plus grande envie d'y rester : quelque amour qui les tienne, ils vont bientôt ne plus vouloir dormir à deux. Mais la trappe tiendra le couple sous les chaînes, tant que notre beau-père ne m'aura pas rendu jusqu'au moindre cadeau que je lui consignai pour sa chienne de fille ! La fille était jolie, mais trop dévergondée !

Ainsi parlait l'époux, et vers le seuil de bronze, accouraient tous les dieux, et d'abord Poséidon, le maître de la terre, puis l'obligeant Hermès, puis Apollon, le roi à la longue portée ; les déesses, avec la pudeur de leur sexe, demeuraient au logis…

Sur le seuil, ils étaient debout, ces Immortels, qui nous donnent les biens, et, du groupe de ces Bienheureux, il montait un rire inextinguible : ah ! la belle œuvre d'art de l'habile Héphaïstos !

Odyssée, VIII, 266-327

HOMÈRE
VIIIᵉ s. av. J.-C.

VIRGILE
Iᵉʳ s. av. J.-C.

CLAUDIEN
Vᵉ s. ap. J.-C.

Lucien

Les Dialogues des dieux *de Lucien sont une petite merveille d'irrévérence et d'inventivité. Le Syrien y livre une suite de saynètes dignes des meilleurs vaudevilles. Ici, Zeus apparaît comme la victime du petit Éros. Car ce garnement n'est pas le garçon inoffensif qu'il prétend. Si l'on en croit Hésiode dans la* Théogonie, *il est même l'une des trois divinités primitives du monde…*

ZEUS ET ÉROS

ÉROS. – Si j'ai fait une bêtise, Zeus, pardonne-moi : je ne suis qu'un enfant.

ZEUS. – Toi, Éros, un enfant ! Mais tu es bien plus vieux que Japet lui-même ! Sous prétexte que tu n'as ni barbe ni cheveux blancs, tu penses pouvoir passer pour un bébé, malgré ton grand âge et ta rouerie ?

ÉROS. – Quel est donc le grand crime dont le vieillard que je suis, selon toi, s'est rendu coupable, pour que tu aies l'intention de me mettre aux fers ?

ZEUS. – Vois donc, misérable, si je n'ai pas de raison de le faire ! Tu te moques de moi tant et si bien qu'il n'est pas de métamorphose que tu ne m'aies fait subir, satyre, taureau, or, cygne, aigle ; mais tu n'as fait tomber strictement aucune femme amoureuse de moi, et je n'ai pas l'impression d'en avoir séduit aucune grâce à toi. Je dois employer la magie avec elles, et me cacher : c'est le cygne ou le taureau qu'elles aiment, mais, si elles me voient, elles sont mortes de peur.

ÉROS. – C'est normal, Zeus : comme elles sont mortelles, elles ne supportent pas ta vue.

285

ZEUS. – Et comment donc Branchos et Hyacinthe font-ils pour aimer Apollon ?

ÉROS. – Mais lui aussi a fait fuir Daphné, malgré sa longue chevelure et sa belle tête d'éphèbe. Si tu veux être désirable, n'agite pas ton égide, ne brandis pas ton foudre, mais fais-toi le plus charmant possible, sois agréable à regarder, lâche tes cheveux bouclés, retiens-les seulement par un bandeau, porte des vêtements de pourpre, des sandales dorées, règle ton pas sur le rythme de la flûte et des tambourins, et tu verras que tu seras accompagné d'un cortège plus nombreux que celui des Ménades de Dionysos.

ZEUS. – Ah non ! Je n'accepterais jamais d'être désirable à ce prix.

ÉROS. – Alors, Zeus, renonce à aimer ; cela, au moins, c'est facile.

ZEUS. – Non, je veux aimer, mais sans me donner tant de mal ; et ce n'est qu'à cette condition que je te rends ta liberté.

Dialogues des dieux, 6

Pauvre Héra ! En regard de la liste évoquée par Hésiode, il faut rappeler que Zeus avait tout de même une épouse officielle, qui doit souffrir en silence les infidélités de son volage époux, quitte à passer sa colère sur la lignée de bâtards qu'il engendre (cf. Heraclès). Mais le comble est atteint lorsque Zeus ramène sur l'Olympe Ganymède, un berger phrygien, pour en faire l'échanson des dieux.

SCÈNE DE MÉNAGE SUR L'OLYMPE

Héra. – Depuis que tu as arraché ce jeune Phrygien au mont Ida et que tu l'as amené ici, tu fais moins attention à moi, Zeus.

Zeus. – Et c'est de lui que tu es jalouse, Héra ? Un enfant si simple, et qui est la gentillesse même ? Et moi qui croyais que tu n'en avais qu'après les femmes que je fréquente !

Héra. – Là non plus, tu ne te comportes pas comme il faudrait, car il ne sied pas que toi, le maître des dieux, tu me délaisses, moi, ton épouse légitime, pour descendre sur terre et me tromper, en prenant la forme de l'or, d'un satyre ou d'un taureau. Mais ces femmes, avec lesquelles tu…, au moins, restent sur terre, alors que ce gamin de l'Ida, tu l'as enlevé et transporté à tire-d'aile jusqu'ici, toi, le plus noble des aigles ; désormais il vit avec nous et je l'ai toujours dans les jambes, sous prétexte de nous verser à boire. Manquais-tu donc d'échansons ? Hébé et Héphaïstos en avaient-ils assez de nous servir ? Et toi, tu ne saurais recevoir la coupe des mains de ce garçon sans l'avoir tout d'abord embrassé, devant tout le monde, et tu as plus de plaisir à l'embrasser qu'à boire le nectar ; c'est pour cela que tu lui réclames sans arrêt à boire, même quand tu n'as pas soif. Et lorsque tu lui rends la coupe en y ayant à peine goûté, que tu la lui reprends sitôt qu'il a bu et que tu avales le reste en posant tes lèvres juste à l'endroit où il a mis les siennes, pour lui faire un baiser tout en buvant ! L'autre jour, toi, le roi et père des dieux et des hommes, tu as posé ton égide et ton foudre et tu t'es assis par terre pour jouer aux osselets avec lui, malgré ta barbe fournie. Tout cela, je le vois, ne crois pas que je sois aveugle.

ZEUS. – Et quel mal y a-t-il, Héra, à couvrir de baisers un si beau garçon tout en buvant, et à prendre plaisir à la fois au baiser et au nectar ? C'est sûr, si je lui permets de t'embrasser ne serait-ce qu'une fois, tu ne me reprocheras plus de trouver ses baisers plus agréables que le nectar.

HÉRA. – Propos de pédéraste ! pour ma part, je souhaite ne pas devenir folle au point d'effleurer des lèvres ce Phrygien délicat et efféminé.

ZEUS. – N'insulte pas mes amours, ma très noble épouse ; car cette femmelette, ce barbare, cet eunuque est, à mes yeux, plus séduisant et désirable… non, je me tais, pour ne pas t'exaspérer davantage.

HÉRA. – Mais épouse-le donc, pour me faire plaisir ! Souviens-toi tout de même des outrages que tu m'infliges, à cause de cet échanson.

ZEUS. – Mais bien sûr ! C'est Héphaïstos, ton fils, que nous aurions dû prendre comme échanson, Héphaïstos, le boiteux sorti de sa forge, tout couvert de limaille, ses pinces à peine posées ! C'est de ses mains que nous devrions recevoir la coupe à boire, c'est lui que nous devrions attirer à nous et embrasser, alors que toi-même, qui es sa mère, tu répugnerais à le faire, tant son visage est couvert de suie. Ce serait bien mieux ainsi ! L'autre, Ganymède, dépare le banquet des dieux et doit être renvoyé sur le mont Ida ; car il est propre, il a des doigts de rose, il sait présenter la coupe et – c'est ce qui t'embête le plus – ses baisers sont plus doux que le nectar.

HÉRA. – Et voilà ! Héphaïstos est boiteux, ses doigts sont indignes de toucher ta coupe, il est plein de suie et tu as la nausée rien qu'à le voir, maintenant que l'Ida a nourri le bel enfant dont nous parlons ; pourtant, naguère, tu n'y regardais pas de si près ; ni les étincelles ni la limaille ne t'ôtaient l'envie de boire ce qu'il te présentait.

ZEUS. – Tu te fais du mal, Héra, voilà tout, et ta jalousie accroît mon amour pour lui. S'il te déplaît de recevoir la coupe des mains d'un bel enfant, que ton fils te verse à boire, à toi ; et toi, Ganymède, ne donne la coupe qu'à moi et, à chaque fois, embrasse-moi deux fois, une fois en me la donnant pleine, et une fois en la reprenant. Qu'as-tu ? tu pleures ? Ne crains rien ; il en cuira à quiconque voudra t'ennuyer.

Dialogues des dieux, 8

HOMÈRE
VIIIᵉ s. av. J.-C.

VIRGILE
Iᵉʳ s. av. J.-C.

CLAUDIEN
Vᵉ s. ap. J.-C.

Sénèque

La divinisation des empereurs romains est chose courante depuis que Romulus lui-même devint Quirinus, dans son apothéose racontée par Tite-Live. Mais celle de Claude est mouvementée. Personne ne le reconnaît parmi les dieux…

UN NOUVEAU VENU

Raconter ce qui se passa après cela sur la terre serait perdre sa peine. Car vous le savez parfaitement, et il n'y a pas de danger que le souvenir disparaisse d'événements que la joie publique a gravés dans toutes les mémoires : personne n'oublie son bonheur. Apprenez ce qui se passa dans le ciel : j'en laisse la responsabilité à mon informateur. On annonce à Jupiter qu'il vient d'arriver un personnage de belle taille, aux cheveux tout blancs ; qu'il a je ne sais quel air menaçant, car il remue la tête sans arrêt ; qu'il traîne le pied droit. On lui a demandé de quel pays il était ; il a répondu je ne sais quoi, avec des sons confus et d'une voix indistincte. On ne comprend pas la langue qu'il parle : il n'est ni grec, ni romain, ni d'aucune nation connue. Alors Jupiter, s'avisant qu'Hercule avait parcouru la terre entière et devait connaître tous les peuples du monde, lui donne l'ordre d'aller examiner à quelle race appartient cet intrus. Hercule, au premier coup d'œil, se sentit tout décontenancé : il crut qu'il n'avait pas encore affronté tous les monstres. Quand il vit cette face singulière, cette façon bizarre de marcher, cette voix qui n'était celle d'aucune créature terrestre, mais dont les sons rauques et brouillés rappelaient celle des bêtes marines, il crut qu'un treizième travail lui était échu. En regardant avec plus d'attention, il se rendit compte que c'était une manière d'homme. Il s'approcha donc et, phase facile à ce fils de la Grèce, lui dit :

« *Qui es-tu ? d'où viens-tu ? quelle est ta cité et quels sont tes parents ?* »

Claude se réjouit de voir qu'il existe au ciel des lettrés : il espère trouver moyen d'y faire lire ses Histoires.

Aussi, pour signifier à son tour par un vers d'Homère qu'il est César, répond-il :

« *C'est d'Ilion que le vent m'a poussé chez les Cicones.* »

Le vers suivant toutefois eût été plus exact, et tout aussi homérique :

« *Ilion dont j'ai détruit la cité et exterminé les habitants.* »

Et il en eût fait accroire à Hercule, qui n'est guère malin, si la Fièvre n'eût été là. Quittant son temple, elle l'avait seule accompagné, laissant tous les autres dieux à Rome. « Cet homme, dit-elle, débite de purs mensonges. Je te l'affirme, moi qui ai passé de si nombreuses années en sa compagnie : il est né à Lyon. Tu as devant toi un concitoyen de Munatius. C'est comme je te le dis : il est né à seize milles de Vienne, c'est un franc Gaulois. Aussi, comme devait le faire un Gaulois, a-t-il pris Rome. Mais je te le garantis né à Lyon, où Licinus régna de si longues années. Toi qui as battu plus de pays qu'un muletier de profession, tu dois connaître la région lyonnaise et savoir qu'il y a de nombreux milles entre le Xanthe et le Rhône. » Claude ici prend feu et flamme et grogne de colère aussi énergiquement qu'il peut. Personne ne comprenait ce qu'il disait. De fait, il ordonnait de conduire la Fièvre au supplice, avec ce geste d'une main flasque, et juste assez ferme pour cet office, dont il faisait décapiter les gens. Il avait ordonné de lui trancher la tête ; mais on eût dit que tous ceux qui se trouvaient là étaient ses affranchis, tant personne ne se souciait de lui.

L'Apocoloquintose du divin Claude, 5-6

WHO'S WHO ANTIQUE

ACHILLE. Fils de Pélée, roi de Phthie en Thessalie, et de la Néréide Thétis, Achille est le plus valeureux des héros achéens. Invulnérable, il a le choix entre une existence obscure et longue et une fin tragique et prématurée lui assurant la gloire. Il meurt sur le champ de bataille, à Troie, de la main de Pâris, aidé par le dieu Apollon.

AGAMEMNON. Fils d'Atrée et frère de Ménélas, Agamemnon est roi de Mycènes. Il est le père d'Iphigénie, d'Électre et d'Oreste. À la tête de l'expédition achéenne contre Troie, il retourne au foyer dix ans plus tard, où il meurt, assassiné par son épouse Clytemnestre.

ALCIBIADE (450-404 av. J.-C.). Issu de la riche et puissante famille des Alcméonides, Alcibiade est l'enfant chéri et maudit d'Athènes : il est aussi beau que frondeur, aussi courageux que traître. Après une jeunesse faite de frasques en tout genre, il devient général lors de la guerre du Péloponnèse. Il meurt de la peste, exilé en Thessalie.

ALEXANDRE (356-323 av. J.-C.). Fils du roi Philippe de Macédoine et d'Olympias, élève d'Aristote, Alexandre le Grand est l'un des plus fameux personnages de l'Antiquité. Son empire, l'un des plus vastes de l'histoire, s'étendait du Danube à l'Inde. Il meurt à trente-trois ans au sommet de sa gloire.

ANTIGONE. Fille d'Œdipe et de Jocaste, Antigone se rendit fameuse pour avoir essayé de donner une sépulture à son frère Polynice, lorsque la loi de la cité l'interdisait, Polynice ayant porté les armes contre Thèbes, gouvernée par son frère Étéocle. Prototype de l'adolescente révoltée, elle fut aussi une fille dévouée et aimante, guidant son vieux père aveugle vers le salut.

ASPASIE (ve siècle av. J.-C.). Née à Milet en Asie Mineure, Aspasie était une courtisane d'une beauté remarquable ainsi qu'une intellectuelle accomplie. Femme de corps autant que d'esprit, elle fut la compagne du stratège Périclès.

AUGUSTE (63 av. J.-C.-14 ap. J.-C.). Petit-neveu et fils adoptif de Jules César, le premier empereur romain arrive au pouvoir sous le nom d'Octave, puis devient Auguste à l'instauration du principat. Son règne, quoique marqué par une politique austère et stricte, est considéré comme un âge d'or culturel : Auguste œuvra pour les arts et les lettres, entouré de poètes aussi fameux que Virgile, Horace, Ovide, Tibulle ou Properce ainsi que du grand historien Tite-Live.

CALIGULA (12-41). Troisième empereur romain et successeur de Tibère, Caius Augustus Germanicus, dit Caligula (« petite sandale » en latin), est le fils de Germanicus et d'Agrippine l'Aînée. Quelques mois après son arrivée au pouvoir, Caligula tomba gravement malade. À partir de là, son règne n'est qu'une série de meurtres, d'incestes et d'horreurs. Il meurt à trente ans, laissant derrière lui une légende noire, immortalisée par Suétone.

CATILINA (108-62 av. J.-C.). Issu d'une famille noble appauvrie, Catilina est l'ennemi juré de Cicéron, resté célèbre en politique… pour ses traîtrises, ses complots et ses conspirations à la tête d'une coalition hétéroclite de nobles désargentés et d'une sorte de *Lumpenproletariat* avant l'heure. Outre les multiples conjurations contre la République, il fut aussi accusé d'adultère avec une vestale qui n'était autre que de la demi-sœur de Cicéron.

CÉSAR (100-44 av. J.-C.). Homme de lettres, d'action et de réflexion, Jules César repoussa les frontières de la République jusqu'au Rhin, conquit la Gaule, puis utilisa ses légions pour prendre le pouvoir. Nommé dictateur à vie, il fut tragiquement assassiné par des membres du Sénat, lors des Ides de mars 44.

CICÉRON (106-43 av. J.-C.). L'existence du plus fameux des écrivains romains déborde de rebondissements, car cet avocat brillant fut de tous les combats, tant judiciaires que politiques ou philosophiques. Cicéron voit le jour dans une famille aisée de notables d'Arpinum, un municipe éloigné d'une centaine de kilomètres de Rome. Toutefois, comme Caton l'Ancien qu'il admire, Cicéron est un « homme nouveau » (*homo nouus*) : il est le premier de sa lignée à parcourir la carrière des honneurs jusqu'à son degré le plus élevé, le consulat, qu'il exerce en 63. Fervent défenseur du régime républicain, il finit par rallier le camp de Pompée, contre César, juste avant que ce dernier ne l'emporte définitivement. À la mort du dictateur, l'orateur prend le parti de son petit-neveu, Octave, le futur Auguste, pensant pouvoir influencer ce jeune homme de dix-neuf ans. Il le sert en rédigeant les *Philippiques*, dirigées contre Marc Antoine, lequel lui voue dès lors une haine inexpiable. Antoine réclame à Octave la mort de l'orateur dès leur première réconciliation. Abandonné par Octave, Cicéron est assassiné par des émissaires d'Antoine ; sa tête et ses mains seront clouées à la tribune du forum.

CLAUDE (10 av. J.-C.-54 ap. J.-C.). Bègue et considéré par sa famille comme incapable d'exercer le pouvoir, Claude devint toutefois le quatrième empereur de Rome. Il se révéla un administrateur correct et un grand bâtisseur. Son plus grand tort fut sans doute son épouse Messaline. L'empereur cocu et vulnérable fut stigmatisé par Sénèque dans *L'Apocoloquintose du divin Claude*, racontant sur le mode burlesque l'apothéose de Claude et son arrivée chez les dieux.

CLÉOPÂTRE (69-30 av. J.-C.). Maîtresse successivement de Jules César et de Marc Antoine, la reine d'Égypte est LA femme fatale de l'Antiquité. Si la beauté divine qui fumait de la drogue et se baignait dans du lait d'ânesse appartient à la légende, la Cléopâtre historique n'en est pas moins une femme de pouvoir exceptionnelle et une séductrice irrésistible.

CRÉON. Frère de Jocaste, il devint roi de Thèbes après la disgrâce d'Œdipe et la mort d'Étéocle. Selon les uns, il est l'incarnation du souverain rigide et despotique, selon les autres un gouvernant incorruptible attaché au respect des lois et à la justice.

CRÉSUS (596-546 av. J.-C.). Dernier roi de Lydie, Crésus est connu pour ses richesses, issues des sables aurifères de la rivière Pactole. Riche comme lui-même, il fit en particulier reconstruire le temple d'Artémis à Éphèse, l'une des Sept Merveilles du monde.

DÉMOSTHÈNE (384-322 av. J.-C.). Athénien, Démosthène est le plus important orateur grec. Il plaida en justice, pour lui-même et pour des clients, et surtout fut un homme politique, agissant par la parole, dans le cadre des institutions démocratiques, grâce à ses interventions devant l'assemblée du peuple et les autres organes de décision. La ligne essentielle de sa carrière consista à mettre en garde ses concitoyens contre la menace que Philippe de Macédoine représentait pour la sécurité et l'indépendance d'Athènes ; en cela, il s'opposa souvent à l'orateur Eschine.

DIDON. Princesse phénicienne, Didon fut la première reine de Carthage, où elle accueillit Énée fuyant Troie. Leur histoire est celle d'une passion sans lendemain et d'un malheur éternel. Éprise dès le premier regard, Didon se donne la mort avec l'épée de son amant lorsque celui-ci est contraint de quitter Carthage. Il retrouve aux Enfers le fantôme de la reine, qui lui adresse, à défaut de parole, un regard étreignant de reproches et d'amour déçu.

ÉNÉE. Le fils d'Anchise et de la déesse Aphrodite parvient à quitter Troie, vaincu par les Achéens. Relatés par Virgile dans *L'Énéide*, ses exploits le conduisent de Troie à Carthage puis en Italie, où il fonde Albe, en passant par les Enfers où il descend interroger les Mânes des héros, guidé par la Sibylle de Cumes. D'après Virgile, Romulus et Remus, les premiers rois de Rome, seraient ses descendants. Jules César, quant lui, prétendait être de sa lignée.

FAVORINOS D'ARLES (*c.* 90-*c.* 150). Le Truman Capote de l'Antiquité fut l'un des représentants les mieux cotés de la seconde sophistique. La fortune littéraire en a décidé autrement car rares sont les textes de lui qui nous sont parvenus. Bien que d'origine celte, son talent et sa passion pour le grec en firent l'un des plus grands orateurs de son temps, et, pour nous, l'incarnation de l'homme de lettres idéal de cette période. Sa renommée, immense, s'étendait à la fois à Rome et à Athènes. Elle lui valut de multiples statuts, et un nombre encore plus grand d'ennemis.

HECTOR. Fils de Priam et de la reine Hécube, Hector est le plus vaillant héros troyen. Après avoir tué Patrocle, l'ami d'Achille, il meurt sous le coup de ce dernier. Sa dépouille, attachée au char du héros achéen est traînée autour des remparts de la ville, avant qu'Achille n'accepte de la restituer pour qu'Hector connaisse enfin des funérailles grandioses et méritées.

HÉLÈNE. La plus belle femme de la mythologie grecque était le fruit des amours de Léda, l'épouse du roi de Sparte Tyndare, et de Zeus. Mariée à Ménélas, elle est à l'origine, malgré elle, de la guerre de Troie. Offerte à Pâris par Aphrodite, elle est enlevée puis conduite à Troie d'où elle observe, impuissante, les chefs grecs livrer combat pour la délivrer. Une autre tradition toutefois, raconte que seul son fantôme aurait été à Lacédémone et qu'Hélène aurait trouvé refuge en Égypte.

HÉLIOGABALE (203-222 ap. J.-C.). Né à Émèse en Syrie dans la grande famille des Bassianides, Héliogabale est à peine romanisé lorsqu'il devient empereur, à l'âge de quinze ans. Prêtre du dieu oriental Éliagabal, cet enfant roi s'avère d'une maturité et d'un raffinement étonnant lorsqu'il s'agit de débauche.

HÉRACLÈS/HERCULE. Fruit des amours de Zeus et d'Alcmène, il est, avec Dionysos, le seul mortel à être devenu dieu. Ses aventures, nombreuses, ont nourri une grande partie de la mythologie grecque et latine. Il accompagne Jason dans la quête de la Toison d'or et surtout se voit imposer par Eurysthée les « douze travaux » qui le rendirent si célèbre.

HIPPOLYTE. Fils de Thésée et d'Antiope, la reine des Amazones, « celui qui délie les chevaux » est un jeune homme aussi beau que chaste, pour son plus grand malheur : Aphrodite, irritée de le voir si insensible à l'amour, rendit sa belle-mère, Phèdre, éprise de lui. Il en mourut.

JASON. Afin de reconquérir le trône de son père, usurpé par Pélias, le héros thessalien part à la recherche, sur le navire *Argo*, de la Toison d'or. Avec ses compagnons les Argonautes, Jason fait voile vers la Colchide où se trouve la Toison. En chemin, il rencontre la magicienne Médée. Il en fait sa compagne et elle l'aide à accomplir ses exploits, ce qui n'empêche pas le héros de la répudier pour épouser la fille du roi de Corinthe.

MARC ANTOINE (83-30 av. J.-C.). Ce valeureux général romain est d'abord un ami de César avec lequel il fit la guerre de Gaules et qui le fit élire tribun de la plèbe. Après le second triumvirat, qui rassemble Octave, Lépide et lui-même, il obtient le gouvernement de la Grèce et de l'Asie. Il tombe amoureux de Cléopâtre et, depuis Alexandrie où ils vivent, gouverne la part de l'Empire qui lui est échue. Les relations ne tardent pas à s'envenimer avec Octave : vaincu à Actium, Antoine se suicide après la reddition d'Alexandrie au futur empereur Auguste.

MÉDÉE. Fille du roi de Colchide, Médée est magicienne, comme sa tante Circé. Séduite par Jason, Médée n'hésite pas à tuer son propre frère pour venir en aide à son amant. La suite de ses aventures n'est que meurtres et envoûtements. Elles s'achèvent à Corinthe où Médée, répudiée par Jason, tue leurs enfants avant de prendre la fuite sur le char du Soleil.

MESSALINE (25-48). Troisième épouse de l'empereur Claude, la mère de Britannicus est surtout connue pour son appétit sexuel. Surnommée l'*augusta meretrix*, la « putain impériale », elle meurt à vingt-quatre ans, sommairement exécutée par un soldat alors qu'elle tentait de se suicider.

NÉRON (37-68). Lucius Domitius Ahenobarbus (« à la barbe de bronze ») est le cinquième et dernier empereur de la dynastie Julio-Claudienne. Arrivé au pouvoir grâce à sa mère Agrippine à l'âge de dix-sept ans, Néron se laisse conseiller par son tuteur Sénèque, proposant un gouvernement plutôt juste. C'est lorsqu'il épouse sa maîtresse Poppée que sa politique dérape : son règne se transforme en une série d'affaires toutes plus scandaleuses et sanguinaires les unes que les autres, dont le fameux incendie de Rome en 64. Dépossédé du pouvoir en 68, Néron se suicide, assisté de son scribe Épaphroditos.

ŒDIPE. Les malheurs d'Œdipe commencent dès le berceau : il est abandonné par ses parents, le roi de Thèbes Laïos et son épouse Jocaste, auxquels l'oracle d'Apollon a prédit que leur enfant tuerait son père et épouserait sa mère. Recueilli par le roi de Corinthe, Œdipe quitte la ville pour échapper à son destin et, en chemin, tue un étranger qui n'est autre que Laïos. Arrivé à Thèbes, il résout l'énigme du sphinx et épouse la reine Jocaste, dont il a plusieurs enfants. Lorsqu'il apprend les crimes que, sans le savoir, il a commis, il s'aveugle puis quitte la ville, guidé par sa fille Antigone. Il trouve le pardon et le repos au sanctuaire de Colone où il meurt.

PATROCLE. Le jeune et beau compagnon d'Achille l'accompagne lors de la guerre de Troie. Lorsque l'ennemi menace d'attaquer le campement achéen, Patrocle se revêt des armes d'Achille, qui refuse de combattre, et mène la troupe au combat. Il paie la victoire de sa vie : il meurt de la main du héros troyen Hector.

PÉTRONE (mort en 66 ap. J.-C. ?). L'homme demeure un inconnu, bien qu'on l'identifie au Pétrone dont parle Tacite, un sybarite insouciant et raffiné. Surnommé « l'arbitre des élégances », il sut entrer à la cour de Néron, avant d'en être évincé et contraint au suicide, comme beaucoup de proches de l'empereur, non sans avoir pris le temps de composer un récit des débauches du prince. Reste l'œuvre qui lui est attribuée, insolite et éclectique, le *Satiricon*, « histoires satiriques » ou « histoires de satyres », le premier « roman réaliste ».

PHÈDRE. La fille de Minos et de Pasiphaé est mariée au souverain d'Athènes, Thésée. Tombée amoureuse, avec l'aide d'Aphrodite, de son beau-fils Hippolyte, elle accuse ce dernier d'avoir essayé de la violer après qu'il a repoussé ses avances. Accablée de remords lorsqu'elle apprend la mort d'Hippolyte, maudit par son père, elle se pend.

PHILIPPE (382-336 av. J.-C.). Le père d'Alexandre le Grand fit, le premier, trembler les cités grecques. Guerrier et stratège hors pair, il était aussi un buveur et un coureur de jupons effréné. La tradition lui prête pas moins de sept épouses légitimes. C'est d'ailleurs l'une d'entre elles, Olympias, la mère d'Alexandre, qui serait à l'origine de son assassinat.

POPPÉE (30-65 ap. J.-C.). Avant d'épouser Néron, Poppée était une courtisane. Elle laisse l'image d'une femme aussi experte dans l'art d'aimer que dans celui de la manipulation.

SÉNÈQUE (*c.* 1 av. J.-C.-65 ap. J.-C.). Si le nom de Sénèque est, à juste titre, associé à la pensée stoïcienne, sa vie et son œuvre ne sont pas toujours sages. Précepteur de Néron, prodigieusement riche, exerçant dans l'ombre son influence sur l'Empire, il composa de nombreuses tragédies ainsi que des traités philosophiques consacrés notamment à la tranquillité de l'âme, à la clémence, au bonheur ou à la constance, autant de valeurs idéales auxquelles Sénèque n'eut guère accès durant sa carrière politique ! Cependant, Néron au pouvoir ne tarde pas à se méfier de son ancien maître et tente de le faire empoisonner. Retiré à Naples par crainte de l'empereur, le penseur stoïcien mène une existence érudite et tranquille, enfin. Sa fin est exemplaire : impliqué dans la conspiration de Pison, Sénèque se suicide, rejoignant dans la mort choisie plusieurs autres figures emblématiques du stoïcisme, dont Caton d'Utique, disparu au siècle précédent.

SOCRATE (470-399 av. J.-C.). Né d'une mère sage-femme et d'un père sculpteur, voire simple tailleur de pierre, le père de la philosophie occidentale est issu d'un milieu modeste. Il ne reçut sans doute qu'une éducation sommaire et, contrairement aux sophistes suréduqués et surentraînés de son époque, délivre un enseignement gratuit. Pourtant la jeunesse d'Athènes, de Platon à Xénophon en passant par Alcibiade, s'arrache sa compagnie, physique ou intellectuelle. Il ne tarde pas d'ailleurs à être considéré comme une menace par la cité et se voit contraint à boire la ciguë après le procès qui lui est intenté en 399. Autre fait notable : le sage n'a rien écrit. Sa vie et sa pensée ne sont connues que par les textes de ses deux principaux disciples, Platon et Xénophon.

THÉSÉE. Roi mythique d'Athènes, il tua le Minotaure grâce à l'aide d'Ariane, qu'il abandonna, puis son fils Hippolyte à cause de Phèdre, la sœur d'Ariane, qu'il épousa.

TIBÈRE (42 av. J.-C.-37 ap. J.-C.). Deuxième empereur de Rome, Tibère est surtout connu pour sa cruauté et sa paranoïa : on raconte qu'il jetait ses ennemis du haut de l'île de Capri où il s'était retiré et depuis laquelle il gouvernait tout l'Empire.

TRIMALCION. Affranchi enrichi, aimant la bonne chère et le mauvais goût, Trimalcion est l'hôte du banquet le plus célèbre de la littérature latine, décrit dans le *Satiricon* de Pétrone.

ULYSSE. Fils de Laërte et roi d'Ithaque, Ulysse est célèbre pour sa *métis*, sa ruse. Celle-ci le sauve tout au long des aventures qui le conduisent à Troie d'abord, jusqu'à son retour à Ithaque, lors d'un périple qui, selon Homère, dura plus de dix ans.

VERRÈS (120-43 av. J.-C.). Propréteur de Sicile, Verrès écrase l'île d'impôts illégaux tout au long de ses mandats. Les Siciliens portèrent plainte contre lui, prenant un avocat fort renommé, Cicéron. Même si ce dernier ne put prononcer tous ses discours, Verrès fut contraint de s'exiler à Marseille, où il jouit impunément de ses richesses accumulées avant d'être assassiné sur ordre de Marc Antoine.

LES DIEUX DES GRECS ET DES ROMAINS[1]

APHRODITE/VÉNUS. Déesse de l'Amour et de la Fécondité, Aphrodite est née de la mer. Elle a pour symbole la pomme, la grenade et la colombe. Les Romains la révèrent sous le nom de Vénus.

APOLLON. Le dieu des Arts, des Oracles et du Soleil, est aussi un archer redoutable semant la mort et la peste. Fils de Zeus, il a pour sœur jumelle Artémis/Diane, déesse de la Chasteté, de la Chasse et de la Lune.

ARÈS/MARS. Le dieu de la Guerre n'est guère apprécié des Grecs, qui le nomment Arès, mais il l'est davantage des Romains, qui le révèrent sous le nom de Mars, et font de lui le père du fondateur de Rome.

ATHÉNA/MINERVE. Déesse guerrière, Athéna, Minerve pour les Romains, est née en armes du crâne de Zeus. Déesse de l'Intelligence, elle a pour emblème la chouette. Elle a donné aux hommes l'olivier.

DÉMÉTER/CÉRÈS. Déméter, Cérès pour les Latins, est la déesse de la Fertilité. Elle a donné aux hommes la culture du blé, et les a initiés à des mystères, célébrés à Éleusis.

DIONYSOS/BACCHUS. Dieu du Théâtre, de la Folie et de l'Ivresse, Dionysos, Bacchus pour les Romains, a donné le vin aux hommes. Muni d'un bâton, le thyrse, il guide le cortège des femmes vouées à son culte, les bacchantes ou les ménades.

---

1. Voir dans la même collection le *Panthéon en poche. Dieux et déesses de l'Antiquité.*

HADÈS/PLUTON. Hadès, nommé Pluton par les Romains, est le souverain des morts. Il habite les Enfers. Sa demeure est gardée par Cerbère, un chien monstrueux à trois têtes. Il est aussi le maître des richesses et des profondeurs de la terre.

HÉPHAÏSTOS/VULCAIN. Le dieu de la Forge est révéré par les Grecs sous le nom d'Héphaïstos. Les Romains l'appellent Vulcain. Boiteux, le plus laid des dieux est marié à la plus belle et la plus volage des déesses, Aphrodite/Vénus. Il est le protecteur des artisans.

HÉRA/JUNON. L'épouse de Zeus est célèbre pour ses colères et pourchasse les conquêtes innombrables de son époux. Le paon et la génisse lui sont consacrés. Les Romains la révèrent sous le nom de Junon. Elle protège la vie féminine et le mariage.

HERMÈS/MERCURE. Hermès, que les Romains appellent Mercure, est le dieu du Voyage, du Commerce, des marchands et des voleurs. Muni de sandales ailées, il est le messager des dieux. Il a aussi pour mission de conduire les défunts aux enfers. Il est dit alors psychopompe, « qui guide les âmes ».

HESTIA/VESTA. Hestia, Vesta pour les Romains, est la déesse des Foyers, symbolisée par la flamme de ses temples, que ses prêtresses, les vestales, doivent conserver.

POSÉIDON/NEPTUNE. Poséidon, Neptune pour les Romains, est le dieu des Mers et des Tremblements de terre. Ombrageux et versatile, il a pour emblèmes le cheval et le taureau. Avec son trident, il déchaîne les tempêtes.

ZEUS/JUPITER. Père des dieux, Zeus, Jupiter pour les Romains, est le maître de la foudre et du tonnerre. Son oiseau est l'aigle et il détient l'égide, un bouclier qui a le pouvoir d'effrayer ses adversaires.

LES AUTEURS DU « SIGNET »[1]

Agathias de Byzance (530-579)

Né à Myrina, petite ville de la province d'Asie, Agathias fit des études de rhétorique à Alexandrie puis de droit à Constantinople. C'est dans cette ville qu'il exerça par la suite une profession juridique tout en s'adonnant à l'écriture de poèmes d'abord, dont une bonne partie est conservée dans l'*Anthologie palatine* et celle de Planude, avant de se tourner vers l'histoire. Souhaitant poursuivre l'œuvre de Procope, il commence ses *Histoires* là où Procope avait interrompu ses *Guerres*, c'est-à-dire lors de la campagne d'Italie de 552. Le texte, en cinq livres, est inachevé et s'arrête avec le récit du tremblement de terre de Byzance (décembre 557) et l'invasion en Thrace des Huns Kotrigours (559).

Arrien (*c.* 95-175 ap. J.-C.)

Officier et haut fonctionnaire romain né à Nicomédie en Bithynie, il retrace le périple d'Alexandre dans l'*Anabase* et l'*Inde*, écrits quatre siècles après les événements.

Ammien Marcellin (*c.* 330-400 ap. J.-C.)

Syrien d'origine grecque, né à Antioche, cet officier de l'armée romaine s'attacha à Ursicin, commandant de l'armée d'Orient, puis accompagna l'empereur Julien dans son expédition en Perse. Il est l'auteur d'une *Histoire* en latin qui, prenant la suite de celle de Tacite, traitait

---

1. Certaines de ces notices sont librement inspirées du *Guide de poche des auteurs grecs et latins* ou sont issues des précédents « Signets ». Les auteurs de langue grecque sont signalés par la casse droite, les auteurs de langue latine par l'italique.

la période 96-378 après J.-C. Seule la fin est conservée, couvrant les années 353-378. Ammien Marcellin est un narrateur précis et vigoureux, pondéré dans ses jugements, perspicace, qui va à l'essentiel. Il introduit dans son œuvre des digressions de nature technique, philosophique ou militaire permettant de mieux comprendre les événements relatés.

Aulu-Gelle (IIᵉ siècle ap. J.-C.)

Aulu-Gelle, dont la vie est mal connue, est l'auteur des *Nuits attiques*, ouvrage rédigé vers 150 après J.-C. « Attiques », c'est-à-dire cultivées et studieuses : il s'agit d'un recueil de chapitres, généralement brefs, dont chacun évoque quelque curiosité de langage, débusque telle étymologie controuvée, relate telle ou telle anecdote. Puisant dans de nombreuses sources grecques et latines, l'auteur aborde toutes sortes de sujets d'érudition, avec des intérêts variés (histoire, géographie, droit, philosophie, littérature) et une prédilection pour les questions d'archaïsme linguistique et de sémantique.

Aurélius Victor (Pseudo-) (*c.* 330-*c.* 400 ap. J.-C.)

Aurélius Victor est un fonctionnaire impérial de haut rang : il fut gouverneur de Pannonie seconde (361) et préfet de la Ville (389). Il est l'auteur d'un *Liber de Caesaribus* (« Le Livre des Césars »), écrit en 360, qui couvre les quatre siècles qui vont d'Auguste à Constance et qui est chronologiquement le premier des « bréviaires » du IVᵉ siècle après J.-C., ces ouvrages destinés à donner des faits historiques une présentation sommaire. On lui a faussement attribué un opuscule de 23 chapitres, l'*Origo gentis Romanae* (« Les Origines du peuple romain ») qui nous a été transmis par les mêmes manuscrits que le *Liber de Caesaribus*, mais dont l'auteur est inconnu.

Callisthène (Pseudo-) (IVᵉ siècle av. J.-C.)

Né vers 370 à Olynthe, ville de Chalcidique détruite par Philippe en 348, Callisthène est le neveu d'Aristote et bénéficia des leçons et du renom de son oncle. Il le suivit probablement à Pella quand le philosophe fut chargé de l'éducation d'Alexandre, avant de suivre en 334 l'expédition d'Alexandre et sa suite de lettrés. Si Callisthène était connu pour ses œuvres historiques qui lui valurent le poste glorieux d'historiographe du roi, il est avéré depuis longtemps qu'il n'est pas l'auteur du *Roman d'Alexandre*, même s'il fut un de ses propagandistes. Adapté dans un nombre impressionnant de langues (arménien, syriaque, éthiopien, latin, turque, persan, etc.), le texte atteint au Moyen Âge une diffusion plus vaste que celle de la Bible. Relatant la vie et les hauts faits d'Alexandre de Macédoine de manière passablement fabulatrice, il est pour nous l'un des premiers romans historique ainsi que l'un des premiers best-sellers.

Cicéron (106-43 av. J.-C.)

L'existence du plus fameux des écrivains romains déborde de rebondissements, car cet avocat brillant fut de tous les combats, tant judiciaires que politiques ou philosophiques. Cicéron voit le jour dans une famille aisée de notables d'Arpinum, un municipe éloigné d'une centaine de kilomètres de Rome. Toutefois, comme Caton l'Ancien qu'il admire, Cicéron est un « homme nouveau » *(homo nouus)*: il est le premier de sa lignée à parcourir la carrière des honneurs jusqu'à son degré le plus élevé, le consulat, qu'il exerce en 63. C'est lors de ce consulat qu'il dénonce, dans ses *Catilinaires*, une conspiration qui menaçait la République, en employant la formule fameuse « Ô temps, ô mœurs ! » *(O tempora, o mores)*. À la suite des manœuvres de son ennemi juré, le tribun Clodius, il est exilé pendant un an (58-57), pour avoir fait mettre à mort Catilina sans jugement. Malgré le bon accueil qui lui est fait à son retour, son rôle politique ne cesse de décliner dans les années suivantes. Cicéron, l'un des plus fervents défenseurs du régime républicain, finit par rallier le camp de Pompée, contre

César, juste avant que ce dernier ne l'emporte définitivement. À la mort du dictateur, l'orateur prend le parti de son petit-neveu, Octave, le futur Auguste, pensant pouvoir influencer ce jeune homme de dix-neuf ans. Il le sert en rédigeant les *Philippiques*, dirigées contre Marc Antoine, lequel lui voue dès lors une haine inexpiable. Antoine réclame à Octave la mort de l'orateur dès leur première réconciliation. Abandonné par Octave, Cicéron est assassiné par des émissaires d'Antoine; sa tête et ses mains seront clouées à la tribune du forum. L'œuvre de Cicéron, qui est très étendue, comprend une riche correspondance, environ cent quarante discours judiciaires ou politiques et de multiples traités de rhétorique et de philosophie; elle a joué un rôle déterminant dans la tradition culturelle de l'Occident jusqu'à nos jours.

Ctésias de Cnide (fin du Ve siècle-début du IVe siècle av. J.-C.)

Ctésias, médecin grec contemporain d'Hippocrate, vécut à la cour perse au temps des luttes fratricides opposant Cyrus à Artaxerxés. Il mit ses talents au service de la famille royale, non seulement comme médecin, mais aussi comme diplomate, avant de quitter la cour, aux environs de 398 avant J.-C., dans des circonstances mystérieuses. Ce n'est qu'à son retour en Grèce qu'il composa les *Persica*, vaste fresque en 23 livres, relatant l'histoire de l'Assyrie et de la Perse depuis le roi Ninos, fondateur de l'Empire assyrien, jusqu'à Artaxerxès, que Ctésias côtoya personnellement. Les *Indica*, récits ethnographiques, décrivent l'Inde, monde des confins où l'humain et l'inhumain, le monstrueux et le merveilleux voisinent et se mêlent.

Élien (*c.* 175-235 ap. J.-C.)

Claude Élien, affranchi originaire de Préneste, près de Rome, se vantait de n'être jamais sorti d'Italie, mais il écrivit son œuvre en grec. Élève de sophistes et sophiste réputé lui-même, il préféra une vie retirée et tranquille au prestige d'une carrière d'orateur et à la turbulente cour impériale des Sévères. Son ouvrage le plus fameux, l'*Histoire variée*, se présente comme un recueil d'anecdotes, d'aphorismes, de notices et de faits étonnants concernant le passé classique de la Grèce et d'autres contrées. Il composa également un ouvrage *Sur les caractéristiques des animaux*, des *Lettres* et deux traités sur la providence divine. L'œuvre d'Élien témoigne d'un goût de l'époque pour la *poikilia* (« variété ») ainsi que de l'infatigable curiosité de son auteur.

Euripide (485-406 av. J.-C.)

« Le plus tragique des poètes », selon Aristote, serait né en 485 av. J.-C. à Salamine. Contrairement à Eschyle et à Sophocle, il semble n'avoir guère participé à la vie de la cité. Celle-ci le lui rendit bien puisque, contrairement à ses deux glorieux prédécesseurs, il n'a pas obtenu le succès que son talent méritait et le premier prix lui fut souvent refusé. Fort heureusement la postérité eut tôt fait de réparer cette injustice. Euripide est devenu le plus célébré des tragiques. Nourries de philosophie, de sophistique et de rhétorique, sa pensée et sa langue sont bien souvent iconoclastes, ce qui lui valut sans doute de devoir quitter Athènes : en réponse à l'invitation du tyran Archélaos, Euripide part pour Pella où il meurt vers 406. Il excelle dans les débats à vif, rendus grâce à l'emploi de la stichomythie, ainsi que dans l'usage du *deus ex machina*, l'intervention impromptue d'un dieu pour conclure une intrigue. Des quatre-vingt-douze pièces qu'il aurait écrites, dix-huit nous sont parvenues, qui retracent des épisodes mythiques, souvent centrés autour de grands personnages féminins, *Alceste*, *Médée*, *Hippolyte*, *Les Troyennes*, *Hélène*, *Oreste*, *Andromaque*, *Les Bacchantes*, *Hécube*, *Iphigénie à Aulis*, *Iphigénie en Tauride*, *Ion*, *Les Suppliantes*, *Électre*, *Héraclès*, *Les Héraclides* et *Les Phéniciennes*. De lui, nous avons encore *Le Cyclope*, seul drame satyrique conservé.

Grégoire de Nazianze (*c.* 330-390)

Docteur de l'Église, Grégoire de Nazianze est né en Cappadoce. De brillantes études littéraires à Césarée de Cappadoce, Césarée de Palestine et Alexandrie le conduisent à Athènes, où il finit ses études et devient professeur de rhétorique. Féru de Sophocle, d'Homère et d'Euripide, il fait connaissance à l'Académie du futur empereur Julien dont il fera par la suite un portrait agressivement critique après que celui-ci aura encouragé un retour au paganisme. Il reçoit le baptême vers 358. Ordonné prêtre par son père, Grégoire l'Ancien, il le remplace comme évêque de Nazianze en 372. Avec Basile de Césarée et Grégoire de Nysse, il est l'un des trois Cappadociens qui ont donné à la théologie orthodoxe, aussi bien orientale qu'occidentale, sa première systématisation et sa première formulation classique. Les qualités humaines et religieuses de Grégoire, et les nombreux discours remarquables qu'il prononça, lui assurèrent vite un brillant rayonnement.

Hérodote (480-420 av. J.-C.)

Né en 480 avant J.-C. à Halicarnasse, ville dorienne du territoire d'Ionie, en Asie Mineure, celui que Cicéron tenait pour « le père de l'histoire » voyagea beaucoup, d'Athènes, où il séjourna, en Égypte, à Tyr et en Scythie. Il ne vit pourtant pas toutes les contrées qui sont décrites dans ses *Histoires*, vaste « enquête » (c'est le sens de *historié* en grec), dont le premier but est de rapporter les tenants et aboutissants des guerres médiques. Friand d'anecdotes, Hérodote est célèbre pour ses digressions, si bien que les *Histoires* débordent largement le projet annoncé : la Lydie, l'Égypte, la Scythie et la Libye, autant de contrées visitées, pour le plus grand plaisir du lecteur. L'œuvre fut, à la période alexandrine, divisée en neuf livres, nommés selon les Muses. Les quatre premiers rapportent la formation de l'Empire perse et les cinq derniers les guerres médiques. « Roi des menteurs » pour certains, « père de l'histoire » pour d'autres, Hérodote nous éclaire cependant sur les rapports entre les Grecs et les Barbares et fournit nombre de renseignements ethnologiques, géographiques et anthropologiques, aussi précieux qu'amusants.

Hésiode (vers 700 av. J.-C.)

Tout ce que nous connaissons de ce poète, nous le trouvons dans ses œuvres, la *Théogonie* et *Les Travaux et les Jours*. De condition modeste, Hésiode, poète et paysan, nous raconte tenir son savoir des Muses, qui lui seraient apparues au sommet de l'Hélicon alors qu'il faisait paître ses bêtes. Dans la *Théogonie*, il évoque les origines du monde (la cosmogonie) et la naissance des dieux (la théogonie), jusqu'à l'avènement de Zeus et la victoire sur le chaos initial; puis le poète définit la place et le rôle des hommes par rapport aux dieux. Postérieur à Homère, et contemporain de la naissance de la cité-État, Hésiode propose une synthèse de la pensée religieuse des Grecs. Dans *Les Travaux et les Jours*, il donne des conseils pratiques à ses contemporains, et notamment à son frère, Persès. Sa poésie est didactique : elle délivre un enseignement. Dans cet enseignement, les mythes sont centraux : c'est dans ce poème que se trouvent le mythe des races et celui de Pandore. Bien que sa renommée ait été éclipsée par celle d'Homère, il constitue la source la plus belle et la plus complète de la mythologie grecque. Les Anciens lui attribuaient en outre *Le Bouclier* dont l'authenticité a été mise en doute et *Le Catalogue des femmes*, aujourd'hui perdu.

Histoire Auguste (fin du IVᵉ siècle)

Il n'aura pas fallu moins de dix pseudonymes – Ælius Spartianus, Julius Capitolinus, Vulcacius Gallicanus, Trebellius Pollion, Ælius Lampridius et Flavius Vopiscus – à l'énigmatique sénateur romain qui se cache derrière cet ouvrage composé dans les dernières années du IVᵉ siècle, entre le règne de Dioclétien et celui de Constantin, pour venir à bout de cette continuation des *Vies des douze Césars* en trente notices. L'unité du texte, qui a fait conclure à un auteur unique, est faite autour d'un trait commun, la médisance. Riche en détails croustillants, voire graveleux et salaces, le plus souvent non avérés, l'ouvrage relate la biographie des empereurs de 117 à 284, d'Hadrien à Carin et à Numérien. Si elle fit les délices de nombre d'écrivains, comme Marguerite Yourcenar ou Antonin Artaud, l'*Histoire Auguste* est considérée avec réticence par les historiens qui, faute de sources complémentaires, ne peuvent l'ignorer tout en étant contraints à la plus extrême prudence.

Homère (VIIIe siècle av. J.-C. ?)

Ce n'est pas le moindre des paradoxes que le plus célèbre poète de l'Antiquité est peut-être aussi l'un des moins connus. Homère a-t-il seulement existé ? Étaient-ils plusieurs ? Le nom désigne-t-il une école d'aèdes ? Nul ne sait. « L'affaire Homère » a fait couler beaucoup d'encre, et aujourd'hui encore, les érudits multiplient les hypothèses. L'obscurité s'est faite dès l'Antiquité, en partie à cause de la célébrité de l'auteur : nombre de « vies », fictives, ont circulé, tant et si bien que, s'il y a un Homère, c'est celui que la tradition a forgé. Celui-ci vécut en Ionie, au VIIIe siècle avant J.-C., et a composé l'*Iliade* et l'*Odyssée*, immenses épopées comptant respectivement près de 16 000 et plus de 12 000 vers. Louées dès l'Antiquité, ces deux œuvres sont fondatrices de la culture occidentale. Chantées par les aèdes dans les cours aristocratiques, elles sont les premières œuvres de notre patrimoine qui nous sont parvenues intactes. L'*Iliade*, poème de la gloire et de la guerre, relate la colère d'Achille qui, pour ne pas manquer à l'idéal héroïque, fait le sacrifice de sa vie. Récit de voyage et conte merveilleux, l'*Odyssée* chante les errances d'Ulysse jusqu'à son retour à Ithaque. Les deux textes s'intègrent aux légendes issues de la guerre de Troie. À la suite de l'enlèvement d'Hélène, la femme du roi de Sparte Ménélas, les chefs grecs partent à la conquête de Troie. Gouvernée par Priam, Troie est une riche cité d'Asie Mineure (en actuelle Turquie) où ont trouvé refuge Hélène et Pâris, le prince troyen qui a ravi la jeune femme. Les combats font rage pendant dix ans, tant de part et d'autre et les héros sont vaillants. Parmi les Troyens, Hector et Énée sont les plus valeureux, tandis que, côté achéen, Achille, Ajax et Diomède sont les meilleurs guerriers, auxquels il faut ajouter Ulysse le rusé. Les dieux prennent aussi part à la guerre, en favorisant leurs champions, quand ils ne vont pas eux-mêmes sur le champ de bataille. Hector puis Achille meurent au combat, si bien que l'issue de la guerre est, jusqu'aux derniers moments, incertaine. C'est alors qu'Ulysse imagine un stratagème appelé à devenir fameux : les troupes grecques font mine de partir. Il ne reste sur la plage qu'un gigantesque et mystérieux cheval de bois. Les Troyens y voient un présent des dieux et l'introduisent dans leurs murs. Les Achéens, dissimulés dans le cheval, sortent de leur cachette. Troie est dévastée : seuls Énée et quelques hommes parviennent à fuir la cité en flammes. Les chefs achéens reprennent la mer, leurs navires chargés de l'or de Troie et des princesses captives.

Julien (331-363 ap. J.-C.)

Né à Constantinople, Julien appartenait à une dynastie qui avait compté plusieurs empereurs, et qui était devenue chrétienne ; il était le neveu de l'empereur Constantin. Son père fut assassiné dans une intrigue de palais alors qu'il était un petit enfant, et il grandit en résidence surveillée, s'adonnant à l'étude et à la lecture. À vingt ans, il s'écarta du christianisme pour embrasser le paganisme, « abandon » (apostasie) qui lui a valu le surnom de Julien l'Apostat ; mais il ne révéla pas tout de suite son changement de conviction religieuse. Revenant en grâce, il reçut le titre de César, mena des campagnes militaires en Gaule (victoire de Strasbourg sur les Alamans en 357) et fut proclamé empereur, avec l'appui de l'armée, pour succéder à son cousin germain Constance II, mort en 361. Monté sur le trône, Julien entreprit une politique de restauration officielle du paganisme, mais, après un an et demi de règne, il mourut au combat pendant une expédition en Perse, et ses successeurs rétablirent le christianisme comme religion officielle. Au cours de sa vie pleine et fulgurante, Julien trouva le temps de composer, en grec, de nombreux discours, traités et lettres, qui accompagnaient les étapes de sa carrière. Son œuvre militante traite de problèmes politiques, en rapport avec la conduite de l'empire, et de sujets philosophiques et religieux reflétant son adhésion au néoplatonisme, son mysticisme et son désir de promouvoir la culture païenne.

Justin (IIIe siècle ap. J.-C.?)

Nous ne savons rien de Justin, dont le nom (M. Junianus ou Junianius Justinus) et les dates mêmes sont incertains. Il doit d'être demeuré à la postérité à son *Abrégé des histoires philippiques* de Trogue Pompée dont il nous donne la biographie, qu'il tire de l'œuvre originale. Trogue Pompée, historien romain d'origine gauloise (il était voconce, c'est-à-dire qu'il venait de Gaule narbonnaise), était un contemporain d'Auguste. Ses *Histoires philippiques* comptaient 44 livres dont il ne nous reste, en dehors de l'abrégé de Justin, que les prologues. Justin semble avoir été fidèle à Trogue Pompée, pour le fond et pour le style. Parfois, il le reprend même directement pour lui rendre hommage : c'est le cas pour le fameux discours de Mithridate.

Juvénal (60-140 ap. J.-C.)

D'origine modeste, D. Iunius Iuvenalis, natif d'Aquin, se plut à opposer aux mœurs chastes et droites des Romains de la République la dépravation de son temps. Ce râleur professionnel, cet atrabilaire des lettres latines, après s'être essayé à la rhétorique, commença à composer des satires vers l'âge de quarante ans, lorsque la chute de Domitien puis l'accession au pouvoir de Trajan et surtout celle d'Hadrien lui permirent de dénoncer les abus dont il avait été le témoin sous le règne de leur prédécesseur. La saynète burlesque qu'il composa autour d'un turbot, dont la taille exigea une délibération du conseil politique de Domitien, marqua Victor Hugo, qui l'évoque dans la *Préface à Cromwell*. Ses *Satires* ne sont pas uniquement politiques : flagorneurs, rimailleurs, ripailleurs, coquettes et avares, toutes les castes de la société romaine, tous les vices du genre humain pâtissent de la plume vitriolée de Juvénal.

Lucien (*c.* 120-180 ap. J.-C.)

Né à Samosate en Syrie, Lucien est l'un des plus brillants esprits de l'Antiquité tardive. Après des études d'éloquence et de philosophie, Lucien utilise ses talents de plaideur en donnant des cours et des conférences publiques en Asie Mineure, en Italie, en Grèce et en Gaule. Mais c'est en Égypte qu'il s'établit et mourut, vers 180 après J.-C. Son œuvre, vaste et variée (les Anciens lui prêtent plus de 86 ouvrages), brille par sa bonne humeur, sa vivacité et sa liberté. Homme de parole, Lucien écrivit beaucoup de discours, comme le *Dialogue des dieux*, le *Dialogue des morts* ou le *Dialogue des courtisanes*. L'humour est omniprésent, notamment dans les *Histoires vraies*, parodie des romans d'aventure. Iconoclaste et plein de verve, Lucien excelle à tourner en dérision la vanité, l'ignorance, les croyances et la superstition de ses contemporains. Bien qu'ancrée dans son époque, son œuvre n'en est pas moins un remède intemporel à la mauvaise humeur.

Martial (38/41-*c.* 104 ap. J.-C.)

M. Valerius Martialis est né dans une famille aisée de Tarraconaise sous le règne de Caligula. Il se rend à Rome où il est bien accueilli par les autres Romains d'Espagne, Quintilien, Sénèque et Lucain. Mais ses relations lui portent préjudice lors de la conspiration de Pison à laquelle ses amis sont mêlés. Il parvient cependant à échapper à la répression. C'est pour subvenir à ses besoins que Martial, poète pauvre, tributaire de ses « patrons », s'essaie à la « poésie brève », l'épigramme, à l'occasion de l'inauguration du Colisée par Titus. Il y excelle. Cette poésie alimentaire lui vaut le succès et la reconnaissance : entre 85 et 96, il publie onze livres d'épigrammes, riches en flagornerie certes, mais aussi en traits d'esprit et en allusions grivoises où il alterne attaques, suppliques, railleries et louanges. Hypocondriaque notoire, il ne cesse de se plaindre et finit sa vie dans l'ennui de la Tarraconaise qu'il souhaitait si ardemment revoir.

Ménandre (*c.* 342-*c.* 292 av. J.-C.)

Le « prince de la comédie nouvelle », né à Athènes au milieu du IVᵉ siècle, était issu d'une famille aisée. Formé tôt à la poésie, il étudia la philosophie avec Théophraste et se lia d'amitié avec Démétrios de Phalère, avant de se passionner pour le théâtre : il n'était encore qu'un éphèbe quand il connut ses premiers succès. Toutefois, sa renommée est surtout posthume : il n'aurait été couronné que huit fois, tandis que son principal rival, Philémon, remportait tous les prix. Dans sa courte carrière, il aurait composé une centaine de pièces, dont seul *Le Dyscolos* nous est parvenu en entier.

Ovide (43 av. J.-C.-*c.* 18 ap. J.-C.)

Le « clerc de Vénus », le « précepteur d'Amour » est le plus jeune des poètes augustéens et n'a connu que la paix. Pour cette raison, il sera moins reconnaissant à Auguste de l'avoir ramené et plus insolent envers le nouveau maître de Rome. Un premier poste de *triumvir* le détourne vite de la vie politique au profit d'une vie mondaine vouée à l'érotisme et à la poésie. Les joutes du forum l'ennuient, le cénacle de Messala l'exalte, même s'il n'entend pas limiter la diffusion de ses œuvres à ce cercle restreint. Il est l'un des premiers auteurs à se soucier de son public anonyme mais nombreux et fidèle. Pour des raisons qui nous sont obscures – Auguste invoquera l'immoralité de *L'Art d'aimer*, mais ce prétexte paraît peu convaincant –, Ovide est exilé à Tomes dans l'actuelle Roumanie, au bord de la mer Noire, où il meurt dans la désolation, abandonné de tous et de tout, sauf de ses livres. Son œuvre de virtuose, étourdissante de facilité et de beauté, s'étend dans trois directions. Un premier ensemble regroupe les *Héroïdes* (les lettres d'amour écrites par les héroïnes de la mythologie à leurs amants), commencées à l'âge de 18 ans, *Les Amours, L'Art d'aimer* et *Les Remèdes à l'amour*. *Les Fastes* et *Les Métamorphoses* appartiennent à une veine plus purement mythologique et savante : *Les Fastes* relatent l'origine des fêtes du calendrier tandis que *Les Métamorphoses* narrent les transformations des hommes en animaux et en plantes. La troisième période s'ouvre avec l'exil où Ovide, dans les *Tristes* et les *Pontiques*, revient au vers élégiaque qui lui est cher et se consacre à une poésie de la vieillesse et de la nostalgie. Tendre, enjoué et incisif, Ovide est l'un des plus célèbres poètes latins, le rival de Virgile dans les cœurs effrontés, et l'une de nos meilleures sources pour la mythologie.

Pétrone (mort en 66 ap. J.-C. ?)

L'homme demeure un inconnu, bien qu'on l'identifie au Pétrone dont parle Tacite, un sybarite insouciant et raffiné. Surnommé « l'arbitre des élégances », il sut entrer à la cour de Néron, avant d'en être évincé et contraint au suicide, comme beaucoup de proches de l'empereur, non sans avoir pris le temps de composer un récit des débauches du prince, qu'il lui fit parvenir. Mais d'autres le font vivre au début du IIIe siècle ou bien encore à la cour des Flaviens. Reste l'œuvre, insolite et éclectique, le *Satiricon*, « histoires satiriques » ou « histoires de satyres », le premier « roman réaliste ». Il se distingue des romans grecs contemporains centrés sur une intrigue mièvre. Nous en possédons de larges extraits qui paraissent se situer sous les règnes de Claude ou Néron. Accompagné de son ami Ascylte et du petit Giton, son esclave, Encolpe, le narrateur, vole d'aventure en aventure. Trois temps forts rythment le récit : le repas de Trimalcion, le « nouveau riche » affranchi, la légende de la veuve d'Éphèse et le séjour à Crotone, paradis des vieillards encore verts et des captateurs d'héritages. Exploration de la « comédie humaine », le livre donne l'occasion de savoureuses descriptions de la société romaine et de parodies, pleines d'humour et de grivoiserie.

Philostrate (IIᵉ siècle ap. J.-C.)

Sous le nom de Philostrate nous sont parvenus des ouvrages dont la datation et le style renvoient à des personnes différentes : la *Vie d'Apollonios de Tyane*, les *Vies des sophistes*, l'*Héroïcos*, le *Gymnasticos*, et deux séries d'*Eikones*. La première série de ces *Eikones* (*La Galerie de tableaux*, dont est cité un extrait dans ce volume) est attribuée à Philostrate l'Ancien, un rhéteur originaire de Lemnos, qui exerça ses talents à Athènes puis à Rome et fut un familier de l'impératrice Julia Domna. L'ouvrage, témoignage de la critique d'art à l'époque impériale, se présente comme une succession de descriptions de panneaux peints, fictifs ou réels, qui ornaient le portique d'une maison napolitaine. L'auteur suit en cela la tradition du genre de l'*ekphrasis* (description d'un objet ou d'une œuvre d'art). Les descriptions sont assorties de commentaires, reflétant la culture étendue de l'observateur et destinés à forger le goût des jeunes gens qui l'accompagnent. Dans sa verve brillante, le discours du critique finit par rivaliser avec les chefs-d'œuvre commentés, car si les tableaux se voient convertis en objets littéraires, le critique n'en exalte pas moins le pouvoir de la parole et sa capacité à faire apparaître l'objet décrit en créant l'illusion de sa présence.

Pindare (518-438 av. J.-C.)

Né en Béotie dans une famille aristocratique, Pindare est le plus important représentant de la lyrique chorale grecque. Des 17 livres dans lesquels les Anciens avaient recueilli ses poèmes, nous avons encore quatre livres d'odes triomphales, les *Olympiques*, les *Pythiques*, les *Isthmiques* et les *Néméennes*. Pindare excelle dans l'art de l'épinicie, ode en l'honneur des athlètes victorieux aux concours sportifs. Dans ces poèmes où les vainqueurs sont identifiés aux héros de la mythologie, Pindare vante la gloire des cités dont ils sont issus. D'abord protégé par le tyran Hiéron de Syracuse, on le retrouve à la cour du roi de Cyrène dès 462. Si Pindare eut un rival, Bacchylide, il n'eut guère d'imitateurs : ses odes sont le dernier écho d'une manière aristocratique de vivre où les exploits étaient ceux des jeux et non ceux de la vie politique.

Platon (427-347 av. J.-C.)

Le célèbre philosophe grec était un citoyen athénien, issu d'une des grandes familles de la cité. Alors que sa noble origine, sa richesse et son éducation le destinaient à devenir dirigeant politique ou savant pédagogue (un de ces sophistes honnis par l'écrivain), Platon choisit de devenir philosophe, à l'imitation de son maître et concitoyen Socrate. Loin toutefois de se retirer de la vie publique, le philosophe tel que Platon l'a inventé se consacre à la réforme de la cité et de ses habitants, soit par ses écrits, soit par son enseignement. Il institua en outre l'Académie où les élèves (parmi lesquels Aristote) venaient suivre ses leçons aussi bien que celles des prestigieux savants invités. Son œuvre est immense et la culture occidentale n'a eu de cesse d'y puiser des enseignements. Deux groupes sont cependant identifiables : les premiers dialogues, mettant en scène les entretiens de Socrate, tels que *Gorgias*, *Phèdre* ou *Protagoras*, et les œuvres de plus longue haleine où Platon exprime sa seule pensée, comme *La République*.

Pline l'Ancien (23-79 ap. J.-C.)

Polymathe, père de l'esprit encyclopédiste et surnommé à juste titre « le plus illustre apôtre de la science romaine », Pline l'Ancien sut allier le goût du savoir à celui du pouvoir. Sous le règne de l'empereur Vespasien, il exerça quatre procuratèles avant de commander, de 70 à 77, la flotte impériale de Misène. En même temps, il se consacra à des recherches tantôt érudites, tantôt généralistes, allant de l'étude des phénomènes célestes, à la sculpture et à la peinture, en passant par l'agriculture et la philosophie. Sa curiosité et son insatiable désir de connaissance lui coûtèrent la vie : en 79, Pline périt dans les laves du Vésuve dont il s'était approché pour en observer l'éruption. Il aurait écrit plus de 500 volumes, dont seuls nous sont parvenus les 37 livres de l'*Histoire naturelle*, achevée et publiée en 77. Son neveu et fils adoptif, Pline le Jeune, nous apprend que Pline fut en outre historien (il aurait consacré 20 livres aux guerres de Germanie et 31 à l'histoire romaine), rhéteur et grammairien.

Pline le Jeune (61/62-113 ap. J.-C.)

Né à Côme dans une famille de notables, Pline le Jeune perdit son père de bonne heure et fut confié aux soins de son oncle, Pline l'Ancien, l'auteur de l'*Histoire naturelle*, qui se chargea de son éducation et lui donna d'excellents maîtres. Pline le Jeune mena de front une carrière d'avocat, spécialisé dans le droit privé, et une carrière politique sous les empereurs Domitien, Nerva et Trajan. Il fut l'ami de Tacite. On a conservé un de ses discours, le *Panégyrique de Trajan*, prononcé à l'occasion de son entrée en charge comme consul, ainsi qu'une ample correspondance, pleine de charme, très instructive sur la vie littéraire, sociale et politique de l'époque. Les lettres adressées à des parents et à des amis sont réparties en neuf livres. Le dixième livre, de ton tout différent, contient la correspondance officielle échangée par Pline et l'empereur Trajan lorsque Pline fut légat en Bithynie, dont deux lettres particulièrement fameuses (96-97) sur les communautés chrétiennes que Pline eut à connaître dans le cadre de ses fonctions.

Plutarque (*c.* 45-125 ap. J.-C.)

Né à Chéronée, en Béotie, Plutarque était issu d'une famille de notables. Il étudia à Athènes, fit des voyages et séjourna à Rome, avant de revenir dans sa patrie, où il se consacra à l'écriture, à sa famille et à ses amis ; il se rendait fréquemment à Delphes, où il exerçait des fonctions politiques et sacerdotales en relation avec le sanctuaire d'Apollon. Son œuvre est composée de deux massifs : les *Vies parallèles*, recueil de biographies de grands hommes de l'histoire, présentées presque toutes par paires (un Grec étant mis chaque fois en parallèle avec un Romain) ; les *Œuvres morales*, ensemble très varié de traités et de dialogues consacrés non seulement à des questions de philosophie morale (d'où le titre de l'ensemble), mais aussi à des sujets littéraires, politiques, scientifiques, religieux. En philosophie, l'auteur se rattachait à l'école de Platon (l'Académie), non sans inflexions et écarts doctrinaux. D'une érudition prodigieuse, l'œuvre de Plutarque est un trésor de connaissances, de faits et d'idées. Dès l'Antiquité, elle a exercé une influence considérable, et, parmi les très nombreux esprits que Plutarque a marqués, on relève Shakespeare, Montaigne ou encore Rousseau.

Procope de Césarée (début du VIe siècle-*c.* 560 ap. J.-C.)
   La vie et l'œuvre de Procope ne nous sont connues que par ses livres, dans lesquels il est peu disert sur lui-même. Il est né à Césarée, alors métropole de la Palestine première, dans une famille suffisamment aisée pour lui assurer une bonne éducation, à Gaza et à Béryte (aujourd'hui Beyrouth), alors capitales culturelles. En 527, il obtient la charge de « conseiller » de Bélisaire, que l'empereur vient de nommer commandant des troupes de Dara, en Mésopotamie, et, à ce titre, assiste à de nombreuses batailles. Il suit son patron à Byzance, puis en Afrique, puis en Italie. Quoiqu'occupant des fonctions de secrétaire et de conseiller juridique, il accomplit des missions de liaison, voire d'espionnage, lui permettant d'être au courant des hauts faits, mais aussi des méfaits et des ridicules des grands hommes de son époque. Peu après la prise de Ravenne (540), il revient à Byzance, lors de la grande peste de 542. Si le reste de sa vie nous est

assez obscur, trois textes de lui nous sont parvenus, les *Guerres*, relatant en huit livres les combats dont il fut le témoin, contre les Perses (I-II), les Vandales (III-IV) et les Goths (V-VIII) ; l'*Histoire secrète*, publiée après la mort de l'empereur ; enfin, les *Édifices*, décrivant toutes les constructions ou restaurations effectuées sous le règne de Justinien. Procope serait mort aux alentours de 560.

Quinte Curce (Ier ou IIe siècle ap. J.-C. ?)

Nous ne savons rien ou presque de Q. Quintus Rufus qui écrivit peut-être sous Claude. La seule œuvre que nous possédions de lui, son « Histoire d'Alexandre » (*Historiae Alexandri Magni*) comptait dix livres dont les deux premiers sont perdus. Le récit commence en 333 avant J.-C. et va jusqu'à la mort du héros, annonçant les problèmes que va poser sa succession. On analyse souvent cette œuvre comme une mise en garde adressée aux Romains contre les dérives du principat et les dangers du pouvoir personnel.

Sénèque (*c.* 1 av. J.-C.-65 ap. J.-C.)

Le « toréador de la vertu », selon le mot de Nietzsche, est né à Cordoue, en Espagne. Si le nom de Sénèque est, à juste titre, associé à la pensée stoïcienne, sa vie et son œuvre ne se résument pas à cela. La carrière politique du philosophe fut tout aussi brillante que sa carrière littéraire, même s'il connut des disgrâces, un exil et échappa à une première condamnation à mort sous Caligula. Précepteur de Néron, exerçant dans l'ombre une influence sur l'Empire, on lui attribue neuf tragédies, dont *Œdipe, Hercule furieux* et *Médée,* qui représentent les ravages des passions dénoncées dans ses traités philosophiques. Ces derniers, consacrés notamment à la tranquillité de l'âme, à la clémence, au bonheur ou à la constance, invitent au souci de soi et évoquent les avantages de la retraite : le sage ne veut pas occuper une responsabilité mesquine et disputée dans la cité, mais sa juste place dans l'ordre de l'univers. Cependant, Néron au pouvoir se méfie de son ancien maître et tente de le faire empoisonner. Retiré à Naples, par crainte de l'empereur, le penseur stoïcien mène une existence érudite et tranquille, et compose les *Lettres à Lucilius*. Sa fin est exemplaire : impliqué dans la conspiration de Pison, Sénèque se suicide, rejoignant dans la mort choisie plusieurs autres figures emblématiques du stoïcisme, dont Caton d'Utique, disparu au siècle précédent.

Sophocle (497-405 av. J.-C.)

Dès l'Antiquité, Sophocle fut considéré comme le modèle de l'homme heureux. Né à Colone vers 497 avant J.-C., Sophocle se consacre au théâtre et connaît un triomphe immédiat : sur les 123 tragédies qu'il aurait écrites, il aurait remporté 26 fois le premier prix lors des concours dramatiques. Ce succès ne fut pas démenti par la suite. Le dramaturge a joué en outre un rôle politique de premier plan dans la cité d'Athènes : il exerça plusieurs magistratures, et participa à l'introduction du culte d'Asclépios. Poète de génie, soucieux de sa patrie comme de la piété, cet homme exemplaire a vu sa vie couronnée d'une longévité exceptionnelle. Il a apporté nombre d'innovations décisives au théâtre, comme l'introduction du troisième acteur ou les décors peints. La tradition nous a légué sept de ses tragédies : *Ajax, Antigone, Philoctète, Œdipe à Colone, Électre, Œdipe roi* et *Les Trachiniennes*, chefs-d'œuvre inépuisables, aujourd'hui encore régulièrement portés sur scène.

Suétone (*c.* 70-122 ap. J.-C.)

Des très nombreux ouvrages que composa Suétone, deux seulement sont parvenus jusqu'à nous, les fameuses *Vies des douze Césars* et le traité *Grammairiens et rhéteurs*, et encore de manière fragmentaire : le recueil des *Vies des douze Césars* est amputé de son début et le *De grammaticis et rhetoribus* de sa fin. Nous n'avons donc qu'un témoignage partiel de l'œuvre de Suétone, biographe aussi prolixe qu'éclectique : il s'intéressa tout autant aux courtisanes célèbres qu'à l'histoire naturelle, aux empereurs romains qu'aux injures grecques. Qui était C. Suetonius Tranquillus ? Pline le Jeune, qui fut son ami et veilla sur sa carrière, en donne un portrait peu amène : couard, il se fit exempter de la charge militaire et dut son rôle de responsable de la correspondance impériale à des intrigues qui lui valurent de tomber en disgrâce en 122. Si la vie de Suétone est tristement banale, ses *Vies*, tant par les empereurs qu'elles évoquent que par le talent de l'auteur, qui aspire à un récit objectif des faits et gestes de ses modèles, sont un chef-d'œuvre de la littérature latine. Il est toutefois possible de leur reprocher une trop grande attention aux rumeurs et légendes malintentionnées dont chaque dynastie accablait la précédente.

Tacite (55/57-116/120 ap. J.-C.)

Le « plus grand peintre de l'Antiquité », comme l'a appelé Racine, s'est intéressé à la politique avant de se consacrer à l'histoire. Servi par de brillants talents oratoires, son amitié avec Pline le Jeune et un mariage avantageux, Tacite, né dans une famille de rang équestre de la Gaule narbonnaise, devint consul en 97 puis proconsul d'Asie en 112-114. Il disparaît ensuite, comme son grand ami Pline le Jeune, et meurt sans doute au début du règne d'Hadrien. Sa carrière d'écrivain commence par un essai consacré à la rhétorique, le *Dialogue des orateurs*, où il s'interroge sur les causes de la décadence de l'art oratoire et sur ses raisons d'être sous le régime impérial où l'empereur détenait la plupart des pouvoirs. Suivent deux brèves monographies, une apologie de son beau-père, Agricola, et un essai ethnographique sur la Germanie. C'est ensuite que Tacite écrit ses deux chefs-d'œuvre, les *Histoires*, qui retracent les destinées de Rome du règne de Galba (3 av. J. C.-69 ap. J.-C.) au règne de Domitien (51-96), et les *Annales*, qui remontent plus loin dans le passé, de Tibère (42 av. J.-C.-37 ap. J.-C.) à Néron (37-68). S'appuyant sur une documentation de première main et visant à l'impartialité, Tacite cherche à pénétrer le secret des âmes pour mieux mettre en lumière les ressorts de l'histoire et recréer l'atmosphère de ces moments qu'il présente sous un jour généralement sombre et pessimiste. Loin d'être un catalogue d'*exempla*, les œuvres de Tacite montrent les vertueux toujours punis et les innocents persécutés. Toujours à l'affût de la « scène à faire », il est célèbre, comme Tite-Live, pour les discours qu'il recrée. Il ne dédaigne pas de tirer des leçons de morale, dans un style personnel, cultivant les raccourcis et les dissymétries, les formules condensées et expressives. Son style est l'incarnation de la *breuitas*, la « brièveté », que certains présentent comme une vertu du discours, et son nom, « Tacite », semble présager son style.

Thucydide (*c.* 460-400 av. J.-C.)

Athénien, fils d'Oloros, Thucydide avait, par sa famille, des attaches avec la Thrace et comptait probablement Miltiade et Cimon, deux grands hommes d'État, parmi ses ascendants. En 430, il fut atteint par l'épidémie qui sévissait à Athènes. En 424, il exerça les fonctions de stratège et fut chargé d'un commandement, aux abords de la Thrace précisément: ayant essuyé un échec, il fut exilé d'Athènes, où il ne revint qu'en 404. Dès le début de la guerre du Péloponnèse, qui opposa Athènes et Sparte (431-404 av. J.-C.), il avait conçu le projet d'écrire l'histoire des événements qui étaient en train de se produire et il s'était mis au travail, travail qu'il continua jusqu'à la fin de sa vie. Son ouvrage monumental, *La Guerre du Péloponnèse*, analyse les causes du conflit, puis relate la période 431-411; il est inachevé, sans doute parce que l'auteur mourut avant d'avoir pu le terminer. Xénophon prendra la suite, en faisant commencer ses *Helléniques* exactement en 411. L'œuvre de Thucydide a bénéficié à la fois de l'expérience politique de son auteur et des idées nouvelles qui se répandaient à Athènes, et dont il avait connaissance (sophistique, rhétorique, médecine). Elle marque une étape décisive dans le genre historique et, encore aujourd'hui, force l'admiration par l'étendue de l'information, la rigueur scientifique, la recherche des explications rationnelles – ce qui n'empêche pas des choix personnels de la part de l'historien (par exemple son respect pour Périclès) et une mise en forme littéraire, notamment au moyen des discours. En une formule célèbre, Thucydide a défini l'histoire comme « une acquisition pour toujours ».

Tite-Live (*c.* 60 av. J.-C.-17 ap. J.-C.)

La vie de Tite-Live est sans doute l'une des plus calmes parmi les existences d'auteurs antiques. Il fallait bien une telle sérénité pour composer une œuvre-fleuve comme celle à laquelle le plus prolixe des historiens latins donna le jour. Originaire de Padoue, il consacre sa vie à sa famille et à l'écriture. Cet intime d'Auguste, attaché à ses convictions républicaines, limite ses séjours à la cour, où il occupe toutefois les fonctions de précepteur du futur empereur Claude. Il est l'auteur d'écrits d'inspiration philosophique aujourd'hui perdus, mais surtout d'une histoire romaine, *Ab Urbe condita,* « depuis la fondation de Rome », en 142 livres. Seule la mort interrompt son travail. Il nous reste 35 livres, fort instructifs, qui sont notre source principale sur l'histoire archaïque de Rome. Malheureusement, les livres consacrés aux guerres civiles ont disparu. Tite-Live s'appuie sur différents matériaux : des légendes, des documents officiels, les œuvres des premiers historiens, les « annalistes », qui consignaient tous les événements importants survenus chaque année. Son travail se veut non seulement narratif mais aussi explicatif et didactique : son ouvrage multiplie les *exempla*, les figures de citoyens exemplaires qui ont fait la force et la grandeur de la Rome des premiers temps et qui doivent aujourd'hui servir de mémento à ses contemporains dévoyés par le luxe et la débauche. Tite-Live cherche également à composer une œuvre d'art : l'exigence de vérité ne l'amène jamais à sacrifier sa visée esthétique.

Virgile (70-19 av. J.-C.)

Si Homère devait avoir un double latin, ce serait Virgile, tant son œuvre fut célébrée, autant par les Anciens que par les générations suivantes. Issu d'une famille modeste, spoliée d'une partie de ses biens par la guerre civile, Virgile est né à Mantoue et ne tarde guère à se consacrer à la poésie, après avoir étudié la rhétorique et la philosophie épicurienne à Crémone, Milan et Rome. À trente ans à peine, il a déjà composé les *Bucoliques*, pièces champêtres à la manière du poète grec Théocrite, qui comportent plusieurs allusions à la triste réalité contemporaine des propriétaires spoliés. Il poursuit avec les *Géorgiques*, imitées de la poésie didactique d'Hésiode. Mécène puis Auguste le remarquent: Virgile devient ainsi le chantre officiel de l'Empire. Toutefois, ce poète de cour est un poète de génie. Désireux de chanter la gloire d'Auguste, il a cependant l'idée de ne pas célébrer directement ses exploits mais d'entreprendre une épopée propre à flatter tant le prince que l'orgueil national: l'*Énéide* relate les exploits d'Énée, chef troyen, fils de Vénus et ancêtre mythique de la famille d'Auguste et du peuple romain. Un réseau complexe d'allusions à la destinée future du peuple romain assure le lien entre le récit fabuleux des origines et l'histoire contemporaine. C'est ainsi que les Romains ont pu rivaliser avec les glorieux héros grecs. Insatisfait de son œuvre, Virgile avait demandé à Varron de la jeter dans les flammes s'il venait à mourir avant d'avoir pu la relire entièrement. Bravant la volonté du poète mort brusquement d'une insolation, Auguste en ordonna la publication. Dès lors, l'épopée nationale fut considérée comme un véritable abrégé du savoir humain et le modèle de la grande poésie, louée tant par les païens que par les chrétiens. À partir des trois œuvres du poète s'élabora le modèle de « la roue de Virgile »: les motifs, les tournures de chacune servaient de références aux trois niveaux de style: bas, moyen et élevé (*humile, mediocre, sublime*).

Xénophon (426-après 355 av. J.-C.)

Issu d'une riche famille athénienne, Xénophon prit part à la défense d'Athènes pendant la guerre du Péloponnèse. En 401, il s'engagea avec un groupe de Grecs au service de Cyrus le Jeune, lequel cherchait à renverser le roi de Perse son frère ; Cyrus étant mort, les Grecs firent retraite à travers l'Asie, en pays hostile, et réussirent à regagner leur patrie, exploit que Xénophon raconte dans l'*Anabase*. Condamné pour sympathies prospartiates, Xénophon resta longtemps exilé, avant de rentrer à Athènes à la fin de sa vie. De sa fréquentation de Socrate, qu'il connut dans sa jeunesse, Xénophon a tiré des discours et des dialogues, dans lesquels le philosophe est mis en scène : les *Mémorables*, le *Banquet*, l'*Apologie de Socrate* et l'*Économique* (dialogue sur la « maison », *oikos*, c'est-à-dire sur ce que doivent être la vie d'un ménage et la gestion d'un domaine). Son œuvre d'historien se compose de l'*Anabase*, et aussi des *Helléniques*, où il poursuit le récit de la guerre du Péloponnèse en reprenant là où Thucydide s'était interrompu. Outre des traités sur la cavalerie, l'équitation, la chasse, il est encore l'auteur d'opuscules politiques et d'une histoire romancée de la vie de Cyrus l'Ancien, la *Cyropédie*. L'œuvre de Xénophon, qui n'a pas toujours été appréciée à sa juste valeur (elle a souffert du parallèle, inévitable, avec ces grands génies que furent Thucydide et Platon), est importante pour la connaissance de nombreux aspects de la civilisation grecque ; fine et variée, elle est novatrice dans l'emploi des genres littéraires.

POUR ALLER PLUS LOIN

SOURCES

Nota bene. L'abréviation « CUF » désigne la Collection des Universités de France, publiée à Paris par Les Belles Lettres.

AGATHIAS
Histoires. Guerres et malheurs du temps sous Justinien, texte traduit par P. Maraval, Paris, Les Belles Lettres, « La Roue à livres », 2007.

AMMIEN MARCELLIN
Histoires, texte établi et traduit par G. Sabbah, « CUF », (1999) 2002.

AULU-GELLE
Les Nuits attiques, texte établi et traduit par R. Marache, « CUF », (1967) 2002.

AURÉLIUS VICTOR
Abrégé des Césars, texte établi et traduit par P. Dufraigne, « CUF », (1999) 2002.

CALLISTHÈNE (PSEUDO-)
Le Roman d'Alexandre, texte traduit par G. Bounoure et B. Serret, Paris, Les Belles Lettres, « La Roue à livres », 1992.

CICÉRON
De l'Invention, texte établi et traduit par G. Achard, « CUF », (1994) 2002.

Discours. Catilinaires, texte établi et traduit par H. Bornecque et E. Bailly, « CUF », (1926) 2007.

Discours. Philippiques, texte établi et traduit par P. Wuilleumier, « CUF », (1960) 2002.

Discours. Seconde action contre C. Verrès, texte établi et traduit par H. de La Ville de Mirmont, « CUF », (1922) 2002.

CTÉSIAS DE CNIDE
Histoires de l'Orient, texte traduit par C. Malamoud et J. Auberger, Paris, Les Belles Lettres, « La Roue à livres », 1991.

ÉLIEN
Histoire variée, texte traduit et commenté par A. Lukinovich et A.-F. Morand, Paris, Les Belles Lettres, « La Roue à livres », 1991.

EURIPIDE
Tragédies, texte établi et traduit par L. Méridier, « CUF », (1926) 2003.

GRÉGOIRE DE NAZIANCE
Discours, 4-5, traduction et notes de Jean Bernardi, collection Sources chrétiennes n° 309, © Les Éditions du Cerf, Paris, 1983.

HÉRODOTE
Histoires, texte établi et traduit par Ph.-E. Legrand, « CUF », (1930) 2003.

HÉSIODE
Théogonie. Les Travaux et les Jours. Bouclier, texte établi et traduit par P. Mazon, « CUF », (1928) 2003.

HISTOIRE AUGUSTE, texte établi, traduit et commenté par R. Turcan, « CUF », (1993) 2002.

HOMÈRE
Iliade, texte établi et traduit par P. Mazon et P. Chantraine, « CUF », (1937) 2002.
L'Odyssée, texte établi et traduit par V. Bérard, « CUF », (1924) 2002.

JULIEN
Misopogon, texte établi et traduit par C.-H. Lacombrade, introduit et annoté par A. de Saint-Loup, Paris, Les Belles Lettres, « Classiques en poche », 2003.

JUSTIN
Histoire universelle, traduit par l'abbé Paul, Paris, 1810.

JUVÉNAL
Satires, texte établi par P. de Labriolle et F. Villeneuve, émendé, présenté et traduit par O. Sers, Paris, Les Belles Lettres, « Classiques en poche », 2005.

LUCIEN
Alexandre ou le faux prophète, introduction générale et notes par P.-E. Dauzat, texte établi et traduit par M. Caster, Paris, Les Belles Lettres, « Classiques en poche », 2002.
Dialogues des Dieux, traduit par I. Gassino.

MARTIAL
Épigrammes, texte établi et traduit par H.-J. Izaac, « CUF », (1930) 2003.

MÉNANDRE
La Samienne, texte établi et traduit par J.-M. Jacques, « CUF », (1971) 2003.

OVIDE
Héroïdes, texte établi par H. Bornecque et traduit par M. Prévost, « CUF », (1928) 2005.
Les Métamorphoses, texte établi et traduit par G. Lafaye, « CUF », (1925) 2007.

Les Remèdes à l'amour, texte établi et traduit par H. Bornecque, « CUF », (1930) 2003.

Tristes, texte établi et traduit par J. André, « CUF », (1968) 2008.

PÉTRONE
Satiricon, texte établi, traduit et commenté par O. Sers, Paris, Les Belles Lettres, « Classiques en poche », (2001) 2006.

PHILOSTRATE
Galerie de tableaux, texte traduit par R. Brethes.
Vie des Sophistes, texte traduit par R. Brethes.

PINDARE
Pythiques, texte établi et traduit par A. Puech, « CUF », (1922) 2003.

PLATON
Apologie de Socrate, texte établi et traduit par M. Croiset, « CUF », (1920) 2002.
Le Banquet, texte établi et traduit par P. Vicaire, avec le concours de J. Laborderie, « CUF », (1989) 2008.

PLINE L'ANCIEN
Histoire naturelle, texte établi et traduit par A. Ernout, « CUF », (1952) 2003.

PLINE LE JEUNE
Lettres, texte établi et traduit par A.-M. Guillemin, « CUF », (1927) 2003.

PLUTARQUE
Vies, texte établi et traduit par R. Flacelière et E. Chambry, « CUF », (1964) 2003.

PROCOPE
Histoire secrète, traduit par P. Maraval, Paris, Les Belles Lettres, « La Roue à livres », 1990.

QUINTE CURCE
Histoires, texte établi et traduit par H. Bardon, « CUF », (1948) 2008.

SÉNÈQUE
L'Apocoloquintose du divin Claude, texte établi et traduit par R. Waltz, « CUF », (1934) 2003.
Tragédies, texte établi et traduit par F. Chaumartin, « CUF », (1996) 2008.

SOPHOCLE
Antigone, texte établi par A. Dain et traduit par P. Mazon, « CUF », (1955) 2002.

SUÉTONE
Vies des douze Césars, texte établi et traduit par H. Ailloud, « CUF », (1931) 2007.

TACITE
Annales, texte établi et traduit par P. Wuilleumier, « CUF », (1923) 2003.
Histoires, texte établi et traduit par H. Le Bonniec et annoté par J. Hellegouarc'h, « CUF », (1921) 2003.

THUCYDIDE
La Guerre du Péloponnèse, édition dirigée par J. de Romilly, « CUF », (1953) 2003.

TITE-LIVE
Histoire romaine, texte établi et traduit par G. Baillet, J. Bayet, Ch. Guittard, R. Bloch et P. Jal, « CUF », (1940) 2003.

Virgile
Énéide, texte établi et traduit par J. Perret, « CUF »,
(1977) 2006.

Xénophon
Cyropédie, texte établi et traduit par M. Bizos, (1971)
2003.

Suggestions Bibliographiques

Braunstein Philippe, « Approches de l'intimité », *in*
Duby Georges, Ariès Philippe (éd.), *Histoire de la vie privée*,
t. II, *De l'Europe féodale à la Renaissance*, Paris, Seuil, 1985.

Cassin Barbara, *L'Effet sophistique*, Paris, Gallimard,
1995.

Éloi Thierry, Dupont Florence, *L'Érotisme masculin
dans la Rome antique*, Paris, Belin, 2001.

Faraone Christopher, *Ancient Greek Love Magic*,
Cambridge Mass., Harvard University Press, 1999.

Foucault Michel, *Histoire de la sexualité*, t. III, *Le Souci
de soi*, Paris, Gallimard, 1984.

–, *L'Herméneutique du sujet*, Paris, Gallimard-Seuil,
2001.

Frontisi-Ducroux Françoise, Vernant Jean-Pierre,
Dans l'œil du miroir, Paris, Odile Jacob, 1997.

Grimal Pierre, *Rome et l'Amour : des femmes, des jardins,
de la sagesse*, Paris, Robert Laffont, « Bouquins », 2007.

Hartog François, *Anciens, modernes, sauvages*, Paris,
Seuil, 2008.

MARROU Henri-Irénée, *Histoire de l'éducation dans l'Anti-quité*, Paris, Seuil, 1981.

VERNANT Jean-Pierre, VIDAL-NAQUET Pierre, *Mythe et tragédie en Grèce ancienne*, Paris, La Découverte, 2001.

VEYNE Paul, « L'Empire romain » *in* DUBY Georges, ARIÈS Philippe (éd.), *Histoire de la vie privée*, t. I, *De l'Empire romain à l'an mil*, Paris, Seuil, 1985.

WHITMARSH Tim, *Greek Literature and the Roman Empire. The Politics of Imitation*, Oxford, Oxford University Press, 2001.

INDEX DES AUTEURS ET DES ŒUVRES

TABLE DES MATIÈRES

Ce volume,
le douzième
de la collection « Signets »,
publié aux Éditions Les Belles Lettres,
a été achevé d'imprimer
en avril 2010
sur les presses
de la Nouvelle Imprimerie Laballery,
58500 Clamecy, France

Dépôt légal : mai 2010
N° d'édition : 7041 - N° d'impression : 004180

Imprimé en France